基于深度学习的地铁基础设施病害检测

魏秀琨　贾利民　著

科学出版社

北　京

内 容 简 介

基础设施是城市轨道交通的重要组成部分，包括轨道线路中的钢轨、扣件、接触线、接触悬挂和受电弓等，这些关键设备的可靠性和可用性直接关系到整个轨道交通系统的服役能力和安全行车。本书主要内容包括绪论、图像处理基础、基于图像处理的碳滑板表面病害检测、基于图像处理的轨道线路扣件检测、基于图像处理的轨道表面病害检测、基于3D重构的接触线表面病害检测、深度学习基础、基于深度学习的轨道扣件识别、基于深度学习的钢轨表面和扣件病害多目标识别、接触网悬挂部件的病害识别和基于深度学习的受电弓表面病害识别等。

本书可以作为城市轨道交通、轨道交通系统安全保障、自动化、计算机、人工智能、机电系统健康管理专业的研究生以及人工智能和轨道交通专业高年级本科生的参考用书，也可作为轨道交通行业技术人员及相关科研人员的参考用书。

图书在版编目（CIP）数据

基于深度学习的地铁基础设施病害检测/魏秀琨，贾利民著. —北京：科学出版社，2021.6

ISBN 978-7-03-068981-8

Ⅰ. ①基…　Ⅱ. ①魏…　②贾…　Ⅲ. ①地下铁道-基础设施-检测　Ⅳ. ①U231

中国版本图书馆CIP数据核字（2021）第105867号

责任编辑：张海娜　朱英彪　李　娜 / 责任校对：樊雅琼
责任印制：吴兆东 / 封面设计：陈　敬

科学出版社 出版
北京东黄城根北街16号
邮政编码：100717
http://www.sciencep.com
北京建宏印刷有限公司 印刷
科学出版社发行　各地新华书店经销
*
2021年6月第　一　版　开本：720×1000　B5
2023年1月第二次印刷　印张：14 1/2
字数：292 000

定价：98.00元

（如有印装质量问题，我社负责调换）

前　言

轨道线路基础设施缺陷的自动化检测技术或设备是保证轨道交通运营安全的关键。近年来，随着计算机硬件和相关图像处理技术的不断发展，基于计算机视觉技术的图像处理技术和深度学习网络将各不同学科相互融合，具有非接触、连续性、成本低和速度快的优点，还可以同时实现多个目标物体的检测，逐渐成为检测领域的热门技术，尤其适合在复杂环境条件下进行长时间、高精度、重复性的工作。这是本书采用图像处理和深度学习作为轨道交通基础设施检测技术的主要原因。

在列车实际运营过程中，严重的基础设施缺陷对列车的安全行驶会产生重大影响，甚至会进一步导致重大的安全事故。具体而言，钢轨和扣件的健康状态是保证轨道交通安全稳定运行的关键因素。轨道线路上钢轨表面的缺陷、扣件丢失等病害，对轨道交通的安全运营带来极大的威胁。钢轨表面存在的剥离掉块等损伤如果得不到及时处理，会对机车转向架的轮对和轴承造成不断的磨耗，且随着缺陷严重程度的不断增加，钢轨会出现断裂或崩塌，这必然会引起列车事故，导致严重的后果。此外，受电弓碳滑板滑动受电的过程中包含复杂的力学与电气作用，使得该系统一直存在较高的故障率，对电气化铁路的安全运营造成较大的影响。在列车运行过程中，运行不规律、弓网间关系异常、电气腐蚀等也会导致接触线产生磨损，严重时会产生接触网变形甚至断线的情况。

本书首先介绍图像处理基础，然后叙述基于图像处理的碳滑板表面病害检测、基于图像处理的轨道线路扣件检测和基于图像处理的轨道表面病害检测。接着，介绍基于 3D 重构的接触线表面病害检测技术和深度学习基础。最后，阐述基于深度学习的轨道扣件识别、基于深度学习的钢轨表面和扣件病害多目标识别、接触网悬挂部件的病害识别和基于深度学习的受电弓表面病害识别等技术。

本书主要内容由北京交通大学魏秀琨教授负责撰写，北京交通大学贾利民教授设计了本书的结构，参与撰写了第 1 章、第 2 章和第 5 章的部分内容，并审阅了全书。硕士研究生江思阳、李岩和李晨亮参与了第 3 章、第 6 章、第 7 章及第 11 章相关的研究工作，硕士研究生杨子明、刘玉鑫和所达参与了第 4 章和第 8 章相关的研究工作，博士研究生魏德华、硕士研究生刘玉鑫和本科生沈星参与了第 5 章、第 9 章和第 10 章相关的研究工作。

本书得到中央高校基本科研业务费专项资金(2020JBZD011)和轨道交通控制

与安全国家重点实验室的资助。在本书的撰写过程中，得到了北京交通大学研究生江思阳、李岩、李晨亮、杨子明、刘玉鑫、所达、魏德华和本科生沈星等同学的支持，在此表示感谢。同时感谢北京交通大学管青鸾、高方庆、尹新强、赵天可、张安忠、胡新杨和金珉宇在本书编辑和纠错方面所做的工作。

由于作者水平有限，书中难免存在不妥之处，恳请读者不吝指教。

作　者
2021年1月

目　录

第 1 章 绪　　论

近年来，轨道交通作为一种现代化的交通运输方式，在我国各大城市得到了大力发展，在国民经济的发展中起到了关键作用。截至 2020 年底，中国内地开通城市轨道交通的城市共 45 座，运营里程达 7978.19km，其中地铁 6303km，2020 年共新增城市轨道交通运营线路 1241.99km。2020 年为“十三五”收官之年，“十三五”的五年间，中国内地城市轨道交通新增运营里程 4360km，年均新增运营里程 872km[1]。国内轨道交通在建以及投资规模不断扩大，在未来几年内还将呈持续快速增长的态势。为保障轨道交通的安全运输与运营效率，有必要对钢轨、扣件等轨道线路基础设施开展定期巡检，及时发现并处理轨道线路上存在的缺陷，同时为轨道的维护保养提供有效的数据支持。然而，国内轨道线路基础设施缺陷检测技术的发展相对滞后，目前仍然以人工巡检的方式为主，该方式虽简单易行但效率低下，检测结果受主观的影响较大，还可能危害到巡检工人的人身安全，并且难以满足日益增长的运营需求。因此，轨道线路基础设施缺陷的自动化检测技术或设备是保证高效率轨道交通运营安全的关键。现有的应用相对成熟的自动化检测算法主要有超声波检测、电涡流法、漏磁检测和机器视觉等，其中，除机器视觉外，其他几种检测算法均侧重于钢轨表面缺陷的自动检测，未能实现对其他轨道线路基础设施安全状态的检测，且速度受到一定的限制，检测效率低。充分利用图像处理等机器视觉技术，能够在保障运输安全的前提下更好地满足轨道交通线路自动化检测的需求。

1.1 地铁基础设施检测及意义

随着中国城市化进程不断深入，现代城市轨道交通运营日趋网络化和集成化，对网络化的运营指挥和维护保障整体协同性提出了更高的要求，也对城市轨道交通网络的可靠性保证提出了更大的挑战。城市轨道交通线路的基础设施，如轨道线路、接触网等在列车运行中形成了全息化的移动立体空间，其中，轨道设施设备是承载列车运行的基础，在确保整个立体空间有效、安全、持续运作的综合体系中扮演着重要的角色。因此，如何利用智能化、自动化等技术手段对轨道交通基础设施安全状态进行全方位的检测是目前迫切需要解决的问题。

钢轨和扣件的健康状态是保证轨道交通安全稳定运行的关键因素。扣件的丢失会导致钢轨出现松动，长期发展下去钢轨往往会出现变形，渐渐地出现错位、崩塌等问题，严重时会直接导致机车脱轨发生事故。此外，受电弓和接触网组成的弓网系统是轨道线路列车供电系统中非常重要的部分。受电弓是安装在车顶上，通过与架空线缆进行接触来实现电力收集的装置，担负着将电能由牵引网输送给电力机车的关键作用，其中受电弓上的碳滑板与接触线滑动接触，实现电流的输送。碳滑板滑动受电的过程中包含复杂的力学与电气作用，使得该系统一直存在较高的故障率，对电气化铁路的安全运营造成了较大的影响。接触网是指在电气化铁路线路中沿线架设的输电线路，主要作用是与受电弓相互滑动接触向电力机车直接输送电能，驱动列车运行，是电气化铁路的动脉。保证接触网与受电弓之间的动态紧密接触也是列车能够正常运行的关键因素，但是由于接触网设置在开放的环境下，没有备用线路，并且在电力机车的运行过程中接触网线路上的负荷会随之变化，所以接触网很容易产生磨损和老化，引发安全问题。在列车运行过程中，运行不规律、弓网间关系异常、电气腐蚀等也会导致接触线产生磨损，比较严重时会产生接触网变形甚至断线的情况。当接触网发生故障时，无法更换备用线路，整条铁路线路的运营都将会受到影响，造成巨大的经济损失。所以，一旦弓网系统发生故障，将极大地损害列车的正常运行。

因此，在目前城市轨道交通复杂恶劣的检测环境下，制定综合全面的检测方案，构建高精度、一体化的检测技术体系，并设计针对性强、稳定性好、准确度高的综合安全监测系统具有重大意义。

1.2　深度学习发展现状

深度学习[2]的出现引发了计算机视觉和人工智能领域的深刻变革，近年来，深度学习在不同的新兴行业均取得了不同程度的进展。例如，在语音识别、计算机视觉、自动驾驶等领域，深度学习相比传统算法能取得飞跃式效果提升，而深度学习在计算机视觉领域的辉煌离不开卷积神经网络(convolutional neural network，CNN)[3]，从某种意义上说，CNN 成就了深度学习，神经网络的繁荣体现了深度学习的发展。神经网络起源于 1943 年，McCulloch 和 Pitts[4]以数学为基础，通过构建相应的算法来模拟人体思维活动，自此世界上首个神经网络的数学模型诞生。1950 年，Turing[5]精心设计了一场机器模仿人类的游戏，据此判断机器是否会“思考”，也就是著名的图灵测试。1958 年，Rosenblatt[6]首次提到了感知机的概念，这是首个用算法来定义神经网络的数学模型。1965 年，Ivakhnenko 和 Lapa[7]创建了首个有效的深度学习网络，这是一种针对多层感知的通用的学习算法，首次将理论和想法应用到实践上。1986 年，Rumelhart 等[8]提出误差反向传播(back propagation，BP)算法，该算法已被广泛应用，并成为神经网络的核心算法。1989年，Lecun 等[9]利用机器识别手写数字，将 CNN 和 BP 算法结合起来，正式拉开了 CNN 的序幕。1998 年，Lecun 和 Bottou[10]设计了 LeNet-5 模型，该模型充分利用了卷积操作中局部连接和权重共享的特性，在手写数字识别上达到了非常好的效果，这也是神经网络的初始阶段。然而后来支持向量机(support vector machine，SVM)[11]在分类上的效果显著，加上 SVM 具有较强的可解释性以及轻量的运行环境，使得众多学者纷纷投入对它的研究，SVM 的应用也愈发广泛，而神经网络由于设备受限等进入沉寂期，直到 2006 年，Hinton 和 Salakhutdinov[12]使 CNN 再次进入公众视野。2009 年，Deng 等[13]建立了 ImageNet 图像数据集；2014 年，DeepFace[14]被提出；2015 年，计算机视觉组(visual geometry group，VGG)模型[15]诞生；同年，DeepID-Net[16]也被提出；2017 年，Huang 等[17]将人脸数据集(labled faces in the wild，LFW)数据库上的人脸识别精度提高至 99%以上。真正轰动全球、令众人了解到深度学习的是 2016 年 AlphaGo[18]在围棋比赛中以绝对优势战胜了世界级的职业棋手，此后众多学者争相研究深度学习，新的成果层出不穷，机器翻译、唇语识别、视频换脸等应用已经渗透到人们的日常生活中，深度学习的发展迎来了鼎盛时期。

网络架构是神经网络很重要的因素，通常来说，网络层数越多，其拟合能力越强，许多学者在神经网络架构上做出了重要贡献。除了上面提到的 LeNet-5 之外，2012 年，Krizhevsky 等[19]提出了 AlexNet；2016 年，He 等[20]提出了残差网络(residual network，ResNet)，解决了神经网络深度难以加深的问题。2016 年，Szegedy 等[21]提出 Inception-v4 网络，从多尺度的角度对神经网络进行了优化。越来越多的专家通过巧妙的网络设计来解决工业中遇到的具体问题，深度学习、神经网络正深远地影响着各行各业。

1.3 地铁基础设施检测国内外研究现状

1.3.1 钢轨检测国内外研究现状

目前，国内外对钢轨表面缺陷检测常用的方法有人工巡检法、电涡流法、超声波法、磁粉法和基于图像处理技术的检测算法等。20 世纪 70 年代末，国际上开始对采用图像处理技术检测轨道缺陷进行研究，但是当时各方面的硬件以及图像处理技术的发展水平还达不到要求，使得其在实践中无法得到应用。目前，随着计算机硬件、计算机仿真技术和计算机图像处理技术的不断发展，基于图像处理技术的钢轨表面缺陷检测算法得到广泛应用。基于图像处理技术的检测算法通过工业相机对钢轨进行图像采集，并将图像信息转换为数字信号反馈给图像处理系统进行分析处理，最终实现对缺陷的检测与识别分类。该算法具有检测精度高、速度快、抗干扰能力强等优点，是目前钢轨表面缺陷检测研究的热点。

美国 ENSCO 公司对图像处理技术应用于轨道检查系统的研究已有 40 余年，该公司最新研制了视频检查系统(video inspection system，VIS)，该系统的检测功能主要包括轨道几何形状的检测、钢轨轮廓检测，以及钢轨连接板、钢轨表面损伤、扣件、轨枕的检测等。该系统的检测速度达到了 128.8km/h。法国的 MGV 高速综合检测车上也装载了视频检测系统，于 2003 年开始对高速路网进行检测，检测速度为 320km/h。德国 Atlas Electronic 公司开发了 RAIL CHECK 光电式轨道检测系统，该系统采用电荷耦合器件(charge coupled device，CCD)摄像机连续采集轨道图像并储存，利用图像处理技术对图像进行特性分析，可以对钢轨、扣件、轨枕和道床进行损伤检测与分类，系统分辨率为 2mm×2mm，检测速度为 120km/h。

我国对图像处理技术应用于钢轨缺陷检测的研究开展较晚，该技术还未得到广泛的应用。但是，有大量的学者一直致力于将图像处理技术应用于钢轨表面缺陷检测的研究中，并取得了一定的研究成果。刘泽等[22]设计了一种基于机器视觉的钢轨表面缺陷检测系统，利用该系统配合基于图像处理技术的在线探伤软件，当模拟检测速度为 100km/h 时，可以准确发现模拟的待测裂纹缺陷，同时能够得到缺陷的特征信息及其所在位置。贺振东等[23]根据钢轨表面图像具有沿列车运行方向像素值基本不变的特征，提出了一种基于背景差分法的钢轨表面缺陷检测算法，将视频监控中的背景差分法推广至缺陷图像的分割领域，实验结果表明，该算法在一定程度上解决了钢轨表面缺陷分割过程中受图像光照变化、反射不均、特征少等不利因素影响的问题，同时对块状缺陷能够很好地识别。任盛伟等[24]采用图像处理技术和模式识别技术，分析钢轨表面图像的特点，通过引入人类视觉对比度感知机理，提出了鲁棒实时的钢轨表面擦伤检测算法，实验结果表明，该算法具有较高的检测性能，平均准确率为 90.7%，平均漏检率为 3.95%，检测速度快，平均检测时间不超过 40ms。陈后金等[25]根据钢轨表面缺陷的灰度和梯度特征，引入最大熵准则求取自动阈值的方法，建立灰度梯度共生矩阵模型来对钢轨缺陷的内边缘进行提取，实现对钢轨缺陷的自动检测，实验结果表明，该算法能够较好地提取正常钢轨表面的边缘特征，可有效地对钢轨缺陷进行检测，在一定程度上满足了实际需求，但该算法的复杂度还需优化，测试样本空间还需更加充足，处理效率有待提升。

1.3.2 扣件检测国内外研究现状

国外在铁路巡检设备上的研究始于 20 世纪 70 年代，针对铁路扣件的检测研究始于 21 世纪初期。Hsieh 等[26]首先采用小波变换(wavelet transform，WT)进行扣件的检测，此检测方式需首先确定扣件的局部区域，完成形态学转换后提取扣件特征来进行检测，但该检测方式对光照条件反应敏感，且实际线路中工况复杂，稳定性不足。Stella 等[27]通过基于计算机视觉技术的自动检测方法对钢轨轨枕螺栓是否存在进行了准确识别。Singh 等[28]利用彩色扣件图像的边缘信息及像素统计信息实现了对 Pandrol 型扣件的分类检测。Li 等[29]实现了对道钉式扣件的检测。以上三种扣件在国外应用较多，国内很少使用。我国的高速铁路建设中主要采用无砟轨道结构，而这种无砟轨道的建设过程中多采用 Vossloh300 型扣件、WJ-7 型扣件和 WJ-8 型扣件作为紧固连接件，这几种扣件也是目前应用范围最广的扣件。Gibert 等[30]通过方向梯度直方图(histogram of oriented gradient，HOG)特征及 SVM 分类实现对扣件的检测，其检测准确率可以达到 98%，但需要提前对扣件进行准确的定位，否则将造成检测准确率的下降。

国内专家与学者也逐渐在开展基于机器视觉技术的铁路扣件状态检测的研究。在早期的研究中，徐瑞梅[31]利用结构光法实现对扣件的检测，其检测原理是利用激光三角定位，该检测方式在采集图像时需保证线激光的准确定位，但这在实际工况中难以保证。在基于传统图像处理技术的基础上进行扣件检测，通常需要解决扣件的定位问题，范宏[32]提出用十字交叉法来进行扣件的粗定位，再通过 Haar-Like 特征进行扣件的区域提取，最后通过 AdaBoost 分类器来实现对扣件的检测。贾利红[33]提出扣件 T 型定位法来实现对扣件的区域定位，再利用图像局部方向均值边缘检测算法来识别扣件。这两种定位方式都是利用轨枕和轨道的垂直交叉特征来进行定位的，实际的线路中此定位方式受限于多种环境因素，难以保证定位的准确性。Yang 等[34]提出利用方向场算法来识别扣件特征，即利用扣件图像边缘梯度变化走向来近似代表扣件的图像特征，再通过模板匹配算法进行检测，此种方式主要问题在于扣件的准确定位不易实现，且匹配模板难以有确定的标准，实用性不强。李永波等[35]提出利用扣件图像降维后的 HOG 特征搭配 SVM 分类器来实现扣件检测，这种检测方式本质上与方向场算法十分相近，也同样存在着定位问题和效率问题。近年来，深度学习在图像处理领域飞速发展，赵鑫欣[36]利用经典的 AlexNet 卷积神经网络和孪生神经网络模型实现了对扣件图像的深层特征提取，再利用 Softmax 分类器来完成最终的分类，这种检测方式提取的特征相比于传统的图像处理技术更为全面、科学，检测准确性也大大提高，但该检测方式仍然没有解决扣件的定位问题，采用的还是与其他检测算法相近的定位方式，对定位的准确性有较大的依赖。

1.3.3　受电弓检测国内外研究现状

对于受电弓故障的检测，目前最常见的方法依然是人工作业检测，需要借助专业维修技术人员登车顶对受电弓的磨耗情况与部件有无故障进行检测。对于有经验的维修技术人员，这种方式可以准确识别各种故障形式，其灵活性与准确性都比较高。其不足在于需要“开天窗”进行操作，对行车有较大干扰，且检修效率较低，同时对作业人员的经验与素质有较高的要求。因此，出现了一些针对受电弓病害的自动检测系统，按照其工作方式，可分为接触式检测与非接触式检测。对于非接触式检测，可以按照检测信号的不同分为激光检测、超声波检测与图像检测。

按照不同的需求与侧重点，受电弓的接触式检测是借助不同类型的传感器，采集所需的信号以分析受电弓现有形态及完整性。Boffi 等[37]提出了一种将光纤传感器预埋在受电弓中的方法，通过光纤在应力作用下的光线变化，检测受电弓所受到的实时应力与形变。针对不同的检测重点，国外也有一些其他的方式用来检测受电弓的故障情况。德国对受电弓的检测重点在于其与接触网的结合情况，通过在受电弓安装座上安装加速度与压力传感器，实现对弓网力学交互的监测，这一方式在北京地铁的部分线路中有应用。

接触式检测较之人工检测，在检测精度与效率方面都有很大的提高，由于其检测基于确定的物理参数，所以不易受到人为因素的干扰；然而，自动检测中针对接触线的检测需通过专业的检测车进行，并需要占用线路，对行车存在影响；针对受电弓的检测多需要在受电弓上安装辅助传感器，或对碳滑板等结构进行改造，使得弓网的电气与力学性质受到影响，从而导致其测量值可能存在偏差。为了避免这些问题，学者提出了非接触式的弓网病害检测技术。非接触式检测最初基于激光与超声波测距原理进行，通过较高精度的非接触测距技术，实现对受电弓几何形态的建模。对于受电弓表面的缺陷，Kuen 等[38]提出了利用激光束扫描受电弓表面，通过精确建模实现对滑板条缺陷的检测。此外，超声波测距技术在这一领域也有比较广泛的应用，Kimura[39]于 1993 年开发了能够利用超声波对弓网参数进行快速高效检测的系统。非接触式检测对行车的干扰更少，且对弓网间的电气与力学性质基本无影响，进一步提高了检测的效率与准确性。

20 世纪末期随着计算机运算能力的大幅提升，计算机技术与图像处理相关技术得到了快速的发展。通过相机采集受电弓图像，对其进行处理与分析，逐渐展现出了图像识别的独特优势。受电弓图像检测系统是利用图像采集设备对弓网系统关键位置进行拍照，并利用相关智能算法进行处理，最终实现对受电弓病害的检测。这种方法检测效率较高，借助高速高感光工业相机，可以实现对受电弓的不停车检测，几乎不对行车造成干扰；利用所采集的高清图像，运用适当的智能算法，可实现对多种病害的诊断，通过进一步的硬件升级与软件算法优化，最终能达到很好的检测效果。这也使得该方法成为目前国内外相关机构的热门研究方向。

受电弓图像检测设备多由安装在隧道、龙门架等之上的高清摄像设备、光源与数据存储传输设备组成，为了实现全天候或对特殊状况的识别，还可能采用特殊的光源补光或对特殊波段光源敏感的相机感光，例如，针对弓网燃弧时产生的低于可见光波长的紫外线，借助紫外线成像设备来实现对其的监控[40]；布置对红外线敏感的相机监控弓网接触点是否存在过热情况[41]；利用波长在589nm附近的高压钠灯对受电弓进行补光，并借助窄带滤镜使得相机仅对该波段光线感光，从而避免环境光线对图像采集的影响[42]。除此之外，更多的还是通过对可见光图像的采集，实现对弓网故障的检测。然而，由于图像识别技术的制约，对受电弓的检测还多是针对碳滑板的缺陷情况。Yang等[43]利用四台CCD相机从不同方向采集受电弓图像，并对图像进行剪裁与边缘检测，识别出碳滑板的上下位置并计算出各处厚度，对磨耗情况进行建模绘图，实现对受电弓磨耗的检测；陈可[44]兼顾算法与硬件布置，设计了受电弓无线视频监控系统，通过对复杂图像的处理与关键信息的辨识，实现了对朔黄铁路受电弓故障的监控。

由于弓网部分的图像信息较为复杂,所以在利用图像进行故障检测的过程中，对象的定位与提取是智能算法中较为关注的重点。范虎伟等[45]通过Randon变换与Hough变换对直线进行检测从而实现对受电弓的辨识;冯倩等[46]综合利用Sobel算子与Canny算子进行图像的边缘提取，并借助模糊 *C* 均值(fuzzy *C*-means，FCM)聚类等手段，实现了对碳滑板实际磨耗情况的计算。除上述传统算法与手段外，还逐渐出现了基于小波的受电弓碳滑板图像检测技术，以及基于仿射不变换等技术对绝缘子异物的检测。

1.3.4 接触网检测国内外研究现状

目前，接触网检测主要有四种方式：人工检测；接触网弓网检测；非接触式测距弓网检测，主要为红外线、激光等；非接触式图像处理技术。利用图像采集和处理技术进行弓网检测具有明显的优势：图像检测技术利用单一设备同时对多种弓网零部件进行检测，可减少设备数量和节省投资；设备智能程度高，可自动识别弓网参数与故障。

目前，国内已有较多对非接触式图像检测的研究，而不论何种算法，关键都在于检测部件的定位与故障检测。其中，针对接触网几何参数的检测问题，刘寅秋等[47]利用车顶摄像机测量接触网几何参数进行可行性分析，提出了一种利用图像处理技术对摄像机影像进行处理，提取并计算接触网动态高度和拉出值等参数的算法。王旭东等[48]提出了一种Hough变换与AdaBoost算法相结合的定位器识别算法，其主要思想是通过Hough变换来对采集到的接触网图像中的直线特征进行提取,再利用AdaBoost算法在目标识别方面的功能进一步确定定位器在图像中的位置，该算法检测效果较好，但是定位器的尺寸较小，检测过程中容易受到干扰，而且需要在道岔等位置一根支柱上安装2套支持装置，腕臂间结构较为复杂，不容易检测出定位器的位置。张桂南和刘志刚[49]基于Harris角点与谱聚类实现了绝缘子的抗旋转匹配和故障检测，该算法能够实现模板匹配的抗旋转性，对图像亮度和对比度的依赖程度较小，且提高了绝缘子区域提取的精度；但是他们提出的棒式绝缘子检测算法较为烦琐，计算速度过慢，无法实现绝缘子故障实时检测，仍需进一步优化，提高检测效率。杨红梅等[50]针对电气化铁路接触网非接触式图像检测中绝缘子不良状态的自动识别定位问题，提出了一种基于快速鲁棒性特征匹配的检测算法，该算法克服了因拍摄角度不同、光照不均等客观因素引起的特征变化、失效等问题，同时具有的快速鲁棒性可实现绝缘子快速、准确的识别定位。

国外对接触网检测的研究也发展很快，Niwakawa 等[51]开发了利用连续图像拍摄及图像处理技术进行弓网检测的设备，该设备可安装于商业运营车辆上，实现日常对弓网的高频监测，确保安全。针对接触线磨耗检测，Kusumi 等[52]利用接触线对入射光反射在 CCD 相机的位置识别接触线磨耗情况。为克服可见光图像采集系统中图像易受环境光污染，造成采集图像过曝光或曝光不足而丢失图像信息的问题，Landi 等[41]利用红外线摄像机进行弓网接触点过热、离线燃弧以及接触线位置不正常等故障的监控。接触网悬挂异物会造成打弓、拉网等严重后果，需要及时检测，必要时需提前预警并降弓通过。Hulin 和 Schubler[53]提出一种接触网异物故障检测系统，该系统利用 3 台摄像机拍摄车前 70m 范围的接触网立体图像，实现全天候图像采集，最终实现接触网异物的自动识别预警。

1.4 本书主要内容

本书共 11 章，主要介绍先进的图像处理技术和深度学习算法在地铁基础设施检测中的应用。为使读者更好地阅读本书的相关技术内容，在讨论每类技术应用之前，都对它们有详细的介绍，读者也可根据所列参考文献了解更多的细节。

第 1 章绪论，论述地铁交通基础设施检测及意义，对深度学习和基础设施检测的国内外研究现状进行综述，简要地介绍本书的主要内容。

第 2 章图像处理基础，介绍图像处理的基本概念，并回顾常用的图像滤波技术、图像分割技术、图像边缘检测技术和图像特征提取技术。

第 3 章基于图像处理的碳滑板表面病害检测，设计一套通用的受电弓碳滑板形态学病害检测算法流程，通过图像采集、图像预处理、边缘检测、几何校正、Hough 变换、曲线拟合等技术，获得受电弓碳滑板磨耗曲线，并根据具体病害数学模型进行病害量化分析。

第 4 章基于图像处理的轨道线路扣件检测，讨论对轨道线路中扣件的不同状态进行识别的算法，针对扣件区域特点，基于 Dense SIFT 特征和聚类算法提出构建空间金字塔分解的视觉词袋模型，对比研究不同核函数的 SVM 以及不同提取特征对扣件状态的识别结果。

第 5 章基于图像处理的轨道表面病害检测，首先介绍钢轨表面剥离掉块和波浪形磨耗(波磨)两种典型病害的存在形式；然后介绍图像滤波增强技术在轨道线路图像上的应用；最后针对两种典型病害的特点，分别讨论钢轨表面剥离掉块的检测算法和钢轨表面波磨的识别及评估算法。

第 6 章基于 3D 重构的接触线表面病害检测，首先介绍双目立体视觉理论的基础概念；然后对双目立体视觉中关键性的立体匹配算法进行详细的介绍；最后在实验室环境下搭建一套立体成像系统，提出一种基于采样磨耗曲线的检测算法，并针对不同类型的病害给出对应的数学表达式，对样例图片进行不同类型病害的检测。

第 7 章深度学习基础，首先介绍深度学习的一些基础理论，包括深度学习基础以及常见的深度学习模型，并以经典 LeNet-5 网络为例，详细介绍深度学习网络的结构以及具体计算过程。

第 8 章基于深度学习的轨道扣件识别，讨论两个用于扣件检测的深度学习模型，介绍 VGGNet-16 的网络结构和更快速区域卷积神经网络(faster region-convolutional neural network, Faster R-CNN)[8]的基本原理与训练过程；介绍扩充数据集所用的图像增强算法，包括旋转、镜像、加噪、光照增强等。

第 9 章基于深度学习的钢轨表面和扣件病害多目标识别，讨论两个用于钢轨表面和扣件病害多目标检测的深度学习模型；回顾用于扩充数据集的图像增强算法，包括镜像、旋转、加噪、颜色扰动等；介绍 YOLOv3 的网络结构和改进 YOLOv3 网络的基本原理与训练过程。

第 10 章接触网悬挂部件的病害识别，首先介绍一种基于传统图像处理技术的接触网悬挂病害检测算法；然后分别介绍基于 AlexNet 模型和 YOLOv3 网络的接触网悬挂病害检测算法。

第 11 章基于深度学习的受电弓表面病害识别，结合深度卷积神经网络(deep convolutional neural network，DCNN)技术，首先基于传统 CNN 模型，搭建适用于受电弓碳滑板检测的受电弓表面缺陷识别网络(pantograph defect detection network，PDDNet)模型，可以对受电弓表面病害进行较为可靠的分类。在此基础上，利用基于软化非极大值抑制(Soft-NMS)改进的 Faster R-CNN 模型，实现了更高的检测精度。

参 考 文 献

[1] 侯秀芳，梅建萍，左超. 2020 年中国内地城轨交通线路概况[J]. 都市快轨交通，2021，34(1): 12-17.

[2] Lecun Y, Bengio Y, Hinton G. Deep learning[J]. Nature, 2015, 521(7553): 436.

[3] Haykin S. Neural Networks: A Comprehensive Foundation[M]. London: MaCmillan Publishers,

1998.
[4] McCulloch W S, Pitts W. A logical calculus of the ideas immanent in nervous activity[J]. Bulletin of Mathematical Biology, 1943, 52(1-2): 99-115.
[5] Turing A M. Computing machinery and intelligence[J]. Mind, 1950, 59(236): 433-460.
[6] Rosenblatt F. The perceptron: A probabilistic model for information storage and organization in the brain[J]. Psychological Review, 1958, 65(6): 386-408.
[7] Ivakhnenko A G, Lapa V G. Cybernetic Predicting Devices[M]. New York: CCM Information Corporation, 1965.
[8] Rumelhart D E, Hinton G E, Williams R J. Learning representations by back propagating errors[J]. Nature, 1986, 323(6088): 533-536.
[9] Lecun Y, Boser B, Denker J S, et al. Back propagation applied to handwritten zip code recognition[J]. Neural Computation, 1989, 1(4): 541-551.
[10] Lecun Y, Bottou L. Gradient-based learning applied to document recognition[J]. Proceedings of the IEEE, 1998, 86(11): 2278-2324.
[11] Boser B E, Guyon I M, Vapnik V N. A training algorithm for optimal margin classifiers[C]. Proceedings of the Fifth Annual Workshop on Computational Learning Theory, Pittsburgh, 1992: 144-152.
[12] Hinton G E, Salakhutdinov R R. Reducing the dimensionality of data with neural networks[J]. Science, 2006, 313(5786): 504-507.
[13] Deng J, Dong W, Socher R, et al. ImageNet: A large-scale hierarchical image database[C]. IEEE Conference on Computer Vision & Pattern Recognition, Miami, 2009: 248-255.
[14] Taigman Y, Yang M, Ranzato M A, et al. DeepFace: Closing the gap to human-level performance in face verification[C]. Proceedings of the IEEE Conference on Computer Vision and Pattern Recognition, Washington D. C., 2014: 1701-1708.
[15] Simonyan K, Zisserman A. Very deep convolutional networks for large-scale image recognition[C]. International Conference on Learning Representations, San Diego, 2015: 1-14.
[16] Ouyang W, Wang X, Zeng X Y, et a1. DeepID-Net: Deformable deep convolutional neural networks for object detection[C]. Proceedings of the IEEE Conference on Computer Vision and Pattern Recognition, Boston, 2015: 2403-2412.
[17] Huang G B, Mattar M, Berg T, et al. Labeled faces in the wild: A database for studying face recognition in unconstrained environments[R]. Amherst: University of Massachusetts, 2007.
[18] Silver D, Huang A, Maddison C, et al. Mastering the game of go with deep neural networks and tree search[J]. Nature, 2016, 529(7587): 484-489.
[19] Krizhevsky A, Sutskever I, Hinton G. ImageNet classification with deep convolutional neural networks[C]. The Twenty-sixth Annual Conference on Neural Information Processing Systems, Lake Tahoe, 2012: 1-9.
[20] He K, Zhang X Y, Ren S Q, et al. Deep residual learning for image recognition[C]. IEEE Conference on Computer Vision and Pattern Recognition, Las Vegas, 2016: 770-778.
[21] Szegedy C, Ioffe S, Vanhouche V, et al. Inception-v4, inception-ResNet and the impact of residual connections on learning[C]. International Conference on Learning Representations, San

Juan, 2016: 1-3.
[22] 刘泽, 王嵬, 王平. 钢轨表面缺陷检测机器视觉系统的设计[J]. 电子测量与仪器学报, 2010, 24(11): 1012-1017.
[23] 贺振东, 王耀南, 刘洁, 等. 基于背景差分的高铁钢轨表面缺陷图像分割[J]. 仪器仪表学报, 2016, 37(3): 162-171.
[24] 任盛伟, 李清勇, 许贵阳, 等. 鲁棒实时钢轨表面擦伤检测算法研究[J]. 中国铁道科学, 2011, 32(1): 25-29.
[25] 陈后金, 许文达, 郝晓莉. 基于灰度-梯度共生矩阵的钢轨表面缺陷检测算法[J]. 北京交通大学学报, 2015, 39(2): 7-12.
[26] Hsieh H Y, Chen N, Liao C L. Visual recognition system of elastic rail clips for mass rapid transit systems[C]. ASME/IEEE Joint Rail Conference and Internal Combustion Engine Division Spring Technical Conference, Pueblo, 2007: 319-325.
[27] Stella E, Mazzeo P, Nitti M, et al. Visual recognition of missing fastening elements for railroad maintenance[C]. IEEE International Conference on Intelligent Transportation Systems, Singapore, 2002: 94-99.
[28] Singh M, Singh S, Jaiswal J, et al. Autonomous rail track inspection using vision based system[C]. IEEE International Conference on Computational Intelligence for Homeland Security and Personal Safety, Alexandria, 2006: 56-59.
[29] Li Y, Trinh H, Haas N, et al. Rail component detection, optimization, and assessment for automatic rail track inspection[J]. IEEE Transactions on Intelligent Transportation Systems, 2014, 15(2): 760-770.
[30] Gibert X, Patel V M, Chellappa R. Robust fastener detection for autonomous visual railway track inspection[C]. IEEE Winter Conference on Applications of Computer Vision, Waikoloa, 2015: 694-701.
[31] 徐瑞梅. 铁轨缺陷自动检测系统的研究[D]. 大连: 大连海事大学, 2003.
[32] 范宏. 基于图像的铁路扣件缺陷检测算法研究[D]. 成都: 西南交通大学, 2012.
[33] 贾利红. 基于 DSP 的高速轨道扣件检测算法研究及系统设计[D]. 成都: 电子科技大学, 2014.
[34] Yang J F, Liu M H, Zhao H, et al. An efficient image-based method for detection of fastener on railway[J]. Advanced Materials Research, 2011, 346: 731-737.
[35] 李永波, 李柏林, 熊鹰. 基于 HOG 特征的铁路扣件状态检测[J]. 传感器与微系统, 2013, (10): 116-119.
[36] 赵鑫欣. 基于卷积神经网络的铁轨扣件异常状态检测研究[D]. 北京: 北京交通大学, 2016.
[37] Boffi P, Cattaneo G, Amoriello L. Optical fiber sensors to measure collector performance in the pantograph-catenary interaction[J]. IEEE Sensors Journal, 2009, 9(6): 635-640.
[38] Kuen L K, Lee T K Y, Ho S L, et al. A novel intelligent train condition monitoring system coupling laser beam into image processing algorithm[J]. Transactions Hong Kong Institution of Engineers, 2006, 13(1): 27-33.
[39] Kimura S. Development of an automated consumables control system[J]. Japanese Railway Engineering, 1993, 32(3): 21-24.

[40] Hayasaka T, Shimizu M, Nezu K. Development of contact-loss measuring system using ultraviolet ray detection[J]. Quarterly Report of RTRI, 2009, 50(3): 131-136.

[41] Landi A, Menconi L, Sani L. Hough transform and thermo-vision for monitoring pantograph-catenary system[J]. Proceedings of the Institution of Mechanical Engineers, Part F: Journal of Rail and Rapid Transit, 2006, 220(4): 435-447.

[42] 张悦, 吴积钦, 徐可佳. 基于机器视觉的受电弓动态包络线检测系统[J]. 电气化铁道, 2007, (6): 35-37.

[43] Yang K, Wang L, Gao X. Application of CCD measurement technique for wear on pantograph sliding plates[C]. The Fourth International Symposium on Advanced Optical Manufacturing and Testing Technologies, Chengdu, 2009: 632-638.

[44] 陈可. 机车受电弓无线视频监控系统的研制及实施[D]. 成都: 西南交通大学, 2009.

[45] 范虎伟, 卞春华, 朱挺, 等. 非接触式接触网定位器坡度自动检测技术[J]. 计算机应用, 2010, (12): 102-103.

[46] 冯倩, 陈维荣, 王云龙. 受电弓滑板磨耗测量算法的研究[J]. 铁道学报, 2010, 32(1): 109-113.

[47] 刘寅秋, 韩通新, 刘会平. 基于图像处理的接触网动态几何参数测量研究[J]. 铁道机车车辆, 2012, (5): 92-97.

[48] 王旭东, 吴积钦, 徐可佳, 等. 基于 AdaBoost 算法的接触网定位器识别[J]. 高速铁路技术, 2014, (3): 9-12.

[49] 张桂南, 刘志刚. 基于角点匹配与谱聚类的接触网绝缘子破损/夹杂异物故障检测[J]. 仪器仪表学报, 2014, (6): 172-179.

[50] 杨红梅, 刘志刚, 韩烨, 等. 基于快速鲁棒性特征匹配的电气化铁路绝缘子不良状态检测[J]. 电网技术, 2013, (8): 232-237.

[51] Niwakawa M, Onda T, Kinoshita N. Stereo vision based measurement of intersections of overhead contact wires and pantograph of KYUSHUSHUNKANSEN[J]. IEEE Transactions on Sensors & Micromachines, 2007, 127(2): 118-123.

[52] Kusumi S, Nezu K, Nagasawa H. Overhead contact line inspection system by rail-and-road car[J]. Quarterly Report of RTRI, 2000, 41(4): 169-172.

[53] Hulin B, Schubler S. Concepts for day-night stereo obstacle detection in the pantograph gauge[C]. The 5th IEEE International Conference on Industrial Informatics, Vienna, 2007: 449-454.

第 2 章　图像处理基础

数字图像处理是指将图像信号转换成数字信号，并利用计算机对其进行处理的过程。图像处理最早出现于 20 世纪 50 年代，当时的电子计算机已经发展到一定水平，人们开始利用计算机来处理图形和图像信息。数字图像处理作为一门学科大约形成于 20 世纪 60 年代初期。早期图像处理的目的是改善图像的质量，它以人为对象，以改善人的视觉效果为目的。图像处理中，输入的是质量低的图像，输出的是质量改善后的图像。常用的图像处理算法有图像滤波、分割、增强、复原、编码、压缩等。

2.1　图像滤波技术

图像滤波,即在尽量保留图像细节特征的条件下对目标图像的噪声进行抑制，是图像预处理中不可缺少的操作，其处理效果将直接影响到后续图像处理与分析的有效性和可靠性。关于滤波器，一种形象的比喻法是：可以把它想象成一个包含加权系数的窗口，当使用这个滤波器平滑处理图像时，就把这个窗口放到图像之上，透过这个窗口来看图像。滤波器的种类有很多，本节主要介绍其中最常用的 6 种滤波器。

2.1.1　盒式滤波

盒式滤波也称为方框滤波，是一种典型的线性滤波技术，它的实现借鉴了积分图像的实现原理，在快速积分图像求解中，将计算某个矩阵像素间的和值运算转换为矩阵对应边角点的求和差值运算。盒式滤波实现的最关键步骤就是初始化数组，数组的每个值是存放像素邻域内的像素和值，在求解某矩形块中的像素和值时，只需要索引对应区域位置存放的和值就可以完成计算。盒式滤波器的定义为

$$g(i,j)=\sum_{k,l} f(i+k,j+l)h(k,l) \tag{2.1}$$

式中，k 和 l 分别为滤波器内核 $h(k,l)$的宽和高。

盒式滤波器计算过程如图 2.1 所示。

46	60	98	127	132	133	137	133
46	65	98	123	126	128	131	133
47	65	96	115	119	123	136	137
47	63	91	107	113	122	138	134
50	59	80	97	110	122	138	134
49	53	68	83	97	113	128	134
50	50	58	70	84	102	116	126
50	50	52	58	69	86	101	120

$f(i,j)$

×

133	137	133
128	131	133
123	136	137

$h(i,j)$

=

69	95	116	126	129	132
68	92	110	120	126	132
66	86	104	114	124	132
62	78	94	108	120	129
57	69	83	98	112	124
53	60	71	85	100	114

$g(i,j)$

图 2.1　盒式滤波器计算过程

2.1.2　均值滤波

均值滤波是一种简单的线性滤波操作，输出图像的每一个像素是窗口内输入图像对应像素的平均值(所有像素加权系数相等)[1]，即均值滤波器的基本原理为使用邻近像素点的灰度值的平均来替换中心像素点的灰度值。假设待去噪图像 $f(x, y)$的大小为 $N \times N$，则均值滤波后所得去噪图像可表示为

$$v(x,y)=\frac{1}{M}\sum_{(m,n)\in S} f(x,y) \tag{2.2}$$

式中，$x, y=0, 1, 2,\cdots, N-1$；S 为像素点(x, y)邻域内所有像素点的集合；M 为该邻域内像素点的个数。

均值滤波算法简单，计算速度快，通过把噪声点的突变灰度分散到邻域的其他像素点来达到平滑效果，但其本身存在着固有的缺陷，既不能很好地保护图像细节，在图像去噪的同时，也破坏了图像的细节部分，从而使图像变得模糊，不能很好地去除噪声点。但均值滤波对周期性的干扰噪声有很好的抑制作用。

2.1.3　高斯滤波

高斯滤波也称为高斯平滑，是一种线性平滑滤波，适用于消除高斯噪声。高斯滤波器是时频宽积最小的最优滤波器，是一种特殊的理想滤波器。高斯滤波器按频率特性可以分为高斯低通滤波器、高斯高通滤波器、高斯带通滤波器、高斯带阻滤波器。其中，高斯高通滤波器、高斯带通滤波器和高斯带阻滤波器可以通过频率变换的方法由高斯低通滤波器得到[2]。

一般而言，高斯滤波器是以高斯函数为权函数的滤波器，针对平面图像往往用到的是二维函数。高斯滤波器的基本原理是对高斯函数进行离散化，以离散点

上的高斯函数值为权值，对采集到的灰度矩阵的每个像素点做一定邻域范围内的加权平均，即对整幅图像进行加权平均，每个像素点的值都由其本身和邻域内其他像素点的值经过加权平均后得到，可有效消除高斯噪声。假设离散的高斯卷积核 H 为$(2k+1)\times(2k+1)$，则其元素计算方法为

$$H_{i,j}=\frac{1}{2\pi\sigma^2}\mathrm{e}^{-\frac{(i-k-1)^2+(j-k-1)^2}{2\sigma^2}} \tag{2.3}$$

式中，σ 为标准差；k 为确定核矩阵的维数。

通过式(2.3)可以方便地求出高斯模板，从而进行高斯滤波处理。在图像处理中，高斯滤波有两种实现方式：一种是用离散化窗口滑窗卷积；另一种是通过傅里叶变换。最常见的是第一种滑窗实现方式，在离散化的窗口非常大，用滑窗计算量非常大(使用可分离滤波器的实现)的情况下，可考虑使用基于傅里叶变换的实现方式。

2.1.4　中值滤波

中值滤波是基于排序统计理论的一种能有效抑制噪声的非线性信号处理技术。中值滤波的基本原理是把数字图像或数字序列中一点的值用该点的一个邻域中各点值的中值代替，让周围的像素值接近真实值，从而消除孤立的噪声点。

中值滤波是一种非线性数字滤波器技术，经常用于去除图像或者其他信号中的噪声，其原理类似于均值滤波器，区别在于其使用中心点邻域所有像素灰度值的中间值，而不是均值去替换待去噪点的值。中值滤波器也可理解为使用一个大小确定的滑动窗口在染噪图像中移动来遍历整幅染噪图像，每移动一步，都将窗口内所有像素点的灰度值按照从小到大顺序进行排序，并将滑动窗口内中心点的灰度值替换成窗口排序灰度值的中间值[3]。其数学表达式为

$$\hat{f}(x,y)=\mathrm{med}\{g(i,j)\},\quad (i,j)\in S \tag{2.4}$$

式中，$\hat{f}(x,y)$ 为滑动窗口内中心点的灰度值；$g(i,j)$为窗口排序灰度值。

中值滤波器的应用很普遍，它相对于同尺度的线性平滑滤波对图像所造成的模糊更少。其主要作用是使得在某图像块中与邻域像素灰度值相差较大的像素被与邻域的像素灰度值较为接近的值所代替。通过这种方式能够有效消除图像中存在的孤立噪声点，故中值滤波器可有效去除图像中包含的椒盐噪声。

2.1.5　双边滤波

双边滤波(bilateral filter，BF)是一种非线性的滤波方法，是结合图像的空间邻近度和像素值相似度的一种折中处理，同时考虑空域信息和灰度相似性，达到保

边去噪的目的。

双边滤波器[4]是一种经典的局部均值结构保持滤波器。之所以能够达到结构保持的效果，是因为双边滤波器是由几何空间距离和像素灰度差值两个控制滤波器模板系数的函数组成的。在双边滤波器中，输出像素的值依赖周围邻近像素值的加权和。双边滤波器是引导图像与输入图像相同的引导滤波器，为了解决高斯滤波器仅依赖像素之间的空间距离差异而导致图像高频细节丢失的问题，在其基础上同时加入了像素灰度值的距离差异与强度差异，使得边缘上的像素值主要由与边缘空间距离较近的像素决定，使之具有保持图像边缘的特性。对任一输入图像 I，其双边滤波的数学表达式为

$$\begin{cases} I_{\text{out}}(x) = \dfrac{1}{M} \sum\limits_{x_i \in \Omega} I(x_i) f_{\text{r}}(\| I(x_i) - I(x) \|) - g_{\text{s}}(\| x_i - x \|) \\ K_{\text{p}} = \sum\limits_{x_i \in \Omega} I(x_i) f_{\text{r}}(\| I(x_i) - I(x) \|) - g_{\text{s}}(\| x_i - x \|) \\ f_{\text{r}}(\| I(x_i) - I(x) \|) = \exp\left[\dfrac{(\| I(x_i) - I(x) \|)^2}{2\sigma_{\text{r}}^2} \right] \\ g_{\text{s}}(\| x_i - x \|) = \exp\left[\dfrac{(\| x_i - x \|)^2}{2\sigma_{\text{s}}^2} \right] \end{cases} \tag{2.5}$$

式中，I_{out} 为滤波后的结果；x 为被处理像素点的坐标；Ω 为 x 的邻域窗口；K_{p} 为归一化因子；f_{r} 为关于像素的值域核函数；σ_{r} 为值域核参数；g_{s} 为高斯函数；σ_{s} 为灰度域高斯函数的标准差。

2.1.6 引导滤波

在图像处理上，引导滤波器(guided filter，GF)是一种能使影像平滑化的非线性滤波器。引导滤波器是 He 等[5]提出的一种基于局部线性模型的滤波器。引导滤波器中的引导就是指定滤波的引导图像，该图像是影响滤波算子中核权重的图像。引导图像可以是输入图像，也可以是经过不同处理后的输入图像，且输入图像的内容对滤波器起到了引导作用。引导滤波器的本质是对引导图像进行局部线性滤波，当引导图像为输入图像时，引导滤波器就是一个保边平滑滤波器。更重要的是，引导滤波器在滤除图像噪声的同时，还能增强图像的细节信息。与此同时，引导滤波器还具有良好的边缘保持特性、边缘平滑功能和较低的复杂度等多种优良特性。因此，近年来引导滤波器被广泛应用于图像去雾、图像去噪和图像融合等领域。

动态引导滤波器(rolling guidance filter，RGF)是最近提出的一种新的引导滤波算子，是一种局部线性的滤波器，在实现平滑图像的同时还有比较好的保持边缘

的性能。相比于传统的引导滤波器，动态引导滤波器是一种新的基于尺度测量的边缘保持类滤波器，通过迭代实现并且有着更快收敛的属性，简单、快速并且容易理解，算法的复杂度与滤波窗口的大小没有关系，在图像滤波增强方面有较好的应用前景[6]。

动态引导滤波主要包含小结构移除和边缘恢复两个过程，能自动保存图像中的大尺度结构。具体而言，首先利用高斯滤波器将细小的结构滤除，然后利用引导图像迭代来恢复大尺度结构的边缘。假设图像 J 是迭代更新的，J^{t+1} 是第 t+1 次迭代的结果，J^1 是初始化为高斯滤波的结果图像，则利用第 t 次迭代的结果 J^t 和引导图像 I 定义 J^{t+1} 为

$$\begin{cases} J^{t+1}(p)=\dfrac{1}{K_{\mathrm{p}}}\displaystyle\sum_{q\in N(p)}\exp\left\{-\dfrac{(p-q)^2}{2\sigma_{\mathrm{s}}^2}-\dfrac{[J^t(p)-J^t(q)]^2}{2\sigma_{\mathrm{r}}^2}\right\}I(q) \\ K_{\mathrm{p}}=\displaystyle\sum_{q\in N(p)}\exp\left[-\dfrac{\left(\|p-q\|\right)^2}{2\sigma_{\mathrm{s}}^2}-\dfrac{\left(\|J^t(p)-J^t(q)\|\right)^2}{2\sigma_{\mathrm{r}}^2}\right] \end{cases} \tag{2.6}$$

式中，p 和 q 为图像中不同灰度的坐标值；$N(p)$为图像中 p 坐标邻域；σ_{r} 为值域核参数；σ_{s} 为灰度域高斯函数的标准差；$\|\cdot\|$ 为范数运算；K_{p} 为归一化因子。

2.2　图像分割技术

图像分割就是把图像分成若干个特定的、具有独特性质的区域并提取感兴趣目标的技术和过程。它是由图像处理到图像分析的关键步骤，也是计算机视觉领域的基本技术，图像分割质量的好坏，直接影响后续图像处理的效果。近年来，图像分割技术已得到长足的发展，广泛应用于科研及生活中的各个领域。图像分割可分为传统分割方法和智能分割方法两部分。

2.2.1　传统分割方法

近年来，图像分割已广泛应用于各个领域，涉及各种类型的图像分割[7]。在医学影像方面，利用图像分割提取影像中特定的组织器官，如细胞图像分割等。在军事方面，采用图像分割提取目标特征信息，如合成雷达的目标检测等。在遥感气象方面，利用遥感图像分割城市地貌、森林火灾等。在交通方面，利用图像分割提取目标图像以及进行车牌号的分割等。

图像分割是指对图像中不同特性的像素进行区域识别与分割。每个区域内的像素特性近似相同，而不同区域的像素点特性差异明显，因此根据分割图像中

不同类别的区域特性提取感兴趣的目标区域的技术称为图像分割技术。传统的图像分割方法可以分为三类：阈值分割法、聚类分割法和区域分割法。

1. 阈值分割法

阈值分割法是一种传统的图像分割方法，属于并行分离的分割方法，其优势在于算法简单，易于计算[8]。其分割的基本原理是将图像像素以某一阈值为分界线，划分为目标区域和背景区域，把图像的像素点分为具有不同灰度级的目标区域和背景区域的若干类，阈值一般为灰度值。该方法适用于目标和背景属于不同灰度级范围的图像，技术成熟，应用广泛。阈值分割法大多原理简单，容易实现，但阈值的选取很大程度上影响了图像分割的效果。它只考虑像素本身的灰度值，而不考虑图像的空间分布，这样其分割结果就对噪声很敏感，对从事图像分割人员的先验知识依赖较重。阈值的选择作为关键技术，直接影响分割的合理性及效果。其对于含有大量噪声和像素分布不均匀的图像分割较为敏感，分割结果较差，在分割区域容易出现空洞。

2. 聚类分割法

聚类分割法也是一种常用的分割方法，首先将像素灰度等性质映射到根据一定的规则分为几个区域的特征空间，然后根据像素的性质判定其所属的区域，并对此加以标记，进行分割，其核心的聚类思想经常被融合在许多其他类别的分割方法中。聚类分割法从灰度等像素基本特征出发，按照一定规则对图像进行区域划分，判断像素所属的区域，加以标记、分割。

聚类分割法包括硬聚类、概率聚类和模糊聚类等，最常用的是 FCM 算法。它是一种基于模糊理论的图像分割方法，实际上是两次寻优的迭代过程，首先由 C 均值聚类得到聚类中心的次最优解，在此基础上再由 FCM 算法进行模糊聚类，最终得到图像的最优模糊分割。隶属函数的设计是整个模糊算法的关键所在。此算法具有较好的收敛性，结果受初值的设置影响不大。由于医学图像本质上存在模糊性，所以聚类分割法更适合采用对图像不确定性有较好描述能力的模糊理论。国内外很多研究者将模糊理论应用于图像增强、图像分割及边缘检测中，取得了优于传统图像处理算法的结果。聚类分割法一般对于图像的不确定性有较好的描述能力，适用于边缘、形状相对模糊，或者由各种因素导致图像具有不确定性的情况，如医学图像的分割等[9]。

聚类分割法必须解决的两个关键问题：一个是如何评定样本之间的类似程度；另一个是如何根据样本之间的类似程度将给定的样本集划分为不同的群。聚类分割法中对图像特征的提取、相似度的计算和正确的聚类算法是基于聚类图像分割研究的关键。

3. 区域分割法

区域分割法是一种已经受到计算机视觉界广泛关注的分割方法，其定义是按照选定的一致性标准将图像分为不相关的像素集合。它充分考虑了空间信息的各个元素，从区域的连续性出发，能清晰地分辨出各区域内的特征，把图片内具有相同性质的像素点进行归纳，以此形成分割的区域[10]。这种方法从把一幅图像分成许多小区域开始，这些初始的区域可能是小的邻域甚至是单个像素。在每个区域中，对不经过适当定义的能反映一个物体内成员隶属度的性质进行计算，用于区分不同物体内像素的性质。对相邻区域的所有边界进行计算，决定所属区域并合并到其所属区域，这样一个迭代过程将具有相似性的像素集合起来构成一个区域，即这种具有相似性质的像素区域不断增大。它是一种典型的串行区域分割方法，特点是将处理过程分解为多个顺序步骤，其中后续步骤的处理要根据对前面步骤的结果进行判断后确定。

区域分割法是直接寻找区域的分割技术，典型的有区域生长法和区域分裂与合并法。其中，区域生长法就是将图像中像素性质相同或者相近的区域提取出来，逐步合并最后生成目标分割区域；而区域分裂与合并法就是从整幅图像出发，通过不断地分裂最后得到分割图像。采用区域生长法的关键在于种子点的位置选择、生长准则和生长顺序。此方法最简单的形式是首先人工给出一个种子点，然后提取出和此种子点具有相同灰度值的所有像素。

区域生长法存在的不足之处包括：难以定义区域一致性准则；分割结果和种子点的选择有很大关系；对噪声很敏感，可能形成孔状甚至是根本不连续的区域；对面积不大的区域分割效果较好，如果对面积较大的区域进行分割，则计算速度就会减慢；对于图像中不相邻而灰度值相同或相近的区域，不能一次分割出来，只能一次分割一个区域；很容易产生图像过分割现象，分水岭算法是解决这一问题的典型算法。

2.2.2　智能分割方法

随着人工智能的出现，计算机进入一个全新的领域。人工智能简单来说就是通过模仿学习人的思想与行为，对生活中的某一方面提供判断和帮助。人工智能已经广泛投入到实际应用中，并且取得了不错的效果。其中，在图像分割领域，人工智能已经成为有效的图像处理算法之一，可以更好地解决复杂多变的区域特征图像[11]。

近年来，深度学习技术引起了各领域的广泛关注，也被尝试应用于不同领域的图像分割问题。例如，在医学领域，实现了对甲状腺疾病的智能诊断，对磁共振(magnetic resonance，MR)图像中肝脏肿瘤的自动化分割等；在遥感领域，实现了对卫星图像中房屋、道路等的自动判别和分割，以及对港口建筑物与海岸线的精确分割等；在水利行业中，可以实现对遥感图像水体的识别和提取等。

基于深度学习的分割方法[12]基本思想是建立神经网络，通过对样本进行训练来达到分割的目的。这种方法需要大量的训练数据，选择何种网络结构也是要解决的主要问题。在应用深度学习进行图像分割时，一般会先明确分割类型。根据实际分割应用任务的不同，可将图像分割分为普通分割、语义分割和实例分割。其中，普通分割是指将分属不同物体的像素区域分开；语义分割是指在普通分割的基础上，分类出每一块区域的语义；实例分割则是指在语义分割的基础上，对每个物体编号，相对于普通分割问题，其获取的信息更多，但是分割难度也更大。它们主要是采用神经网络和深度学习算法来进行训练的，对于不同的分割类型可以选取不同的神经网络进行训练。

随着深度卷积神经网络的成功，卷积神经网络在许多识别问题上越来越流行，同时其在语义分割上的应用也越来越广泛。这些模型主要可以分为以下三大类：

第一类是目前最成功的全卷积网络(fully convolutional network，FCN)模型。该类模型都是端到端、像素点到像素点的训练方式，可以很好地结合语义信息。这些语义信息通过由浅到深、由细到粗的一系列卷积层来产生精确且详细的分割结果。然而，由于感受野过大又缺乏空间约束，每一个神经元对应一个大面积的原始图像，例如，FCN-32 就对图像采取了 32 倍的放大，这种粗糙的放大方式导致最终的分割结果也变得不精细。针对该类问题也提出了更深入的模型 FCN-16 和 FCN-8，但由于感受野的固定，如果物体大小有所改变，则对分割效果影响很大，而且最后通过纯粹的双线性插值算法得到的最终分图并不准确，特别是在分割结果上划定物体边界结构和形状的表现很差。

第二类是对像素间预测学习的编码-解码器，如 SegNet、DeconvoNet 和半监督网络(decoupled network，DN)等。DeconvoNet 学习了一个多层反卷积网络代替简单的双线性插值，将物体建议区送入训练后的网络，通过简单地组合这些建议区的分割结果得到最终图片的分割结果，这样可以解决物体大小变化所带来的分割问题。但其分割效果并不算太好，主要的创新是把检测和分割结合在一起，对于检测只能提供一个粗略的位置，而对于分割需要对每个点进行标记。DeconvoNet 训练的前期工作量巨大，需要通过同步检测和分割(simultance detection and segmentation，SDS)对每幅图产生 2000 个候选框，每个候选框都要产生 CNN 特征，非常消耗时间，并且 SDS 使用了掩码后的图像，很多边缘信息在 CNN 训练中并没有表达出来。将分类网络和分割网络结合的半监督网络，对训练来说比较简单；引入了连接层连接两个网络，主要是提取每一类的激活图，再进行前景、背景的分割，这些激活图提供了很好的先验信息，使得整个参数学习过程也比较简单。分类网络给出的特别类的激活图可以减小分割网络中优化时的搜索空间，只有前景或者背景两类，减少了很多网络参数。

第三类是基于多尺度深度结构的语义分割网络，输入的图片被调整到许多尺度，从深度结构的不同层提取出对应的多尺度特征，再进行结合。多尺度特征可以提供局部和全局的内容，浅层特征包含更多类边界的信息。但是浅层和深层的参数数目有很大的区别，不同大小的图片对应的网络参数也不一致，因此训练多尺度的网络结构是非常困难的。此外，一些分割的深度结构方法在推理时间上并不是前馈型的，需要额外地通过条件随机场(conditional random field，CRF)的最大后验概率估计或者区域建议来帮助推理。

此外，在近几年的研究中最热门的是 Mask R-CNN，这是一种在目标检测基础上发展而来的语义分割网络，FCN、U-Net 等方法计算简单，但分割效果相对粗糙，而 Mask R-CNN 能够做到像素级的图像分割，因此其应用也最为广泛。

2.3 图像边缘检测技术

对于数字图像，边缘是指图像中灰度发生急剧变化的区域，或者是指周围像素灰度有阶跃变化或屋顶变化的像素的集合。边缘主要存在于目标与目标、目标与背景、区域与区域之间，是图像分割、纹理特征提取和形状特征提取等图像分析的基础[13]，具有两个不同灰度值的相邻区域之间存在边缘。

图像的边缘对人类的视觉系统具有重要的意义，是人类判别物体的重要依据，也是图像最基本的特征之一，往往携带着一幅图像的大部分信息。有效检测应提取图像边缘，即边缘检测是图像处理的重要研究问题。边缘检测在许多方面都有着非常重要的使用价值：在生物医学工程中，边缘检测用来进行细胞分类，以及计算机断层扫描(CT)和磁共振图像的分析；在遥感图像处理中，边缘检测用来提取人们所需的信息与特征参量；在工业生产中，边缘检测用于零部件选取、分类，以及裂纹检测；在国防工业中，边缘检测在自动导航、目标跟踪与识别中也发挥着非常重要的作用。

图像的大部分信息都存在于图像的边缘中，主要表现为图像局部特征的不连续性，即图像中灰度变化比较剧烈的地方。因此，把图像边缘定义为图像中灰度发生急剧变化的区域边界。根据灰度变化的剧烈程度，通常将图像边缘划分为阶跃边缘和屋顶边缘两种类型。阶跃边缘两边的灰度值变化明显，而屋顶边缘位于灰度值增大与减小的交界处。那么，对阶跃边缘和屋顶边缘分别求取一阶导数、二阶导数就可以表示边缘点的变化。因此，对于一个阶跃边缘点，其灰度变化曲线的一阶导数在该点达到极大值，二阶导数在该点与零交叉；对于一个屋顶边缘点，其灰度变化曲线的一阶导数在该点与零交叉，二阶导数在该点达到极大值。边缘检测主要包括以下四个步骤。

1. 图像滤波

边缘检测算法主要是基于图像亮度的一阶导数和二阶导数，但是导数的计算对噪声很敏感，因此必须使用滤波器来改善与噪声有关的边缘检测器的性能。

2. 图像增强

增强边缘检测的基础是确定图像各点邻域强度的变化值。增强算法可以将邻域强度值有显著变化的点突出显示。

3. 图像检测

在图像中有许多点的梯度幅值比较大，而这些点在特定的应用领域中并不都是边缘点，应该用某些方法来确定哪些是边缘点。最简单的边缘检测判据是梯度幅值阈值判据。

4. 图像定位

如果某一应用场合要求确定边缘位置，则边缘位置可以在子像素分辨率上来估计，边缘的方位也可以被估计出来。根据所采用方式的不同，边缘检测包括微分边缘检测技术、基于小波变换的边缘检测技术、基于数学形态学的边缘检测技术、基于模糊学的边缘检测技术、基于神经网络的边缘检测技术及基于遗传算法的边缘检测技术。

2.3.1 微分边缘检测技术

传统的图像边缘检测算法大多可归结为图像高频分量的增强过程，微分运算是边缘检测与提取的主要手段。人们最早提出了一阶微分边缘算子，如 Roberts 算子、Sobel 算子、Prewitt 算子等，但这些算子梯度或一阶微分算子通常在图像边缘附近的区域内产生较宽的响应，导致检测的边缘点过多。故采用上述算子检测的边缘图像常需进行细化处理，这会影响边缘定位的精度。

一种更好的方法就是求局部的最大值点，并认为它们是边缘点，这样就变成了求图像的二阶微分，一阶导数的最大值对应的是二阶导数的过零交叉点，利用二阶导数过零交叉点所提取的边缘宽度为一个像素，所得的边缘结果无须细化，有利于边缘的精确定位。二阶微分形式的边缘检测算子是目前边缘检测的主要手段之一[14]。边缘检测的基本问题是检测精度与抗噪性能间的矛盾。由于图像边缘和噪声均为频域中的高频分量，简单的微分运算会增大图像中的噪声，所以在微分运算之前应采取适当的平滑滤波以减小高频分量中噪声的影响。针对此问题，产生了 Canny 边缘检测技术。

Canny 算子是一阶导数噪声比的高斯函数和乘积逼近算子的最优定位。Canny 算子的基本思想是首先用高斯函数平滑图像，然后用一阶导数的最大值来确定边缘点。二阶导数的过零交叉点对应的不仅是一阶导数的最大值，也是一阶导数的最小值，以及灰度值的快速变化点(强边缘)和慢速变化点(弱边缘)。通过两个阈值来检测强边缘和弱边缘，但是只有强边缘和弱边缘相连时，才会将弱边缘包含在输出中。因此，Canny 算子不仅对噪声很敏感，能够很好地排除噪声影响，也能够检测出真正的弱边缘。Canny 边缘检测的步骤如下：

1. 使用高斯滤波器平滑图像

梯度算子可以用于增强图像，本质上是通过增强边缘轮廓来实现的，也就是说是可以检测到边缘的。但是，它们受噪声的影响都很大。首先就是要去除噪声，因为噪声就是灰度变化很大的地方，所以容易被识别为伪边缘。

2. 利用有限差分的一阶偏导数计算梯度的大小和方向

计算图像梯度能够得到图像的边缘，因为梯度是灰度变化明显的地方，而边缘也是灰度变化明显的地方，所以这一步只能得到可能的边缘。因为灰度变化的地方可能是边缘，也可能不是边缘，所以这一步就有了所有可能是边缘的集合。

3. 对梯度振幅采用非极大值抑制

通常灰度变化的地方都比较集中，将局部范围内梯度方向上灰度变化最大的点保留下来，其他的点不保留，这样可以剔除一大部分的点。将有多个像素宽的边缘变成一个单像素宽的边缘，即“胖边缘”变成“瘦边缘”。

4. 使用双阈值算法进行边缘检测和连接

通过非极大值抑制后仍然有很多的可能边缘点，进一步设置一个双阈值，即低阈值、高阈值。灰度变化大于高阈值的，设置为强边缘像素；低于低阈值的就剔除；在高阈值和低阈值之间的，设置为弱边缘。进一步判断，如果其邻域内有强边缘像素，则保留；如果没有，则剔除。

2.3.2 基于小波变换的边缘检测技术

小波分析是当前应用数学和工程中一个发展迅速的领域。随着小波理论和分形理论的广泛应用，20 世纪 90 年代初期关于小波理论的边缘检测算法和基于分形特征的边缘检测与提取方法也相继出现[15]。基于小波理论的边缘检测算法因小波理论时频分析的优越性而优于传统的图像边缘检测算法，可检测出图像在不同尺度下的边缘特征。

小波变换的多尺度多分辨率特性与紧支性提供了描述信号局部化信息的能力。信号的突变点可由小波变换的过零点或极值点以及在不同尺度下的变化来表达，从而可表征出信号的局部化奇异性。小波变换在时域和频域同时具有良好的局部化性质，能将信号或图像分解成交织在一起的多种尺度成分，并对大小不同的尺度成分采用相应粗细的时域或空域采样步长，对高频信号细处理，对低频信号粗处理，从而能够不断聚焦到对象的任意微小细节。边缘检测是找出信号突变部分的位置，这在数学上常表示为间断点、尖点等。而在图像信号上，这些奇异点就是图像的边缘点。由于实际图像的空间频率成分十分复杂，用普通的方法直接提取边缘往往并不十分有效，而用小波变换可以将图像分解成不同频率成分的小波分量，然后从这些不同频率成分的小波分量中找出信号本身的特征以便更有效地提取边缘像素。虽然小波正交基用途广泛，但也存在着不足，其结构相对复杂。

一般来说，基于小波变换的边缘检测技术检测的图像边缘效果明显好于采用 Sobel、Roberts、Prewitt、Log 等算子检测的图像边缘。而微分边缘检测技术中效果最好的 Canny 算子，检测出的边缘很细腻，虽然会丢掉一些边缘信息，但从处理效率上看还是更优。基于小波变换的边缘检测算法相对于梯度算法的优点是计算量小，不用对边缘点进行串接，边缘提取得较细腻，丢失信息较少。对于检测边缘信号，小波函数应采用反对称的，大多数采用 B 样条小波。在去除噪声上，阈值的确定非常关键，需要根据具体情况选择适当的阈值确认方法。基于小波变换的边缘检测算法在边缘检测方面是非常有效的。

2.3.3 基于数学形态学的边缘检测技术

数学形态学是分析几何形状和结构的数学方法，建立在集合代数基础上，用集合论方法定量描述几何结构的科学。数学形态学由一组形态学的代数运算算子组成。最常用的有六种基本变换，分别是膨胀、腐蚀、开、闭、击中和击不中。其中，膨胀和腐蚀是两种最基本、最重要的变换，其他变换由这两种变换的组合来定义。用这些算子及其组合进行图像形状和结构的分析处理包括图像分割、特征抽取、边缘检测等方面的工作。因而，不同于其他的图像处理理论(如空间域、频率域的变换方法)，数学形态学是一种用于图像处理的新理论和新方法。

目前，常见的、较成熟的基于数学形态学的边缘检测算法有基于多尺度形态学的边缘检测算法、基于数学形态学多极平均的图像的边缘检测算法、基于偏微分方程的形态学的边缘检测算法、基于均衡化和数学形态学的组合边缘检测算法、基于坐标逻辑的多结构元图像的边缘检测算法等[16]。

1. 基于多尺度形态学的边缘检测算法

基于多尺度形态学的边缘检测算法是图像在平滑区内进行大尺度滤波，在边缘区进行小尺度滤波。在具体计算时，采用逐渐增大尺寸的结构元素，进行开闭交替迭代运算，从而以交替序列滤波的多尺度滤波方式来提取边缘信息。针对由开闭运算带来的偏移现象，用混合滤波的方法来削弱它带来的影响。多尺度法是边缘检测的一种较好的方法，对噪声有较好的抑制作用，但尺度大小的选取因图像而异，且在进行各尺度下的边缘图像合成运算时权值的选取不确定，所需运算量也比较大。

2. 基于数学形态学多极平均的图像的边缘检测算法

多级形态算法是在多尺度算法的基础上由形态膨胀、腐蚀组成的形态开闭运算。图像针对某一结构元素分为两路，一路进行开闭运算，另一路进行闭开运算，分别进行腐蚀和膨胀操作。这样开闭运算可分别对图像的内外进行滤波达到去除噪声的目的，可除去比结构元素小的图像细节，同时保证不产生全局的几何失真。单路组合处理，能够进一步去除噪声。可利用多尺度边缘检测的优点，先选取不同的结构元素进行多级开闭运算，然后对各结构元素求得的图像边缘进行合成，得到最终的图像边缘。

多级平均方法对边缘的提取有很大的灵活性。如果结构元素太少，虽减少计算量却难以检测出各种几何形状的边缘。针对不同的噪声图像，取每路边缘时可采用不同的方法，可在每路中再采用多尺度法，效果会更好，但运算复杂度增加。合成时每路的加权系数根据不同结构元素的处理结果而定，也可与其他形态学方法进行合成，处理噪声图像时系数不需要进行调整。在具体应用时，应根据不同情况进行不同的尝试以期找到处理效果最好的组合方法。

3. 基于偏微分方程的形态学的边缘检测算法

传统的边缘检测思路是先进行低通滤波处理后计算梯度，基于偏微分方程(partial differential equation, PDE)的形态学的边缘检测算法则是直接对原始图像求取一阶差分，利用合适的形态学腐蚀算子增强边缘梯度，降低噪声的影响。

基于 PDE 的形态学腐蚀算子对梯度图像有较好的保持边缘的能力，可利用形态学腐蚀后的梯度图像提取边缘，以获得良好抗噪性和边缘精确定位。该方法的关键是设计一种能够对梯度图像进行降噪处理而又不影响边缘位置的梯度值的滤波器。邻近点形态学腐蚀算子就具有这样的滤波特性，不足之处在于该形态学腐蚀算子计算量较大，而且对一幅梯度图像必须分成正负两个部分分别进行腐蚀。

4. 基于均衡化和数学形态学的组合边缘检测算法

均衡化是指以直方图为基础，利用灰度点运算来把原始图像的直方图变换为均匀分布的形式，从而增大像素点灰度值的动态范围，增强图像整体对比度，使图像细节清楚，以便于后续的图像处理。由于数学形态学对信号处理的直观以及数学的严谨，所以将直方图均衡化与数学形态学组合，能够有效地抑制噪声，提高检测精度，保护边缘细节，并且易于编程实现，最终应用于实际图像。

5. 基于坐标逻辑的多结构元图像的边缘检测算法

坐标逻辑与数学形态学有着密切的联系，从某种角度来讲，是数学形态学的一个分支，也有结构元、膨胀、腐蚀等概念。坐标逻辑可以很容易地进行数学形态学的基本运算，大多数数学形态学运算都可以用坐标逻辑来实现，该运算把信号分解为多个可以并行处理的二进制信号，直接在给定信号的二进制位上运算，所以运算更为简洁、快速，具有内在的并行性，且可由逻辑电路或细胞自动机实现。

坐标逻辑把逻辑运算的概念拓展到灰度图像中，坐标逻辑运算包括 CAND、COR、CXOR、CNOT 等运算以及它们的组合。基于坐标逻辑的多结构元图像的边缘检测算法，联合使用多个结构元改进坐标逻辑边缘检测算子的性能，弥补了基于坐标逻辑的单结构元边缘检测算子对噪声敏感的不足，提高了对不同方向上边缘的检出率，检测出的边缘无方向倾向性。

综合以上内容，基于数学形态学的图像边缘检测算法与微分算子法、小波变换法等常用的边缘检测算法相比，具有算法简单、运算速度快、效果好等优点。用基于数学形态学的图像边缘检测算法所得到的结果图像，在边缘的连续性及各项同向性方面都优于传统算法。基于数学形态学的图像边缘检测算法对图像细节和边缘定位也有相当好的效果，所检测出的边缘宽度与所使用的结构元素形状和大小密切相关，当结构元素的尺寸增大时，检测出的边缘宽度将随之增大。因而，合理调节结构元素的尺寸能有效地去除噪声并很好地保护边缘细节。

2.3.4 基于模糊学的边缘检测技术

图像处理过程实际是对图像灰度矩阵的处理过程。图像像素的灰度值都是一些确定值，图像的模糊化就是将图像灰度值转换到模糊集中，用一个模糊值来代表图像的明暗程度。模糊梯度法是基于图像灰度梯度变化的原理而产生的。利用模糊理论的不确定性来反映图像灰度梯度变化过程的模糊性，并根据像素的隶属度来确定边缘穿越的位置，可使边缘检测更加准确。但由于其算法的复杂性，所以实现很困难[17]。

在图像的边缘检测中模糊算法性能不理想，主要原因是在对图像进行模糊增强时，直接对图像中所有像素点进行增强，未对图像信息进行筛选分类，导致噪声点值也被扩大。针对这一问题，相关研究表明，在进行图像增强处理之前，首先采用自适应双阈值算法，对图像进行双阈值判决，即找出图像的边缘点，然后采用模糊算法对这些边缘点进行增强，最后获得图像边缘检测结果。

2.3.5　基于神经网络的边缘检测技术

近年来，人工神经网络正广泛地用于模式识别、信号与图像处理、人工智能及自动控制等领域。神经网络所具有的自组织性、自学习性和自适应性决定了其用于边缘检测的可行性。但由于神经网络是通过样本进行学习的，所以样本选择的合理与否极大限度地决定了网络性能的好坏。近年来，采用神经网络进行边缘提取又成为一个新的研究方向，但是尚处在实验阶段，尤其对样本的选择问题还没有很好的解决方法。

图像边缘检测神经网络的训练样本可分为边缘模式和非边缘模式。非边缘模式不包含边缘信息，却作为样本训练，使神经网络的训练非常耗时。针对这个问题并参考图像锐化的基本原理，有研究提出了一种基于神经网络的图像边缘检测算法。该算法首先基于邻域灰度极值提取边界候选图像，然后以边界候选像素为样本集，输入边缘检测神经网络进行训练。边缘检测神经网络采用 BP 神经网络，为加快网络的收敛速度，可以采用滚动训练和权值随机扰动的方法。实验证明，采用此方法后网络的训练时间大大下降，边缘检测的效果也很好。

神经网络的主要问题是输入层与输出层的设计问题、网络数据的准备问题、网络权值的准备及确定问题、隐层数及节点的问题、网络的训练问题。图像边缘检测本质上属于模式识别问题，而神经网络能很好地解决模式识别问题。因此，可用样本图像对神经网络进行训练，将训练后的神经网络再进行实测图像的边缘检测。在神经网络训练中，所提取的特征要考虑噪声点和实际边缘的差异，同时去除噪声点形成的虚假边缘，因此该方法具有较强的抗噪性能。在学习算法的设计中，常规的对图像进行混合的结构训练样本对神经网络性能具有重要影响。使用神经网络的方法得到的边缘图像边界连续性、封闭性好，而且对于任何灰度图的检测，可以得到很好的效果[18]。

2.3.6　基于遗传算法的边缘检测技术

遗传算法是一类基于自然选择和遗传学原理的有效搜索算法，是基于达尔文生物进化论的自然选择学说和群体遗传学原理而建立的，是近年来发展起来的一种随机全局优化算法。迄今，遗传算法在数字图像处理方面已经有许多成功的应用，如图像压缩和编码、图像分割、图像重建等，许多领域应用遗传算法成功地得到了问题的满意解答。

针对不同的应用场景，通常会有不同的遗传算法。由于这些遗传算法都是通过对生物过程中选择、杂交、变异机理的模仿来完成对问题最优解的自适应搜索，所以其具有一些共同特点。一般来说，最常用的是基本遗传算法(simple genetic algorithm，SGA)，其余算法都可以看作对 SGA 的改进。SGA 主要由以下几个方面组成：

(1) 染色体的编码方式。每个待优化问题的自变量需进行编码，一般采用有限长度的二进制码代表自变量的各种取值。

(2) 杂交算子。杂交算子是按照一定的概率，即杂交概率，交换两个染色体中的基因段。通过杂交运算产生新的基因组合，父辈的遗传信息得以在后代中延续。

(3) 变异算子。在 SGA 中，变异算子对基因执行的是取反运算，变异算子能够产生新的基因，是克服算法早熟的重要手段。

(4) 适应度函数。适应度函数用于对生成个体的优劣程度进行评判。在解析函数的极值优化问题中，适应度函数通常可用待寻优的函数代替。对于不同的问题，适应度函数的选取具有一定的主观性和灵活性。

(5) 选择策略(选择算子)。选择策略也就是自然界中的“适者生存”、“优胜劣汰”进化策略，即按照某种方式从当前种群中选择适应度较高的个体进化到下一代，作为下一代进化的初始种群。

不同的灰度梯度算子，效果不同，适合于不同类型的边界。但当边界类型未知且图像中含有不同分布的噪声时，以上典型的灰度梯度算子并不理想。本书利用遗传算法优化设计灰度梯度算子，通过对样本图像的训练，获得最优灰度梯度算子，使之对训练样本类似的图像具有最优的边界检测效果。最优灰度梯度算子集合包含 8 个灰度梯度算子，各个最优灰度梯度算子分别检测某像素点邻域内的灰度梯度，不同的灰度梯度算子对不同方向的边界敏感，因此取检测到的最大灰度梯度作为最优灰度梯度算子的输出。

对于图像的边缘提取，采用二阶的边缘检测算子处理后要进行过零点检测，其计算量很大、硬件实时资源占用空间大且速度慢，所以学术界提出了一种二次搜索寻优的阈值选取策略。通过遗传算法进行边缘提取阈值的自动选取，能够显著地提高阈值选取的速度，可以对视觉系统所产生的边缘图像进行阈值的实时自动选取，增强了整个视觉系统的实时性。

2.4 图像特征提取技术

图像特征提取是一门交叉性的学科，它既包含在计算机视觉技术中，也包含在图像处理中，通过计算机的分析和处理来提取图像不变特征，进而解决实际问题。图像特征提取往往涉及数学、物理学、控制理论、计算机科学等多个方面的知识。现如今，图像特征提取技术已经应用到了人们生活的各个领域，如古建筑重建和保护、遥感图像分析、城市规划及医学诊断等。图像特征提取技术不仅创造了新的科学技术成果，而且大大提高了数字化的准确度和准确率[19]。

由于实际问题的应用类型各不相同，所以对图像特征一直没有精确的定义。许多计算机图像分析和算法都是以特征为切点，算法成功与否与其使用和定义的特征息息相关。其定义可以概述为：图像处理中最初级的运算就是特征提取，所以数字图像首先要进行的运算就是特征提取，然后通过运算来检查图像的每个像素，最后确定像素所属的特征。如果算法检查的是图像的一些特征区域，则图像特征提取就是算法中的一部分。作为特征提取的一个前提运算，输入图像一般在尺度空间中被平滑，运用导数法计算出图像的特征。

最常用的图像特征提取方法可以分为颜色特征提取、纹理特征提取、代数特征提取、变换特征提取、形状特征提取和空间关系特征提取等，这六种图像特征提取方法之间并不是完全独立的，各种方法之间也会有部分交叉融合的内容，以下对这六种方法进行详细的介绍。

1. 颜色特征提取

颜色特征是图像的全局特征，主要是对图像所对应物体的表面性质进行描述。颜色特征的优点是不受图像放大、缩小等变换的影响，但由于其对图像的方向变换不敏感，所以无法表征图像的局部特征信息。颜色特征提取主要包括颜色直方图、颜色集、颜色矩、颜色聚合向量、颜色相关图。

2. 纹理特征提取

纹理特征和颜色特征类似，也是一种整体性的特征。近年来，纹理分析的各种理论或方法在纹理特征提取中的应用已经基本成型，纹理特征提取方法可归纳为 5 类，即结构方法、信号处理方法、几何方法、模型方法和统计方法。灰度共生矩阵是得到广泛应用的纹理特征提取方法，是分析图像的基础，运用统计学中的概率来反映图像灰度有关方向和间隔等整体信息。其方法描述如下：(p, q)为图像中任取的一点，$(p+\Delta p, q+\Delta q)$是图像中移动后的另一点，形成一个点对，(m, n)为该点对的灰度值，即 m 为(p, q)点的灰度值，n 为$(p+\Delta p, q+\Delta q)$点的灰度值。固定 Δp 和 Δq，通过(p, q)点的移动来确定相应的(m, n)值，则相应灰度值的组合为 L^2(灰度值的级数为 L)。对于研究图像，计算(m, n)值的出现频率，化积分为 1，其概率为 P_{mn}，则灰度共生矩阵(灰度联合概念密度)为$[P_{mn}]_{L\times L}$。

对于不同的纹理周期分布，就有不同的差分值$(\Delta p, \Delta q)$，即不同的 Δp 和 Δq 的值。对于纹理较细的情形，选取(1,0)、(0,1)、(1,1)、(−1,1)等较小的差分值是很有效的。如果 Δp 和 Δq 取值较小，则说明纹理变化缓慢，灰度共生矩阵对角线上的数值较大，适合于对角线分布；如果 Δp 和 Δq 取值较大，则说明纹理变化较快，灰度共生矩阵对角线上的数值较小，适合于均匀分布，一系列的纹理特征统计量可以通过灰度共生矩阵得到。

与颜色特征不同的是，纹理特征是对包括多个像素点的区域进行统计分析，反映图像亮度的空间变化情况，具有局部与整体的自相似性。纹理特征具有良好的不变性、计算简单、表示直观等特点，对图像噪声具有较强的抵抗能力。纹理特征提取明显的缺陷是当图像分辨率发生变化时，提取的结果可能出现较大的偏差。此外，由于图像可能受到光照不均、反射情况的影响，所以从 2D 图像中提取的纹理特征不能够很好地反映 3D 物体表面。基于纹理特征的图像分类识别算法大多复杂度较高，纹理特征主要用于检测在粗细、疏密等方面具有较大变化的图像[20]。纹理特征主要包括粗糙度、对比度、方向性、相似性、规则性和粗略度。

3. 代数特征提取

灰度图像在计算机中以二维矩阵的形式存储，彩色图像在计算机中以三维矩阵的形式存储。代数特征是以图像存储数据结构——矩阵为基础，利用矩阵相关理论提取的图像特征，反映了图像的内在属性。代数特征提取主要分为两大类：线性投影特征提取、非线性投影特征提取。

线性投影特征提取是将原始信号数据通过线性变换投影到低维空间，这样原始数据在低维空间分布变得紧凑，大大降低了计算复杂度。该方法的主要缺点是对物体的非线性变换(对数变换、指数变换、幂次变换、分段函数变换)敏感，导致不同的采集环境识别结果可能大大不同。典型的线性投影特征提取方法主要包括主成分分析方法和 Fisher 线性鉴别分析方法。

与线性投影特征提取恰恰相反，非线性投影特征提取是将原始信号数据通过非线性变换映射到高维空间。该方法的主要缺点是：无法确认非线性变换后代表的几何概念；线性变换的核函数中参数选取只能依靠经验；没有相应的标准。

4. 变换特征提取

变换特征提取是对图像进行滤波变换，从诸多的变换系数中提取具有更强表示能力的部分系数作为图像的特征。该方法具有特征维数较低、特征表示能力强等优点。典型的变换特征提取方法有 Karhunen-Loeve(K-L)变换、傅里叶变换、小波变换、小波包变换等。目前，小波分析与代数特征相结合的提取方法是国内外的研究热点。

5. 形状特征提取

形状特征提取表示方法有两类：一类是区域特征，主要针对图像的整个形状区域；另一类是轮廓特征，针对的是物体的外边界。形状特征提取的典型方法有边界特征值法(图像的外边界)、几何参数法(图像几何参数化处理)、形状不变矩法(找图像不变矩特征)、傅里叶形状描述法(傅里叶变换法)等。本书介绍的具有代表性的边界特征法，使用图像的边界特征来描述和获取图像的特征参数，Hough 变换图像检测就是很经典的算法之一。Hough 变换图像检测的基本思想是点线之间的对偶性，是利用图像全局特性而将边缘像素连接起来组成区域封闭边界的一种方法。Hough 变换是通过对曲线进行指定的变换算法，可推广到检测任意图像形状区域的外边界。Hough 变换是最常用的直线检测算法之一，基本原理是将笛卡儿坐标系或极坐标系中的坐标转换到 Hough 域中来进行检测。

在笛卡儿坐标系中的一条直线可以用 $y = kx + b$ 来表示，将其参数和变量调换，可得 $b = -kx + y$；笛卡儿坐标系中的一条直线 $y = kx + b$，对应 Hough 空间中的一个点(k, b)。类似地，Hough 空间中的一条直线 $b = -kx + y$，对应笛卡儿坐标系中的一个点(x, y)。假设笛卡儿坐标系下有若干个点$(x_1, y_1), (x_2, y_2),\cdots, (x_n, y_n)$均在直线 $y = kx + b$ 上，则每个点对应 Hough 空间下的直线 $b = -kx_1 + y_1, b = -kx_2 + y_2, \cdots, b = -kx_n + y_n$，这些直线就会交于一个点$(k, b)$。所以，将笛卡儿坐标系下的点转换到 Hough 空间中的直线的交点，可以认为是笛卡儿坐标系下的一条直线。在图像中，一条直线上的像素点越多，反映到 Hough 空间中的交点亮度就越高，直线就越容易被检测出来。

但是笛卡儿坐标系存在一些问题，当直线与 y 轴平行时，其斜率为正无穷，坐标系无法表示，因此一般将笛卡儿坐标系表示法转换为极坐标系表示法。其中，极坐标系中的点(r, θ)，数学表达式为

$$\begin{cases} x = r\cos\theta \\ y = r\sin\theta \end{cases} \tag{2.7}$$

对式(2.7)进行一些变换，可得

$$\begin{cases} x\cos\theta = r\cos^2\theta \\ y\sin\theta = r\sin^2\theta \end{cases} \Rightarrow x\cos\theta + y\sin\theta = r \tag{2.8}$$

所以对于极坐标系下的一个点 $x\cos\theta + y\sin\theta = r$，可以表示为 Hough 空间下的一条三角函数曲线 $r = x\cos\theta + y\sin\theta$。如图 2.2 所示，当极坐标系下的若干个点$(x_1, y_1), (x_2, y_2), \cdots, (x_n, y_n)$转换到 Hough 空间下的若干条三角函数曲线 $r = x_1\cos\theta + y_1\sin\theta$，$r = x_2\cos\theta + y_2\sin\theta$，$\cdots$，$r = x_n\cos\theta + y_n\sin\theta$ 时，这些曲线就会交于一点(r_0, θ_0)，这就是 Hough 变换的基本原理。

6. 空间关系特征提取

空间关系表明图像中分割的多个目标之间存在着一定的空间位置关系和方向性的关系，如图像的邻接和连接关系、图像的包容和包含关系等。常用的图像空间关系特征提取方法有两种：①根据图像中的对象或者颜色等其他特征对图像进行分割后提取特征；②把图像分割成规则的子块，分别对图像的每个子块进行特征提取。

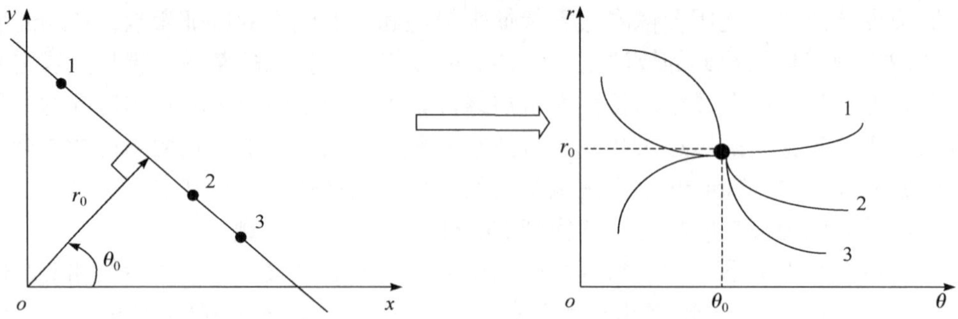

图 2.2　极坐标系到 Hough 空间的变换

运用空间关系特征描述图像内容能起到更完备的功效，但是一旦图像或目标发生反转、旋转等变化，空间关系特征发生的变化就非常明显。当采用空间关系特征提取来提高检索准确率时，一般不单独使用，而是经常和其他特征提取方法综合使用。下面以 HOG 特征为例，对其原理和提取过程进行介绍。

1) HOG 特征的原理

在一幅图像中，局部目标的表象和形状能够被梯度或边缘的方向密度分布很好地描述。HOG 特征结合 SVM 分类器的方法已经被广泛应用于图像识别中，由于其是在图像的局部方格单元上操作的，进而对图像几何上和光学上的形变都能保持很好的不变性，所以在行人检测中获得了极大的成功。

2) HOG 特征提取的过程

对输入图像进行灰度化处理；采用 Gamma 校正法对输入图像进行颜色空间的归一化，目的是调节图像的对比度，降低图像局部的阴影和光照变化所造成的影响，同时可以抑制噪声的干扰；计算图像每个像素的梯度(包括方向和大小)，主要是为了捕获轮廓信息，同时进一步弱化光照的干扰；将图像划分成小的细胞单元(cell)；统计每个细胞单元的 HOG(不同梯度的个数)，即可形成每个细胞单元的特征描述符；将若干个细胞单元组合成一个区间(block)，一个区间内所有细胞单元的特征描述符串联起来便得到该区间的 HOG 特征；将图像内所有区间的 HOG 特征描述符串联起来就可以得到该图像的 HOG 特征描述符，为可供分类的特征向量。

2.5　图像增强技术

图像增强是指按照某种特定的需求，突出图像中有用的信息，去除或者削弱无用的信息。图像增强的目的是使处理后的图像更适合人眼的视觉特性或易于机器识别。在医学成像、遥感成像、人物摄影等领域，图像增强技术都有着广泛的应用。图像增强同时可以作为目标识别、目标跟踪、特征点匹配、图像融合、超分辨率重构等图像处理算法的预处理算法。

图像增强应该注意以下几方面：①提高图像整体和局部的对比度，图像增强算法应该既能使图像整体的对比度提高，也能使图像的局部细节信息得到增强；②在增强图像的同时，应该避免放大噪声，如果不能有效地抑制噪声，噪声在图像增强过程中就会被放大，从而对图像质量造成影响；③增强后的图像应该具有良好的视觉效果，避免增强后的图像局部增强过度或过弱，增强后的图像应该符合人眼的视觉特性；④图像增强算法应该具有较好的实时性，近年来随着嵌入式产品的快速发展，对图像增强算法的实时性要求也越来越高。为了满足工程上的使用要求，图像增强算法应该具有较好的实时性[21]。

最近 30 多年间，出现了众多的图像增强算法。应用比较广泛的图像增强算法有直方图均衡算法、小波变换图像增强算法、偏微分方程图像增强算法和 Retinex 图像增强算法等。

2.5.1 直方图均衡算法

若一幅图像的像素点倾向于占据整个可能的灰度级并且分布均匀，则该图像表现为具有较高的对比度和较大的动态范围。直方图均衡算法正是根据这一特性，利用累积分布函数将指定的输入灰度级映射为输出灰度级，使输出灰度级具有近似均匀分布的概率密度函数，从而达到提高图像对比度、扩大图像动态范围的目的。标准直方图均衡算法的原理简单，实时性好，但增强后的图像亮度不均匀，且会因灰度级合并而导致部分细节信息的丢失。

对于标准直方图均衡算法，有一些相应的改进算法。保持亮度的双直方图均衡算法是对标准直方图均衡算法的改进，针对标准直方图均衡算法会使增强后的图像亮度不均匀这一缺点，该算法将原始图像 I 的亮度均值作为阈值，将原始图像划分为 2 个子图，再分别对这 2 个子图进行直方图均衡。

等面积双直方图均衡算法是将原始图像灰度值的中值作为阈值，将原始图像划分为 2 个子图，再分别对这 2 个子图进行直方图均衡，该算法可以使增强图像具有较大的信息熵，解决了标准直方图均衡算法易造成图像信息丢失的问题。最大亮度双直方图均衡算法同样属于双直方图均衡算法，选取的阈值使得增强图像的亮度均值和原始图像的亮度均值误差最小。

针对直方图均衡算法中累积分布函数的改进算法还有二维空域信息熵的直方图均衡算法。该算法首先将图像划分为 $M \times N$ 个子区域，然后分别计算每个子区域像素点灰度级的概率密度，接着计算各个灰度级在 $M \times N$ 个子区域中二维信息熵的和，计算每个灰度级的二维信息熵和其他灰度级的二维信息熵的关系，最后进行归一化后定义累积分布函数，根据累积分布函数将原始图像映射为增强图像，该算法在提高图像对比度的同时能够最大限度地保留图像的细节信息。

2.5.2 小波变换图像增强算法

小波变换和傅里叶变换一样，是一种数学变换。它的基本思想是用一族函数去表示或逼近某一信号，这一族函数称为小波函数系。数字图像可以看作一个离散的二维信号，通过二维离散小波变换可以对其进行分解和重构。标准小波变换图像增强算法将图像分解为 1 个低通子图像和 3 个具有方向性的高通子图像。低通子图像代表图像中的低频信息，对应图像中较平滑的区域。高通子图像代表图像中的高频信息，对应图像中的细节信息，包括水平细节、垂直细节和对角细节图像。通过使用各种增强算法对不同频率系数进行增强，不仅可以提高图像的对比度，突出图像的细节信息，还可以对某一范围内的频率系数进行增强，实现图像中感兴趣区域的增强。

小波变换图像增强算法的步骤为：读入原始图像；对原始图像进行小波分解，得到图像的低频成分和高频成分；对小波系数进行非线性增强；将增强后的小波系数进行小波逆变换，得到重构后的增强图像。

小波变换图像增强算法通过增强小波系数可以有效地凸显图像中的细节信息，但在凸显图像细节信息的同时应注意图像亮度的保持。值得注意的是，小波变换图像增强算法容易放大图像中的噪声，如何有效地抑制噪声也是需要解决的一个关键性问题。用小波变换将原始图像分解为不同频率的图像后，可以用各种算法对不同频率的图像进行增强。基于 Knee 函数和 Gamma 校正的小波变换图像增强算法采用改进的 Knee 函数和 Gamma 变换函数来对低频系数进行增强，再将增强后的低频系数与高频系数组合，最后利用小波逆变换得到增强后的图像，该算法达到了提高图像整体亮度和对比度的目的。

2.5.3 偏微分方程图像增强算法

偏微分方程是微分方程的一种，如果一个微分方程中出现多元函数的偏导数，那么这种微分方程就称为偏微分方程。数字图像可以看作一个以像素点位置坐标为自变量的二元函数 $f(x, y)$，其中，$(x,y)\in \Omega=\{0\leqslant x\leqslant N-1,0\leqslant Y\leqslant M-1\}$，图像 I 中像素点位置 (x, y) 处的偏导数定义为

$$\begin{cases} g_x=\dfrac{\partial f(x,y)}{\partial x}=f(x+1,y)-f(x,y) \\ g_y=\dfrac{\partial f(x,y)}{\partial y}=f(x,y+1)-f(x,y) \end{cases} \tag{2.9}$$

点 $p(p\in\Omega)$ 处两个方向的偏导数组成了在该坐标点的梯度，用向量 $V_I(p)=\left[g_x\ g_y\right]^{\mathrm{T}}$ 表示。图像上每一点处梯度的集合构成了该图像的一个二维梯度场，也

称为对比度场。它反映了图像上任一点附近区域对比度的变化情况，对比度变化的快慢用梯度大小表示，对比度变化的方向用梯度的方向表示。通过放大图像的对比度场可以达到图像增强的目的。

采用全变差模型的偏微分方程图像增强算法是偏微分方程图像增强算法的一种改进算法，既可使增强后的图像既有较高的对比度，又与原始图像差别不大，保留了原始图像的细节信息。基于偏微分方程图像增强算法中的梯度函数的改进算法也有很多，为了进一步突出图像的纹理细节信息，韩希珍和赵建[22]在前人基础上，提出了新的梯度函数 S_{g}[22]，其表达式为

$$S_{\mathrm{g}}=\left[1-\cos\left(\frac{\|\nabla u\|-u_2}{u_1-u_2}\pi\right)\right]\frac{a}{2}\frac{\nabla u}{\|\nabla u\|} \tag{2.10}$$

式中，∇u 为原始图像的梯度；u_1 为梯度模的最大值；u_2 为梯度模的最小值。采用新的梯度函数可使梯度场从$[u_2,u_1]$增大到$[0,u_1]$。

2.5.4 Retinex 图像增强算法

Retinex 是视网膜(Retina)和大脑皮层(Cortex)两个单词合成的缩写。Retinex 理论认为人类感知到物体的颜色和亮度是光与物质相互作用的结果，人眼感知到物体的颜色和亮度是由物体表面的反射特性决定的，而与投射到人眼的光谱特性无关。

Retinex 理论认为一幅图像可以表示成反射分量 $R(i, j)$和照度分量 $L(i, j)$的乘积，即

$$I(i,j)=R(i,j)\times L(i,j) \tag{2.11}$$

式中，(i,j) 为像素点的空间二维坐标；$I(i,j)$ 为原始图像；$R(i,j)$ 为反射分量，反映物体本身的颜色特性，对应图像中的高频部分；$L(i,j)$ 为照度分量，反映环境的亮度，对应图像中的低频部分。

Retinex 图像增强算法是从原始图像中剔除环境亮度的影响，求解出物体本身的颜色特性，从而达到图像增强的目的。对数域下的运算更接近人眼的视觉特性，可以将乘法运算转换为简单的加法运算。因此，将式(2.11)转换为对数域下求解，从而得到单尺度 Retinex 图像增强算法，其表达式为

$$\lg[R(i,j)]=\lg[I(i,j)]-\lg[L(i,j)] \tag{2.12}$$

照度分量 $L(i,j)$ 采用中心环绕函数求解，其表达式为

$$L(i,j)=I(i,j)*F(i,j) \tag{2.13}$$

式中，$*$为卷积运算；中心环绕函数 $F(i,j)$ 常采用高斯中心环绕函数，这是因为高斯中心环绕函数具有平滑的特性，能够保留增强后图像的边缘细节信息。

将高斯中心环绕函数定义为

$$F(i,j)=K\mathrm{e}^{-r^2/c^2} \tag{2.14}$$

式中，K 为归一化因子；r 为与中心像素点的距离；c 为尺度因子。

由于单尺度 Retinex 图像增强算法不能同时保证图像具有真实的亮度和值较高的对比度，所以研究人员在此基础上又提出了多尺度 Retinex 图像增强算法。

Retinex 图像增强算法的增强效果取决于对物体照度分量和反射分量的计算，若计算结果准确，则增强效果就好。为此，赵宏宇等[23]提出了 Retinex 图像增强算法的改进算法，在马尔可夫随机场下求解物体的反射分量，设计了一种针对夜间彩色图像的 Retinex 图像增强算法。该算法采用线性引导滤波估计原始图像的照度分量，能够使计算得到的照度分量更平滑，有效地消除了因照度不均而产生的“光晕伪影”现象，同时在一定程度上抑制了噪声。Fu 等[24]结合交替方向优化应用快速傅里叶变换，同时计算出了物体的照度分量和反射分量，相比于传统的 Retinex 图像增强算法仅计算物体的照度分量，该算法的计算结果具有更好的稳健性。Chang 等[25]采用稀疏表示的方法将物体的反射分量函数表示出来，再使用学习字典对含有图像细节信息的反射分量进行学习，也取得了较好的增强效果，但该算法在学习过程中容易引入噪声。

图像增强的本质是在一定范围的灰度空间内，依据原始图像像素点灰度值的分布规律，提高图像整体和局部的对比度。同时，通过结合人眼的视觉特性、噪声抑制、图像信息熵最大化和亮度保持等相关算法，保证增强后的图像具有较好的图像质量。由于存在限制条件，图像增强算法常常是在提高图像对比度的前提下使图像的对比度、图像视觉效果和图像信息熵等各种指标达到一个平衡。目前，还没有一种图像增强算法能够使上述所有指标同时达到最优，因此需要根据特定的需求选择最适合的图像增强算法。

2.6　图像视觉特征词典技术

当图像分类任务复杂时，将底层原始特征直接输入分类器进行分类的精度并不高，不能满足实际需求，此时就需要对从图像中提取到的底层原始特征进行处理，也就是建立图像视觉特征词典，这里以词袋模型和高斯混合模型为例来对图像视觉特征词典技术进行介绍。

2.6.1　词袋模型

在信息检索中，词袋(bag of words，BOW)模型假定对于一个文档或文本，忽略它的单词顺序和语法、句法等要素，将其仅看作若干个词汇的集合，文档中每个单词的出现都是独立的，不依赖其他单词是否出现。也就是说，文档中任意一个位置出现的任何单词，都不受该文档语意影响而独立选择。

当 BOW 模型应用于图像表示时，其称为视觉词袋(bag of visual word, BOVW)模型。为了表示一幅图像，将其看作文档，即若干个视觉词汇的集合，视觉词汇相互之间没有顺序。由于图像中的词汇不像文本、文档中一样是现成的，需要先从图像中提取出相互独立的视觉词汇，这通常要经过特征检测、特征表示和单词本的生成三个步骤。BOW 模型用于图像分类提取特征直方图主要包含以下几个步骤：

1. 特征提取

提取训练样本图像中的特征向量，提取的特征向量可以是尺度不变特征变换(scale-invariant feature transform，SIFT)、加速鲁棒特征(speeded up robust feature，SURF)等，将所有特征集合在一起用于构建词典。此步骤生成的图像特征的描述子应该对于光照的变化、变形和碰撞等具有不变性。

2. 构建词典

利用 K-means 聚类算法构建词典。K-means 聚类算法是一种基于样本间相似性度量的间接聚类算法，此算法以 K 为参数，把若干个对象分为 K 个聚类中心，以使聚类中心内具有较高的相似度，而聚类中心之间相似度较低，得到的 K 个聚类中心，即构建的词典。

3. 计算图像特征直方图

通过 K-means 聚类算法聚类之后，得到了 K 个聚类中心，即得到了特征直方图的基，接下来将输入图像的特征向量聚类到 K 个已经生成的词典(K 个聚类中心)中，并且统计落入每个词典中特征词典的个数，就可以得到一幅图像的特征直方图，进而可以得到每幅图像基于 BOW 模型的特征向量表示。

2.6.2　高斯混合模型

高斯模型是一种常用的变量分布模型，在数理统计领域有着广泛的应用，生活中很多事和物都可以用高斯模型来表示，如一个班考试成绩的分布和学生身高的分布等。当样本数据变得更加复杂时，一个高斯模型没法满足需求，不能很好地模拟样本分布，需要使用多个高斯模型加权组合来对样本进行描述。高斯混合模型(Gaussian mixture model，GMM)由此诞生，它的本质是融合若干个单高斯模型，来使得模型更加复杂，从而能够模拟更复杂的样本。理论上，如果某个 GMM 的高斯模型个数足够多，它们之间的权重设定得足够合理，这个 GMM 就可以模拟任意分布的样本。Perronnin 和 Dance[26]提出可以将 GMM 与费舍尔核(Fisher kernel)

理论结合用于图像分类领域，GMM 的作用是产生视觉词袋。

GMM 产生视觉词袋和 *K*-means 聚类算法产生视觉词袋类似，都是对图像的底层特征向量进行处理，*K*-means 聚类算法是通过计算欧氏距离，找出 K 个聚类中心，而 GMM 是通过期望最大化算法训练特征描述子，从而得到每个视觉关键词在 K 个高斯分布上的权重、均值和协方差矩阵。

GMM 聚类数据要学习的形式为 $P(Y|X)$，训练模型得到的是一系列值的概率，而不是具体的值。这样就可以知道 Y 在样本数据 X 中的分布情况。GMM 聚类过程就是训练出 K 个概率模型 $p(x_i|\lambda)$来作为视觉特征单词，即对样本的概率密度分布进行估计。如果多维变量 x 服从高斯分布，则其概率密度函数为

$$p(x,\mu,\Sigma)=\frac{\exp\left[-\frac{1}{2}(x-\mu)^{\mathrm{T}}\Sigma^{-1}(x-\mu)\right]}{\sqrt{2\pi|\Sigma|}} \tag{2.15}$$

这里记 λ 为高斯混合模型的参数，则有 $\lambda_i=\{w_i,\mu_i,\Sigma_i,i=1,2,\cdots,N\}$。其中，$w_i$ 表示 GMM 中第 i 个高斯分布的权重，$\sum_{i=1}^{n}w_i=1$；μ_i 表示第 i 个高斯分布的均值向量；Σ_i 表示 i 个高斯分布的协方差矩阵；N 表示所使用的高斯模型的数量。

每个高斯模型表示视觉特征词典中的一个单词：w_i 表示词汇 i 的频率，μ_i 为词汇的均值，而 Σ_i 表示围绕均值的方差情况。这里假设协方差矩阵是对角阵，因此可以记为 $\sigma_i^2=\mathrm{diag}(\Sigma_i)$。

因为 GMM 产生的每个视觉特征单词是由所有观察量 x 训练得到的，所以每个观察量 x 可以用这些视觉特征单词来表示，具体表达式为

$$\begin{cases} p(x,\lambda)=\sum_{i=1}^{N}w_i p_i(x_i,\lambda_i) \\ p_i(x_i,\lambda_i)=\dfrac{\exp\left[-\frac{1}{2}(x-\mu_i)^{\mathrm{T}}\Sigma_i^{-1}(x-\mu_i)\right]}{(2\pi)^{D/2}\sqrt{|\Sigma_i|}} \end{cases} \tag{2.16}$$

式中，D 为每一个特征描述子的维度。

这里记 $L(X,\lambda)=\lg(X,\lambda)$，该概率密度函数的似然函数本质上就可以表示一幅图像 X。假设每个特征描述子之间都是独立同分布的，则一幅图像可以表示为

$$L(X,\lambda)=\sum_{t=1}^{n}\lg(x_t,\lambda) \tag{2.17}$$

接下来需要确定如何训练得到视觉词典，视觉词典是通过最大似然估计得到的。假设 $X=\{x_t,t=1,2,\cdots,n\}$ 表示从所有图像的特征描述子中随机取出的底层特征向量的集合，即 x_t 表示第 t 个特征描述子。参数 λ 的估计是通过最大化似然函

数 $L(X,\lambda)$ 得到的，可以通过期望最大化算法进行计算得到，随机给出视觉特征单词 i，即高斯模型 i 的初始值 $\lambda_i=\{w_i,\mu_i,\Sigma_i\}$，具体步骤如下。

(1) 期望步：

$$\gamma_t(i)=p(i\,|\,x_t,\lambda)=\frac{w_i p_i(x_t,\lambda)}{\sum_{i=1}^{N} w_i p_i(x_t,\lambda)},\quad t=1,2,\cdots,n \tag{2.18}$$

式中，$\gamma_t(i)$ 表示 x_t 是由第 i 个高斯模型生成的概率，也称为占有概率。

(2) 最大化步：

$$\begin{aligned}\hat{w}_i^u&=\frac{1}{n}\sum_{t=1}^{n}\gamma_t(i)\\ \hat{\mu}_i^u&=\frac{\sum_{t=1}^{n}\gamma_t(i)x_t}{\sum_{t=1}^{n}\gamma_t(i)}\\ \left(\hat{\sigma}_i^u\right)^2&=\frac{\sum_{t=1}^{n}\gamma_t(i)x_t^2}{\sum_{t=1}^{n}\gamma_t(i)}-\left(\hat{\mu}_i^u\right)^2\end{aligned} \tag{2.19}$$

首先，计算 $L(X,\lambda)$ 前后两次差值是否小于某个阈值，即 $L(X,\lambda)$ 是否收敛。如果收敛，则求出此时的 λ_i，为第 i 个高斯模型，即第 i 个视觉特征单词；如果不收敛，则重新随机选样得到 $X=\{x_t,t=1,2,\cdots,n\}$，继续迭代期望最大化算法中的两个步骤，直到给出 K 个视觉词汇为止，这样就得到了一个码本(codebook)。然后，对每幅图像利用其所有的特征描述子及所有视觉特征单词，得到该图像的概率密度函数的似然函数表示(得到 K 个视觉特征单词即 K 个高斯模型后，对于图像中任意一个特征描述子，都可以用 K 个视觉特征单词的所属概率加权和表示，将所有特征描述子的概率相加来表示该图像)。最后，对这个似然函数应用费舍尔核进行处理，即对所有视觉特征单词的所有参数求偏导，得到一个梯度向量来表示这幅图像。

2.7 本 章 小 结

本章首先简单介绍了图像处理的基本概念，然后简要回顾了图像滤波技术、图像分割技术、图像边缘检测技术、图像特征提取技术、图像增强技术和图像视觉特征词典技术。图像处理是一个涉及范围极广的学科，其中所包含的内容也不是只有本章提到的这几部分，本书只是简要介绍其中具有代表性的，以及在后面章节中重点应用到的一些研究成果。读者如果对其中内容感兴趣，可以进一步进行学习。

参 考 文 献

[1] 章毓晋. 图像工程: 上册[M]. 北京: 清华大学出版社, 2006.

[2] 许景波. 高斯滤波器逼近理论与应用研究[D]. 哈尔滨: 哈尔滨工业大学, 2008.

[3] 付丽娟, 姚宇, 付忠良. 中值滤波与各向异性扩散相结合的医学图像滤波方法[J]. 计算机应用, 2014, 34(1): 145-148.

[4] Tomasi C, Manduchi R. Bilateral filtering for gray and color images[C]. Sixth International Conference on Computer Vision, Bombay, 1998: 839-846.

[5] He K M, Sun J, Tang X O. Guided image filtering[J]. IEEE Transactions on Pattern Analysis and Machine Intelligence, 2013, 35(6): 1397-1409.

[6] Zhang Q, Shen X Y, Xu L, et al. Rolling guidance filter[C]. European Conference on Computer Vision, Zurich, 2014: 815-830.

[7] 周莉莉, 姜枫. 图像分割方法综述研究[J]. 计算机应用研究, 2017, 34(7): 1921-1928.

[8] Sahoo P K, Soltani S, Wong A K C. A survey of thresholding techniques[J]. Computer Vision, Graphics, and Image Processing, 1998, 41(2): 233-260.

[9] 雷涛, 张肖, 加小红, 等. 基于模糊聚类的图像分割研究进展[J]. 电子学报, 2019, 47(8): 1776-1791.

[10] Belan P A, Araujo S A, Librantz A. Segmentation-free approaches of computer vision for automatic calibration of digital and analog instruments[J]. Measurement, 2013, 46(1): 177-184.

[11] 徐晨阳. 基于深度学习的神经分割方法的研究与实现[D]. 北京: 北京邮电大学, 2015.

[12] 姚霆, 张炜, 刘金根. 基于深度学习的图像分割技术[J]. 人工智能, 2019, (2): 66-75.

[13] 段瑞玲, 李庆祥, 李玉和. 图像边缘检测算法研究综述[J]. 光学技术, 2005, (3): 95-99.

[14] 侯小丽. 图像边缘检测技术发展综述[J]. 太原城市职业技术学院学报, 2009, (6): 132-133.

[15] 王俊卿, 黄莎白, 史泽林, 等. 基于小波变换的图像边缘检测[J]. 系统工程与电子技术, 2004, (7): 887-888.

[16] 冯俊萍, 赵转萍, 徐涛. 基于数学形态学的图像边缘检测技术[J]. 航空计算技术, 2004, (3): 57-60.

[17] Kim D S, Lee W H, Kweon I S. Automatic edge detection using 3×3 ideal binary pixel patterns and fuzzy-based edge thresholding[J]. Pattern Recognition Letters, 2004, 25(1): 101-106.

[18] Srinivasan V, Bhatia P, Ong S H. Edge detection using a neural network[J]. Pattern Recognition, 1994, 27(12): 1653-1662.

[19] 孙即祥. 图像处理[M]. 北京: 科学出版社, 2010.

[20] 刘丽, 匡纲要. 图像纹理特征提取方法综述[J]. 中国图像图形学报, 2009, (4): 63-76.

[21] 王浩, 张叶, 沈宏海, 等. 图像增强算法综述[J]. 中国光学, 2017, 10(4): 438-448.

[22] 韩希珍, 赵建. 结合偏微分方程增强图像纹理及对比度[J]. 光学精密工程, 2012, 20(6): 1382-1388.

[23] 赵宏宇, 肖创柏, 禹晶, 等. 马尔科夫随机场模型下的 Retinex 夜间彩色图像增强[J]. 光学精密工程, 2014, 22(4): 1048-1055.

[24] Fu X Y, Lin Q, Guo W, et al. A novel Retinex algorithm based on alternation direction optimization[C]. Sixth International Symposium on Precision Mechanical Measurements, Guiyang, 2013: 1-6.

[25] Chang H B, Ng M K, Wang W, et al. Retinex image enhancement via a learned dictionary[J]. Optical Engineering, 2015, 54(1): 1-15.

[26] Perronnin F, Dance C. Fisher kernels on visual vocabularies for image categorization[C]. IEEE Conference on Computer Vision and Pattern Recognition, Minneapolis, 2007: 1-8.

第 3 章　基于图像处理的碳滑板表面病害检测

弓网系统是城市轨道交通系统中重要的组成部分，在电力机车运行工程中，受电弓碳滑板和接触网一直保持高速接触摩擦的状态，为列车提供电力，长期在高压、高流的恶劣环境下服役，导致受电弓是电力列车中最容易损坏的部件之一。如果受电弓出现异常和病害时没有及时被发现并处理，则可能导致严重的后果。因此，对受电弓进行及时且精准的检测，保持弓网系统处于正常运行状态具有极其重要的意义。目前，地铁车辆段对受电弓的检修常为人工检修方式，在列车运行一定周期后，在车辆段中由检修人员登顶进行检测，虽然该方式较为灵活，但是效率不高，干扰行车，同时受检修人员主观影响较大。近年来，基于图像处理技术的非接触式检测算法由于设备灵活、功能全面、时效性高、可在运行过程中检测而得到了越来越广泛的应用[1]。

本章首先介绍受电弓的基本组成结构，以及在实际运行过程中常见的一些病害类型及其表现形式，并结合一张样例图片介绍如何利用图像处理技术对受电弓碳滑板病害进行量化分析。然后，设计一套通用的碳滑板病害检测流程，根据需求依次进行图像预处理、图像增强、图像滤波、边缘检测、几何校正、Hough 变换、曲线拟合等技术处理。最后，提取出受电弓碳滑板磨耗曲线，并根据不同病害的数学模型对样例图片病害进行分析，得到的检测效率和精度较高。这一方法能对当前实际生产生活中受电弓碳滑板病害检测提供新的思路及较强的指导意义。

3.1　受电弓病害介绍

3.1.1　受电弓基本介绍

受电弓是电力牵引机车从接触网获取和回馈电能的电气设备，安装在机车或动车车顶。受电弓主要可分为单臂受电弓和双臂受电弓两种。无论是单臂结构还是双臂结构，主要都由底架、拉杆、上臂杆、下臂杆、平衡杆、空气弹簧、弓头等部分组成[2]。双臂受电弓在过去较为常见，但由于维护成本高，容易在故障时拉断接触网，渐渐地被单臂受电弓取代。单臂受电弓结构如图 3.1 所示。

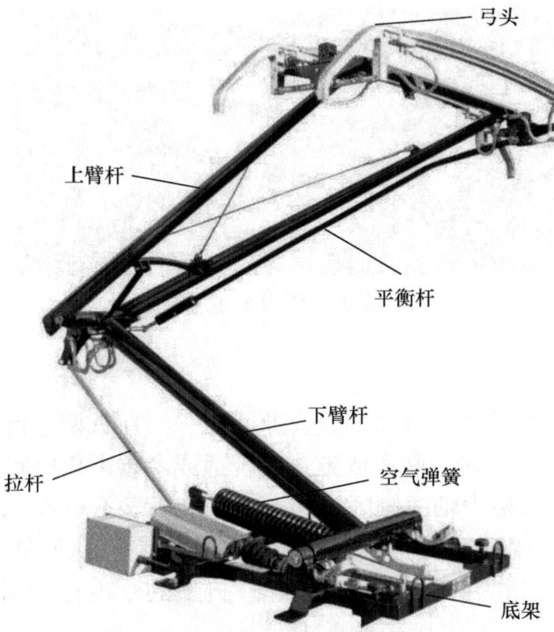

图 3.1　单臂受电弓结构

受电弓滑板安装在弓头上，根据材料的不同可分为两类：一类是粉末冶金滑板；另一类是碳滑板。粉末冶金滑板主要包括铜基滑板和铁基滑板；碳滑板主要包括纯碳滑板、浸金属碳滑板和碳纤维滑板等。

3.1.2　受电弓常见病害介绍

由于受电弓是一种涉及风路设备、机械结构和控制电路的复杂电气设备，其病害类型主要分为风路设备故障、机械结构故障、控制电路故障及电气设备故障等。由于本书研究重点在于受电弓碳滑板的各类病害，所以其余病害不做过多介绍。

1. *碳滑板磨耗*

电力机车受电弓碳滑板磨耗是最为常见的一种病害，主要分为机械磨耗和电气磨耗两种[3]。因长时间与接触网进行滑动摩擦，碳滑板磨耗超过预设的限度时就需要进行打磨或者更换。碳滑板磨耗分为轻度磨耗和重度磨耗两种，以北京地铁 6 号线为例，出厂碳滑板厚度为 40mm，当所有碳滑板最低厚度低于 32mm 时，代表碳滑板出现轻度磨耗，需要进行更换，此时碳滑板以最低点为基准进行打磨平整之后仍可继续服役；当碳滑板最低厚度低于 24mm 时，代表碳滑板出现重度磨耗，所有弓头均需更换淘汰。受电弓碳滑板重度磨耗如图 3.2 所示。

图 3.2　受电弓碳滑板重度磨耗

2. 碳滑板偏磨

碳滑板偏磨是影响碳滑板寿命的重要原因之一。在长期运行过程中，受电弓平衡装置倾角设置错误、接触网布置方式不合适或者碳滑板材料的电气参数不合理等原因，会造成碳滑板中轴两侧区域的磨损程度明显不一致，即产生了偏磨[4]。受电弓偏磨会导致弓网接触力左右不一致或接触不良，从而加快碳滑板磨损速度、降低局部强度、增大拉弧的可能性等。典型的受电弓碳滑板偏磨如图 3.3 所示。

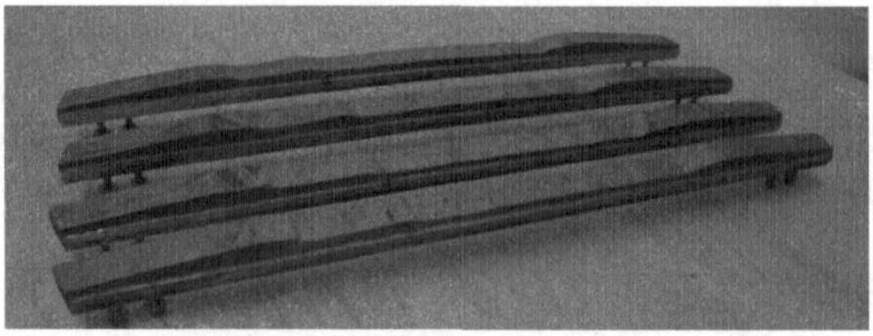

图 3.3　受电弓碳滑板偏磨

3. 碳滑板拉槽

受电弓碳滑板拉槽是偏磨的一种特殊情况，当弓网接触力不均匀集中在某几个位置时，会导致局部位置磨耗率大大高于其他位置，经过长时间运行，会在受电弓某些位置出现一定程度的沟槽，沟槽边缘处磨耗深度变化率较大。在拉槽较严重的情况下，沟槽深度较深，有时甚至会大于接触网的直径。这种拉槽病害的存在，会阻碍接触网在碳滑板上的正常左右运动，沟槽边缘处可能会卡住接触线，在接触线拉力的作用下，发生裂纹、掉块等病害。典型受电弓碳滑板拉槽如图 3.4 所示。

4. 碳滑板高度超限

电力列车上一个受电弓一般均装有多根弓条，以北京地铁 6 号线为例，一组

图 3.4　受电弓碳滑板拉槽

弓条包含四根碳滑板同时工作，以减少单根碳滑板工作压力过大的问题。对于装有多根碳滑板的受电弓，任意两根碳滑板之间的高度差应该保持在一个较低的限度，否则就应该更换或者调整平衡杆使不同碳滑板高度保持在同一水平位置，北京地铁 6 号线的检修标准为 5mm。碳滑板高度超限会导致碳滑板与接触线接触不良，容易产生拉弧等病害。

5. 碳滑板灼烧

在电力列车运行过程中，碳滑板因大电流通过、与接触网摩擦或发生拉弧等会产生大量热量，进而导致碳滑板温度过高，表面产生氧化烧伤现象。经过高温灼烧的碳滑板表面会产生金属残留物，其某些物理特性也会发生变化，在与接触网接触摩擦的过程中会进一步产生不良反应，影响受电弓的正常受流，缩短碳滑板的使用寿命。典型受电弓碳滑板灼烧如图 3.5 所示。

图 3.5　受电弓碳滑板灼烧

6. 碳滑板裂纹及剥离掉块

在电力列车长期运行过程中，因弓网间冲击、振动、碳滑板材料强度与质量等问题，碳滑板表面会产生裂纹或者部分区域出现剥离掉块、缺块等现象。当以上病害出现时，碳滑板受流面积减小，影响接触线在碳滑板上的正常左右运动。同时，部件不完整导致结构不稳定，进一步导致更严重的病害，甚至出现列车停运等事故。典型受电弓碳滑板裂纹及剥离掉块如图 3.6 所示。

图 3.6　受电弓碳滑板裂纹及剥离掉块

3.2　碳滑板边缘检测

受电弓碳滑板的大部分病害都可以通过提取碳滑板磨损边缘、识别磨损曲线来判别病害类型。受电弓碳滑板病害检测，实际就是检测受电弓碳滑板磨损边缘。如何通过受电弓原始图像识别出受电弓碳滑板边缘，进一步提取磨耗曲线，是需要重点研究的问题。

3.2.1　图像预处理

受电弓碳滑板磨耗量的提取精度取决于碳滑板边缘提取的准确度，为此首先需要对采集到的碳滑板图像进行若干步预处理，以提高后续边缘提取结果的准确度，主要步骤包括图像灰度化、图像增强和图像滤波。原始受电弓图像如图 3.7 所示。

图 3.7　原始受电弓图像

1. 图像灰度化

在边缘检测过程中，图像的色彩信息并没有太大用处，颜色及光线的变化反而会影响后续的检测，所以需要对图像进行灰度化处理。对于一幅有 *RGB*(red，green，blue)三通道的图像，灰度化方法的数学表达式为

$$f(x,y)=0.2989\times R(x,y)+0.5070\times G(x,y)+0.1140\times B(x,y) \tag{3.1}$$

式中，$f(x,y)$ 为对应坐标 (x,y) 像素点的灰度值；$R(x,y)$、$G(x,y)$、$B(x,y)$ 分别为原始图像三个通道的值。

2. 图像增强

图像增强的目的是能更好地凸显出图像的边缘信息和细节，主要采取的方法有直方图均衡化和 Gamma 变换两种。

在图像的采集过程中，光照的强度会直接影响图像的质量，对于一个较暗的图像，其灰度大多聚集于灰度值较低的区域；而对于一个较亮的图像，其灰度大多聚集于灰度值较高的区域。直方图均衡化的主要思想是把原始图像的灰度直方图从比较集中的某个灰度区间变换成在全部灰度范围内的均匀分布，对图像进行非线性拉伸，并重新分配图像像素值，使一定范围内的像素数量大致相同。直方图均衡化的离散形式的表达式为

$$s_k = T(r_k) = (L-1)\sum_{j=0}^{k}\frac{n_j}{n}, \quad k = 0,1,2,\cdots,L-1 \tag{3.2}$$

式中，s_k 为对应输入图像像素值 r_k 的输出图像像素值；T 为变换函数，这里使用的是累积分布函数，通过计算某个像素值的累积分布概率，将原始图像的灰度级跨越更宽的灰度级范围，最终增强了对比度[5]。

Gamma 变换(幂律变换)是另一种图像增强算法，其计算公式为

$$g(x,y) = C \times f(x,y)^{\gamma} \tag{3.3}$$

式中，$f(x,y)$ 为输入的灰度值；$g(x,y)$ 为输出的灰度值；C 为灰度缩放系数；当参数 $\gamma < 1$ 时，Gamma 变换将拉低图像灰度值，图像视觉上变暗；当 $\gamma > 1$ 时，Gamma 变换将提高图像灰度值，图像视觉上变亮。

3. 图像滤波

图像滤波主要是为了去除图像中的噪声、对图像进行平滑处理，同时尽量保留图像的细节特征。图像滤波包含多种方法，如盒式滤波、均值滤波、中值滤波、高斯滤波、双边滤波、引导滤波等。其中，盒式滤波、均值滤波、高斯滤波等对图像的平滑效果较强，容易消除边缘信息，不利于后续的提取，这里可以考虑采用中值滤波来进行图像去噪。

中值滤波本质上是一种统计排序滤波器，中值滤波算子是分布排序的中值。对于任意一个像素点 (x,y)，将其灰度值替换为模板所设定邻域 (s,t) 内所有灰度值的中值，表达式为

$$F(x,y) = \text{medium} f(s,t), \quad (s,t) \in W(x,y) \tag{3.4}$$

式中，$f(s,t)$ 为原始像素灰度值；$F(x,y)$ 为计算后的像素灰度值；$W(x,y)$ 为中值滤波模板。

中值滤波对于去除椒盐噪声十分有效，同时可以很好地保护物体边缘，避免

图像平滑后可能产生的模糊带来的影响，保持了较高的信噪比，具有较好的实用性[6]。经过预处理后的图像如图 3.8 所示。

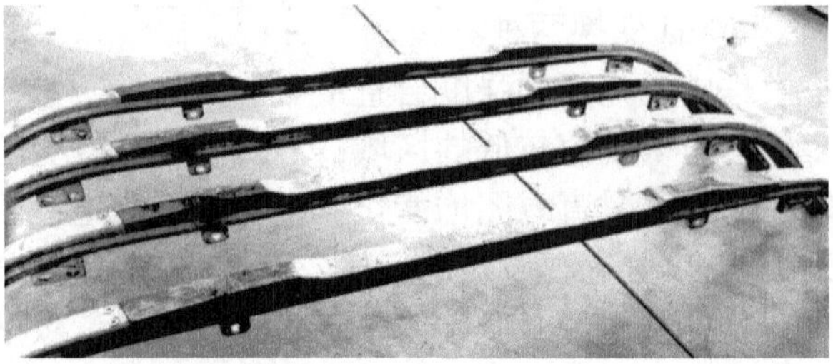

图 3.8 预处理后的图像

由图 3.8 可以看出，预处理后的图像，与图 3.7 相比，图像噪声变少，同时经过图像增强后，碳滑板侧面和顶面的对比度增大，有利于进行边缘提取。

3.2.2 图像边缘检测

图像边缘检测是基于灰度突变来分割图像最为常用的方法，常见的边缘检测算子包括 Robert 算子、Sobel 算子、Prewitt 算子和 Canny 算子等。对这些边缘检测算子均进行了实验和比较，根据实验结果，Canny 算子的实际使用效果最好[7,8]。Canny 算子是一阶导数噪声比的高斯函数和乘积逼近算子的最优定位。其基本思想是首先用高斯函数平滑图像，然后用一阶导数的最大值来确定边缘点。二阶导数的零交点对应的不仅是一阶导数的最大值，也是一阶导数的最小值，以及灰度点的快速变化点(强边缘)和慢速变化点(弱边缘)。通过两个阈值来检测强边缘和弱边缘，但是只有当强边缘和弱边缘相连时，才会将弱边缘包含在输出中。因此，Canny 算子不仅对噪声很敏感，也能够检测出真正的弱边缘。

Canny 算子边缘检测的步骤为：使用高斯滤波器平滑图像；利用有限差分的一阶偏导数计算梯度的大小和方向；对梯度振幅采用非极大值抑制；使用双阈值算法进行边缘检测和连接。

在使用 Canny 算子并调整参数得到结果后，图像中的边缘难免会出现一些断点，对于这些细小的断点，通常的解决方法是使用形态学的闭操作，即根据图像选用大小合适的结构元(方形、圆形等)对图像进行膨胀，连接边缘的断点，再使用相同的结构元对图像进行腐蚀，对膨胀的结果进行收缩或细化。其表达式为

$$A \cdot B = (A \oplus B) \odot B \tag{3.5}$$

式中，A 为被操作的集合；B 为结构元；$\oplus$ 代表膨胀操作；$\odot$ 代表腐蚀操作。

经过以上操作，得到的边缘检测结果如图 3.9 所示。

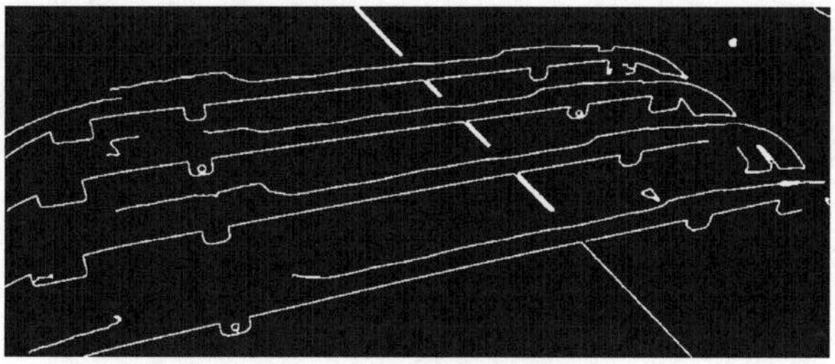

图 3.9　边缘检测结果

3.2.3　图像校正

由于铁路限界，图像采集设备只能安装在轨道侧边，无法获得受电弓正面的图像，所以拍摄的受电弓都带有一定的角度，这导致最终提取出的磨耗曲线会产生一定程度的几何失真。为了校正这一几何失真，可以采用仿射变换的方法。仿射变换是二维平面内的图像变换，包含平移、旋转、缩放、剪切、反射等子变换，以及这些变换的任意组合。其表达式为

$$\begin{bmatrix} x' \\ y' \\ 1 \end{bmatrix} = \begin{bmatrix} a_1 & a_2 & t_x \\ a_3 & a_4 & t_y \\ 0 & 0 & 1 \end{bmatrix} \begin{bmatrix} x \\ y \\ 1 \end{bmatrix} \tag{3.6}$$

式中，t_x 和 t_y 包含了平移信息；a_1～a_4 包含了旋转、缩放等信息。

在本例中，需要校正的是受电弓碳滑板表面所在的平面，将其在原始图像中所表现的平行四边形校正成矩形。利用边缘检测结果中的关键点提取出受电弓的有效信息区域，以此为边界进行校正，并对校正后的图像进行裁剪，只保留有效信息区域。几何修正结果如图 3.10 所示。

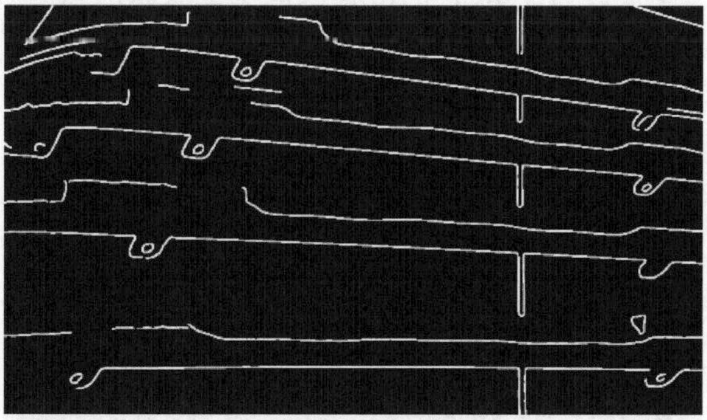

图 3.10　几何修正结果

3.2.4　磨耗边缘提取

在得到经过修正的边缘检测结果之后，最后的目标是从原始图像众多边缘中

准确地识别出受电弓碳滑板磨耗边缘。磨耗边缘是一条不规则曲线，没有显著性较强的特征，直接提取困难较大，考虑使用间接方法。通过观察发现，碳滑板底部的铝板为一条较长的直线，并且底板直线与磨耗边缘之间基本没有噪声影响，可以通过直线检测算法检测到底部直线，再寻找到磨耗边缘。其基本流程为：①通过 Hough 变换检测直线；②根据直线长度识别出底板直线；③根据底板直线向上寻找碳滑板磨耗边缘；④从边缘点开始，根据边缘检测的二值化图像，在 y 轴±2 像素的范围内进行边缘生长，最终生成完整边缘[9]。

Hough 变换是常用的直线检测算法，基本原理是将笛卡儿坐标系或极坐标系中的坐标变换到 Hough 域中，在直线域中的一条直线变换到 Hough 域中会成为一个点；反之同样成立，在 Hough 域中的一条直线或者曲线，变换到直线域中会成为一个点。一条直线上多个点变换到 Hough 域中的曲线会产生交点，此交点可映射回直线域中的一条直线[10]。直线域到 Hough 域的变换过程如图 3.11 所示。

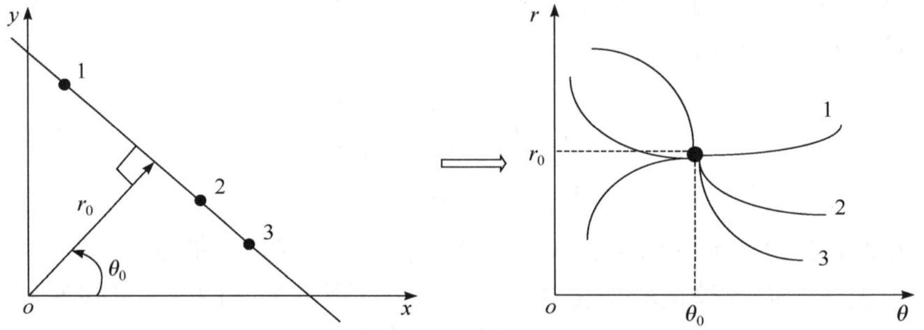

图 3.11　直线域到 Hough 域的变换过程

利用 Hough 变换从原始图像中检测直线，如图 3.12 所示；根据直线长度判定出底板直线，如图 3.13 所示；最后根据底板直线生成碳滑板磨耗边缘，如图 3.14 所示。可以看出，四根弓条的碳滑板磨耗边缘都被很好地提取出来，对磨耗边缘进行进一步处理即可进行磨耗及病害分析。

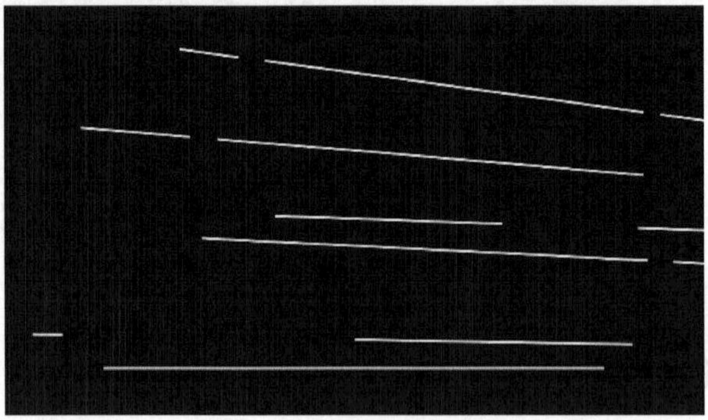

图 3.12　检测到的直线

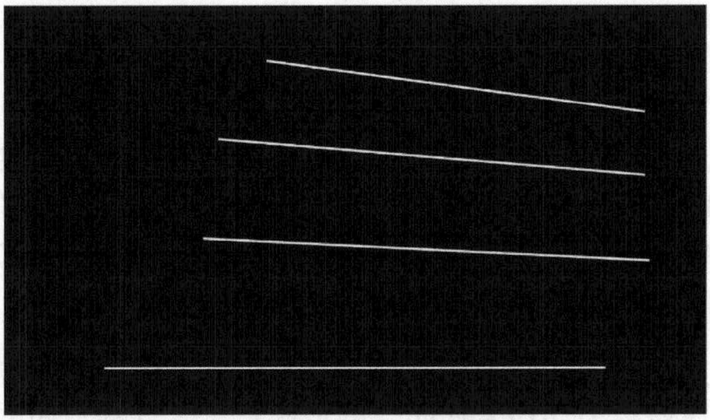

图 3.13　检测到的底板直线

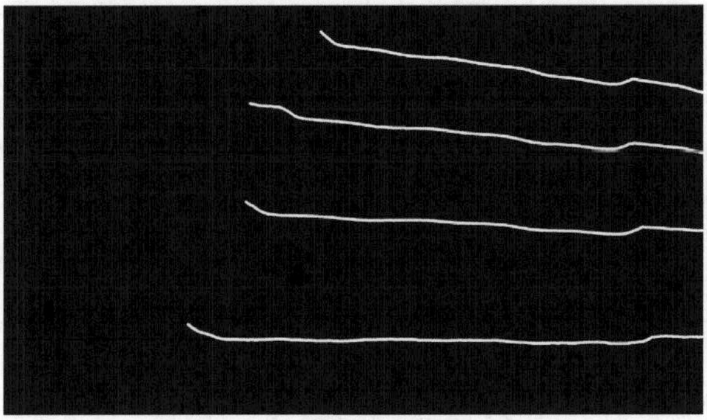

图 3.14　检测到的碳滑板磨耗边缘

3.3　碳滑板病害识别

3.3.1　磨耗曲线提取

在得到受电弓碳滑板磨耗边缘后，需要进一步处理得到磨耗曲线，并将其单位变换为标准单位(mm)。首先，原始图像中的磨耗曲线并不是完全连续的，经过边缘检测和形态学闭操作，曲面存在着一定程度的噪声，表现为表面波动较为严重，因此需要对磨耗曲线进行平滑操作。磨耗曲线平滑操作的算法很多，本节采用局部加权回归散点平滑法，对于给定的散点，通过找到代价值最小的参数 θ 来拟合曲线，其表达式为

$$\cos t = \sum_i w^{(i)} \left(y^{(i)} - \theta^{\mathrm{T}} x^{(i)} \right)^2 \tag{3.7}$$

式(3.7)中 $w^{(i)}$ 有多种计算公式，常用的一种计算公式为

$$w^{(i)} = \exp\left(-\frac{x^{(i)} - x}{2\gamma^2}\right) \tag{3.8}$$

对于离 x 较近的位置，$w^{(i)}$ 的值较大，反之，则较小，这使得拟合结果更加注重邻近点的精度。经过曲线平滑后的四条碳滑板磨耗曲线的单位仍然是像素，为了能更好地衡量其磨耗量，给出更加直观的结果，需要对其单位进行转换。由于碳滑板与接触网接触受流有一定范围，所以在碳滑板两侧一般不存在磨耗，将碳滑板最大厚度 40mm 作为出厂厚度，以此为标准对碳滑板上每一点的厚度进行计算[11]。具体流程为：①找到磨耗曲线的最高点；②计算最高点与对应底板的像素距离 d；③计算磨耗曲线上每一点到底板的像素距离 d_i；④计算其剩余厚度 $40 \times d_i / d$ 。最终得到的四条碳滑板磨耗曲线如图 3.15 所示。

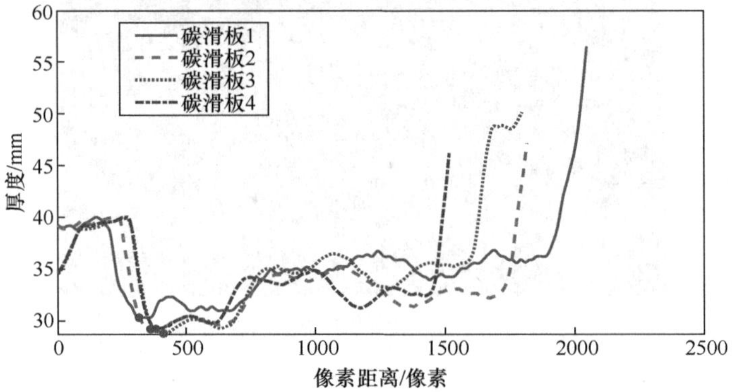

图 3.15　四条碳滑板磨耗曲线

3.3.2　磨耗数学定义

3.1 节介绍了几种常见的受电弓碳滑板病害，为了能更直接地通过磨耗曲线来定量分析碳滑板具体病害类型，需要对这些病害给出数学上的定义。

1. 碳滑板最大磨耗量 W

计算公式为

$$W = \max[40 - T(x_i)] \tag{3.9}$$

式中，$T(x_i)$为碳滑板 x_i 点的剩余厚度。

根据维修指导手册，当磨耗量大于一定量时，需要根据情况采取不同的维修方案。

2. 表面磨耗粗糙度 R

计算公式为

$$R=\frac{1}{L}\int_0^L|T(x)-T_{\mathrm{m}}|\,\mathrm{d}x=\frac{1}{n}\sum_{i=1}^{n}|T(x_i)-T_{\mathrm{m}}| \tag{3.10}$$

式中，T_{m}为碳滑板有效区间内的平均剩余厚度。

通过计算磨耗曲线上每一点的厚度与平均厚度的差值，并进行积分或者累加后取均值，可得到碳滑板表面的粗糙度。表面粗糙度越大，代表磨耗越不均匀，越不利于接触网在碳滑板上的移动。

3. 碳滑板偏磨 P

计算公式为

$$P=\frac{2}{L}\left|\int_0^{\frac{L}{2}}|T(x)-T_{\mathrm{m}}|\,\mathrm{d}x-\int_{\frac{L}{2}}^{L}|T(x)-T_{\mathrm{m}}|\,\mathrm{d}x\right|>P_{\mathrm{w}} \tag{3.11}$$

$$P=\frac{2}{L}\left|\sum_{i=1}^{n/2}|T(x_i)-T_{\mathrm{m}}|-\sum_{i=n/2}^{n}|T(x_i)-T_{\mathrm{m}}|\right|>P_{\mathrm{w}} \tag{3.12}$$

式中，P_{w}为偏磨阈值。式(3.11)为连续形式；式(3.12)为离散形式。一旦碳滑板左右平均厚度的差值超出阈值，则碳滑板左右磨耗不均匀，即存在偏磨病害。

4. 碳滑板拉槽 G

计算公式为

$$G(x)=\left|\frac{\mathrm{d}W(x_i)}{\mathrm{d}x}\right|=\left|\frac{W(x_{i+1})-W(x_i)}{\Delta x}\right|>G_{\mathrm{w}} \tag{3.13}$$

式中，G_{w}为拉槽阈值。

碳滑板拉槽的典型特征是在拉槽边缘，碳滑板磨耗变化量较大，具体体现为磨耗曲线的斜率较大。当磨耗曲线出现断崖式下降或者上升趋势时，代表碳滑板表面存在拉槽。

5. 碳滑板高度超限 E

计算公式为

$$E=\max|T^i(x)-T^j(x)|>E_{\mathrm{w}},\quad i,j=1,2,3,4 \tag{3.14}$$

式中，E_{w}为超限阈值。

计算同一个位置各个碳滑板之间剩余厚度的最大值，当某个位置差值大于超限阈值时，代表碳滑板存在高度超限，各个碳滑板在与接触网受流时容易产生受力不均匀的现象，进而可能导致更严重的病害。

3.3.3 实际案例分析

根据 3.3.2 节提出的 5 种碳滑板形态的数学公式，对样例图片中的四条磨耗曲线分别进行计算。

1. 碳滑板最低厚度

四根碳滑板最高和最低厚度与人工测量值的比较如表 3.1 所示。

表 3.1 碳滑板最低厚度与人工测量值的比较

弓条编号	厚度	人工测量值/mm	计算结果/mm	绝对误差/mm
2#1	最高	39.54	40	0.46
	最低	29.54	30.2017	0.6617
2#2	最高	39.30	40	0.70
	最低	29.62	29.9882	−0.6318
2#3	最高	39.24	40	0.76
	最低	29.64	28.7866	−0.8534
2#4	最高	39.14	40	0.86
	最低	31.34	29.2864	−2.0536

由表 3.1 可以看出，检测结果与人工测量结果绝对误差大部分都能保持在 1mm 以内，说明检测结果精度较高。样例图片中的受电弓是直接从车辆段维修处获取的，其处于待维修状态，碳滑板实际最低厚度已经低于 32mm，与计算所得结果一致。

2. 碳滑板偏磨

为了计算碳滑板偏磨，需要识别出磨耗有效区域，并分为左右两半部分。由于接触网正常拉出值在 ± 400mm 以内，所以磨耗区域也基本处于这一范围，在边缘处碳滑板厚度会陡升。利用这一特点可以很容易定位出磨耗边缘区域，并利用边缘两点的位置坐标将磨耗区域等分，分别计算左右平均厚度。以第一条磨耗曲线为例，计算结果如图 3.16 所示。

由图 3.16 可知，该条碳滑板偏磨值为 2.9256mm，实际的偏磨阈值 P_W=2mm，该条碳滑板已经出现了较为严重的偏磨病害。

3. 碳滑板拉槽

根据 3.3.2 节的定义，识别碳滑板拉槽可以通过计算磨耗曲线斜率来实现。选取一条磨耗曲线的拉槽计算结果如图 3.17 所示。

碳滑板拉槽阈值 G_W 通常设为 1mm，由图 3.17 可知，该条碳滑板磨耗曲线斜率一直保持在一个较低的范围，说明该条碳滑板不存在拉槽病害。

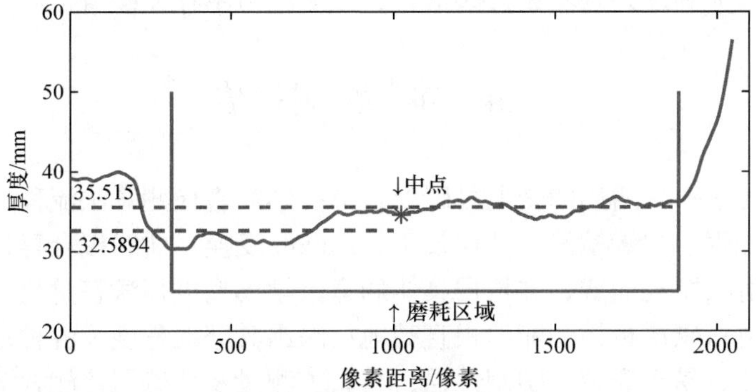

图 3.16　碳滑板偏磨计算结果

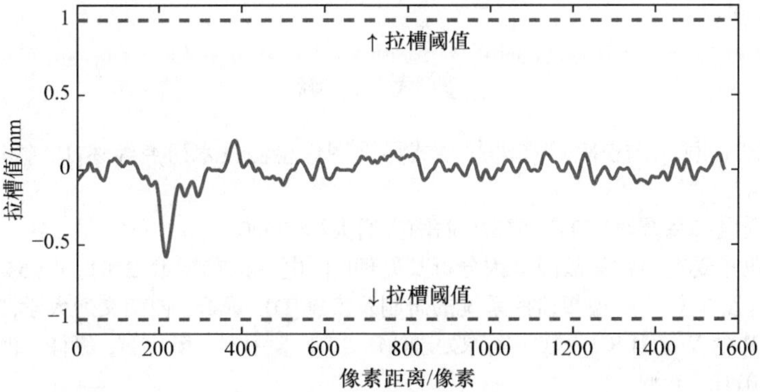

图 3.17　碳滑板拉槽计算结果

4. 碳滑板高度超限

根据 3.3.2 节的定义，对样例受电弓有效磨耗区域的每个区域计算最大厚度差，计算结果如图 3.18 所示。

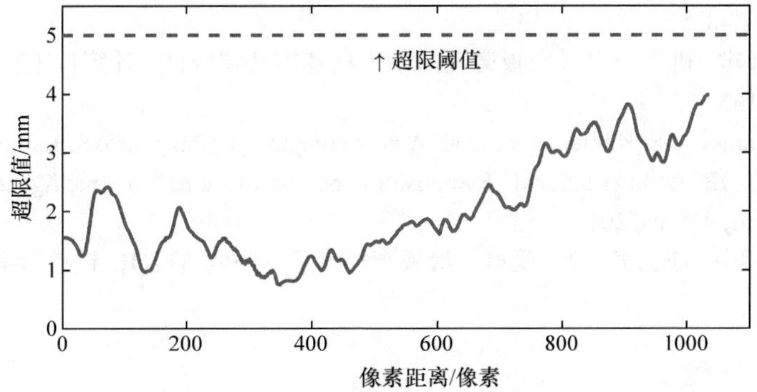

图 3.18　碳滑板高度超限计算结果

碳滑板超限阈值 E_W 通常设为 5mm，由图 3.18 可知，样例受电弓每个位置各碳滑板之间最大高度差均不超过阈值，故该受电弓不存在碳滑板高度超限问题。

3.4 本 章 小 结

本章设计了一套通用的受电弓碳滑板形态学病害检测算法流程，通过图像采集、图像预处理、边缘检测、几何校正、Hough 变换、曲线拟合等技术，最终获得受电弓碳滑板磨耗曲线，并根据具体病害数学模型进行病害量化分析。基于图像处理的受电弓碳滑板检测能够很直观地反映出其磨耗程度及各种形态学病害，并且设备灵活、易于安装、实用性强，与人工测量及传感器接触式测量等方法相比，检测效率和精度大大提高，因此有较好的应用前景，对地铁部门实际工作有一定的指导意义。

参 考 文 献

[1] 韩志伟, 刘志刚, 张桂南, 等. 非接触式弓网图像检测技术研究综述[J]. 铁道学报, 2013, 35(6): 40-47.

[2] 马果垒. 受电弓系统研究[D]. 成都: 西南交通大学, 2009.

[3] 张平生. 机车受电弓常见故障原因分析及处理[J]. 电力机车技术, 2001, (4): 55-56.

[4] 陈可. 机车受电弓无线视频监控系统的研制及实施[D]. 成都: 西南交通大学, 2009.

[5] Gonzalez R C, Woods R E. 数字图像处理[M]. 3 版. 阮秋琦, 阮宇智, 等译. 北京: 电子工业出版社, 2011.

[6] Huang T S. A fast two-dimensional median filtering algorithm[J]. IEEE Transactions on Acoustics Speech and Signal Processing, 1979, 27(1): 13-18.

[7] Zhu X H, Gao X R, Wang Z Y, et al. Study on the edge detection and extraction algorithm in the pantographslipper's abrasion[C]. International Conference on Computational and Information Sciences, Chengdu, 2010: 474-477.

[8] 马莉, 王泽勇, 高晓蓉, 等. 图像处理技术在受电弓滑板检测中的应用[J]. 机车电传动, 2009, (5): 47-48, 52.

[9] 邱存勇, 肖建. 机车受电弓滑板磨耗的图像处理算法研究[J]. 计算机工程与应用, 2015, 51(9): 164-167.

[10] Aydin I, Karakose E, Karakose M, et al. A new computer vision approach for active pantograph control[C]. IEEE International Symposium on Innovations in Intelligent Systems and Applications, Albena, 2013: 1-5.

[11] 冯倩, 陈维荣, 王云龙, 等. 受电弓滑板磨耗测量算法的研究[J]. 铁道学报, 2010, 32(1): 109-113.

第 4 章　基于图像处理的轨道线路扣件检测

钢轨扣件的健康状态是保证轨道交通安全稳定运行的关键基础。轨道运营车辆在运行过程中，机车转向架车轮与钢轨持续接触摩擦和振动冲击等相互作用，加上自然环境等的影响，轨道线路上容易出现扣件损坏、扣件丢失等病害，对轨道交通的安全运营带来极大的威胁[1]。扣件丢失会导致钢轨出现松动，长期发展下去钢轨会出现变形，渐渐出现错位、崩塌等问题，严重时会直接导致机车脱轨发生事故。

钢轨扣件是用来连接轨道交通线路上钢轨和轨枕等基础设施的部件[2]，主要作用就是将钢轨约束在轨下基础(如轨枕)上，保持两者位置长期可靠的相对固定，防止钢轨相对的高低(竖向)、前后(纵向)、左右(横向)等的移动，并且在动力约束下充分发挥其弹性作用，减少钢轨不同程度的变形积累。扣件的病害形式相对钢轨比较简单，通常表现为扣件部分缺失、扣件完全缺失等状态。但扣件的类型多种多样，如有螺栓、无螺栓、弹条式、弹片式等。弹条式扣件如图 4.1 所示。

图 4.1　弹条式扣件

4.1　基于投影统计差的扣件区域的定位与分割

扣件是连接轨道线路上钢轨和轨枕的关键部件，其缺损状态将直接影响铁路的行车安全。直接在实验采集的轨道线路图像中检测判定扣件的存在状态较为困难，并且很容易出现干扰，所以准确定位轨道线路上扣件的位置是检测扣件状态的首要前提。在轨道线路图像中，轨枕和钢轨占据了绝大部分空间，并且与扣件的位置关系相对固定，因此考虑扣件的安装结构特点，从小波变换的角度实现扣件定位。

4.1.1　钢轨区域定位

钢轨区域定位的目的是将图像分为钢轨区域和非钢轨区域。通过对钢轨图像观察得知，钢轨调整垂直后，在沿钢轨的纵向上其表面区域像素点的灰度基本上是连续的，而在非钢轨区域，像素点的灰度在横纵方向均存在着明显的不连续性，并且钢轨区域与其他非钢轨区域的交界区域沿横向上一定存在着像素点灰度值的不连续[3]。因此，对钢轨区域定位的思路是利用水平梯度算子增强图像的垂直边缘，突出水平方向的跳变，强化钢轨表面的左右边界[4]。此处采用的水平梯度算子模板表达式为

$$p=\begin{bmatrix}-1 & 2 & -1\\ -2 & 4 & -2\\ -1 & 2 & -1\end{bmatrix},\quad q=\begin{bmatrix}-1 & 0 & 1\\ -2 & 0 & 2\\ -1 & 0 & 1\end{bmatrix} \tag{4.1}$$

钢轨边缘垂直方向增强算法的步骤如下：

(1) 读取 3.2.1 节图像预处理后的图像 f，计算出图像的高度 h 和宽度 w；生成初始化矩阵 $G_{h\times w}$，存储加强垂直边缘的图像数据。

(2) 执行如下命令：

for (i=2 to h−1, j=2 to w−1) do：

$G(i,j)=G_1(i,j)+G_2(i,j)=\left|p*G(i,j)\right|+\left|q*G(i,j)\right|$；

其中，$G(i,j)$ 为上述运算后的新像素点灰度；$*$为卷积运算符。

(3) 完成上述循环后，输出结果图像。

经过钢轨边缘垂直方向增强算法处理后的图像，目标区域的垂直边缘得到了增强。其前后对比图如图 4.2 所示。

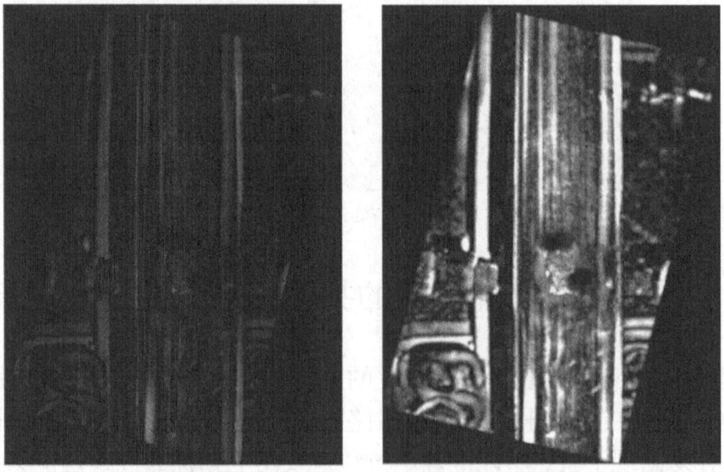

(a) 原始图像　　(b) 强化垂直边缘的结果图

图 4.2　加强钢轨表面的边缘前后对比图

完成钢轨表面边缘垂直方向增强算法的运算后，可以明显看出钢轨的边界信息，虽然不可避免地依旧存在着一些干扰，但在垂直方向上钢轨表面边缘的像素点灰度值占据了绝对优势，给定位、裁剪钢轨区域提供了思路。考虑对强化垂直边缘后的图像应用 3.2 节提到的基于最大类间法的二值化方法，消除一些不必要的干扰，再利用式(4.2)进行垂直投影(vertical projection，VP)统计；分析钢轨的边缘数据，结果中必然会出现多个峰值，而峰值的极大值中必然有一个是钢轨的某一边界或者两者非常接近的近似边界。

$$\mathrm{VP}(j)=\sum_{j=1}^{h}\mathrm{Binary}\,f(i,j),\quad i=1,2,\cdots,w \tag{4.2}$$

式中，Binary 为边缘增强后的二值化图像，即 Binary $f(i,j)$ 取 0 或 1；h 和 w 分别为图像的高度和宽度。

利用式(4.2)，得到如图 4.3 所示的钢轨图像垂直投影对照图。

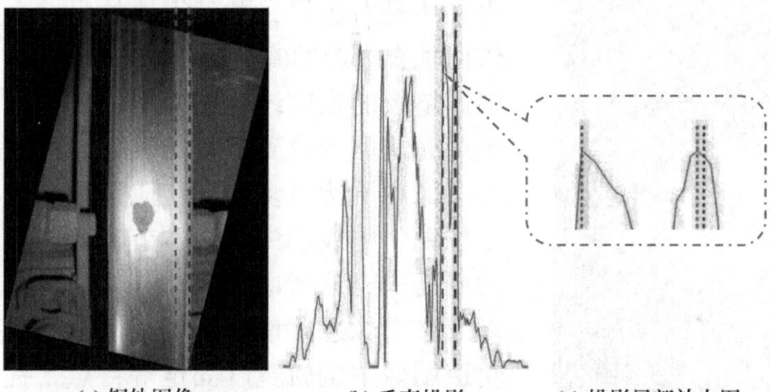

(a) 钢轨图像　(b) 垂直投影　(c) 投影局部放大图

图 4.3　钢轨图像垂直投影对照图

由图 4.3(b)可知，存在多个统计极大值，根据前面的分析，某一极大值必然对应着钢轨的某一条边缘。根据所得投影的统计极大值，在图 4.3(b)中寻找到三条钢轨边缘候选者，即图 4.3(c)中标注的三条虚线；从图 4.3(b)中可以发现这三条虚线中有两条比较接近钢轨边缘(图 4.3(c)中的中间和右侧虚线)。分析采集图像中实际钢轨边界附近区域的灰度值可以发现，钢轨区域相对于非钢轨区域的灰度值是存在显著区别的，沿着钢轨的某一边界，其左侧和右侧存在明显的灰度差值，但在钢轨内部这种灰度差值是不存在的，同一材质上的灰度是相对平滑的。

为了进一步准确判定，增大钢轨边界搜索的鲁棒性，本书提出以三个极大值为钢轨某一边界的候选者，利用多极值点统计方法与先验知识相结合的最大似然方法，最终确定钢轨图像中的某一边界，其表达式为

$$\text{edg} = \underset{\text{Cand}_i}{\arg\max}\left[\left|\sum_{l=\text{Cand}_i}^{\text{Cand}_{i+\text{ee}}}\text{VP}(l) - \sum_{l=\text{Cand}_{i-\text{ee}}}^{\text{Cand}_i}\text{VP}(l)\right|\right],\quad i=1,2,3 \tag{4.3}$$

式中，edg 为钢轨的边界；Cand_i 为第 i 个候选钢轨边界的索引值；VP 为垂直投影统计数组；ee 为先验知识，表示统计框的大小，此处设为 30；i 为候选者的数量，其大小也是经验值，此处设为 3。

从图 4.3 和式(4.3)中分析可知，越靠近钢轨边缘的地方，其左右两边区域在设置搜索框范围内的亮点数差异就会越大，并且搜索框的大小在一定范围内变大，这个差异也会变大。根据本书设置的经验值，计算可知最右边的虚线得到的值最大，表明该条虚线所在位置为钢轨边缘的可能性大，故将最右边的虚线标定为钢轨的某条边缘。钢轨的边缘定位如图 4.4 所示。

图 4.4　钢轨的边缘定位

由图 4.4 可以看出，通过上面的分析可以准确地找到钢轨的一条边界，但无法判断它是属于左边界还是右边界，并且钢轨的另一个边界无法只依据垂直投影的峰值确定。Li 等[5,6]在边缘图像下根据垫板的宽度统计像素点，最小值对应垫板的中线，从而定位到垫板的位置。但本书实验的轨道图像中干扰较多，直接应用该方法必然会导致定位钢轨中线的失效。本节在此基础上，在下面的研究中充分考虑钢轨与其他区域的灰度差异，以及在图像采集设备系统固定的情况下所获得的轨道图像中钢轨宽度固定等特点，提出一种基于最大窗口统计的钢轨中线搜索定位方法，为进一步明确钢轨的左右边界提供参照。

基于对强化垂直边缘后的二值化图像和垂直投影统计数据的分析，以及所采集图像中钢轨的固定宽度设计搜索窗口，并将窗口遍历垂直投影，根据式(4.3)计算基于窗口的统计值。其数学表达式为

$$\text{Sum}(p) = \sum_{q\in N_{\text{wt}}(p)}\text{VP}(q) \tag{4.4}$$

$$\text{Med} = \underset{p}{\arg\max}\ [\text{Sum}(p)] \tag{4.5}$$

式中，q 和 p 均为垂直投影中横坐标的索引值；$N_{\text{wt}}(p)$为坐标 p 的邻域，wt 为邻域的宽度，设定为图像中钢轨的宽度；Med 为钢轨中线的索引值。

根据式(4.5)，窗口遍历垂直投影得到的钢轨区域的中线定位如图 4.5 所示。窗口遍历垂直投影得到统计结果如图 4.5(a)所示，可以看出，统计图出现一个峰值，那么该峰值在原始图像中对应的位置即钢轨边界的中间位置(图 4.5(b)中的虚

线位置)。

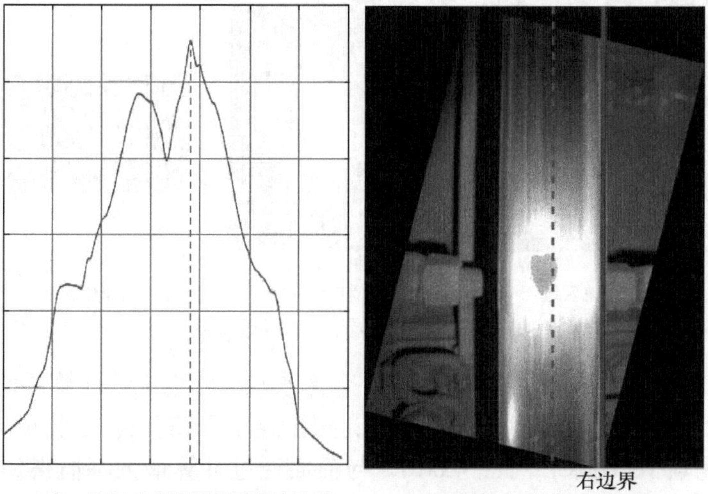

(a) 窗口遍历垂直投影得到统计结果　(b) 钢轨边界的中间位置

图 4.5　钢轨区域的中线定位

由图 4.5 可以看出，根据本节方法能够较为准确地寻找到钢轨的中线，后续可以通过实例进行进一步验证。在此基础上，可将前面判定的钢轨的某条边界与中线位置进行比较，确定是钢轨的左边界还是右边界并做好标注(图 4.5(b))，以此判断上一步得到的为钢轨的右边界，记为 $\mathrm{Pos}_{\mathrm{edge}}$(左右是相对的，本节从人的视角出发将右手方向定义为钢轨的右边)。

根据式(4.5)，依据右边界和中线位置之间的距离，在中线左侧的相同距离上，将该位置作为钢轨另一边界的候选 C_1，其数学表达式为

$$C_1 = 2 \times \mathrm{Med} - \mathrm{Pos}_{\mathrm{edge}} \tag{4.6}$$

从上述分析可知，在加强垂直边缘后，钢轨区域与非钢轨区域的交界处必然存在着极大值，也应该在根据中线确定的候选边界附近。故根据式(4.6)，本节提出在图像中候选边界 C_1 的左右附近各 20 个像素点的范围内寻找垂直边缘投影的下一个极大值(其中，20 个像素点是根据经验知识得到的)，并将其作为未确定边界的第二个候选 C_2，其数学表达式为

$$C_2 = \arg\max_{i} \mathrm{VP}(i), \quad C_2 - 20 \leqslant i \leqslant C_2 + 20 \tag{4.7}$$

定位的钢轨区域效果图如图 4.6 所示。

在图 4.6(a)中用点画线和虚线分别将两个候选者标注出来。但如何从两个候选者中选择出最终的边界，同样采用式(4.2)。因为该部分的候选者选择的方式不同，这两个候选者均已知，靠近钢轨边界，且候选者的数量不同，对此做出适当

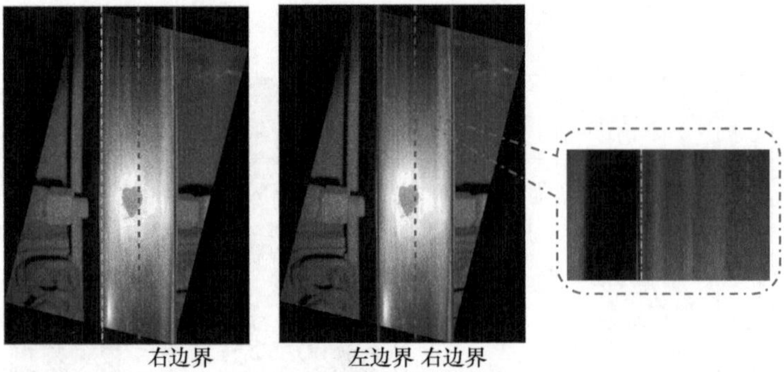

(a) 钢轨区域　(b) 定位后的区域　(c) 局部放大图

图 4.6　定位的钢轨区域效果图

的修改。选择每个候选者左右两侧各 10 个像素点，分别统计计算差值，最大值对应的候选者就被认定为最终的钢轨边界，根据这个思路，得到另一个钢轨边界，并用直线将其标注出来，见图 4.6(c)，与前面通过计算最大峰值得到的边界共同定位钢轨区域，其效果图如图 4.6(b)所示。通过上述的分析，图 4.6(b)中直线标注的位置就是钢轨左右边界的大致位置。

4.1.2　轨枕区域定位

扣件、轨枕和道砟是轨道线路上存在的三个主要部分，三者之间存在着相对固定的空间位置关系。本节要实现扣件区域的定位，但直接快速地分割扣件区域存在一定的难度，需要充分利用这三者的空间分布特点。

针对调研采集到的含有扣件的轨道线路图像，对其进行分析后发现图像数据上的扣件、轨枕、钢轨和道砟具有不同的纹理特征，直接表现就是反映在图像上的灰度值不同。进一步分析可以发现[7]：扣件直接安装在轨枕上面，且不会超出轨枕的宽度范围，其水平位置与轨枕的位置大体一致；轨枕在水平方向上的纹理致密程度较高，形成的灰度值相对均匀；轨枕在轨道线路图像中的竖直方向上是随机分布的；轨枕周围的道砟区域几乎没有纹理，对光线呈现漫反射，亮度较钢轨区域和轨枕区域要低。

根据以上对轨枕区域的分析可以看出，只要将轨枕区域界定出来，就可以在一定范围内限定扣件的寻找区域；轨枕区域与道砟区域存在明显的亮度值差异，所以在轨枕左右两边界处的灰度值可以作为判定该区域边界的一个重要依据。根据 4.1.1 节的分析，在一整幅包含钢轨的图像中，垂直的边缘在判断钢轨边界的统计灰度值中起到了重要作用，同样在轨枕区域的判定中，本节也充分利用轨枕区域在整幅图像中水平方向上边缘的存在，对整幅图像进行水平投影统计来寻找轨枕的边界。

对扣件图像去噪等的预处理算法见第 2 章中的图像预处理操作。图像的二值化处理是图像分割的重要前提，不但能在一定程度上降低其他干扰信息对图像的影响，更在图像处理中大幅减少了运算量。为了更好地自动选取合适阈值对采集到的扣件图像进行二值化处理，考虑到大部分图像的直方图存在双峰极大值，此处依旧采用基于最大类间方差的方法。图像的阈值分割过程如图 4.7 所示。

(a) 原始图像　　(b) 阈值分割结果

图 4.7　图像的阈值分割过程

根据轨枕区域在整幅图像的空间分布以及前面的分析，统计该区域在水平方向上的灰度值，寻找其边缘位置；对于整幅二值化图像，进行逐行统计，得到水平投影统计对照图，如图 4.8 所示。

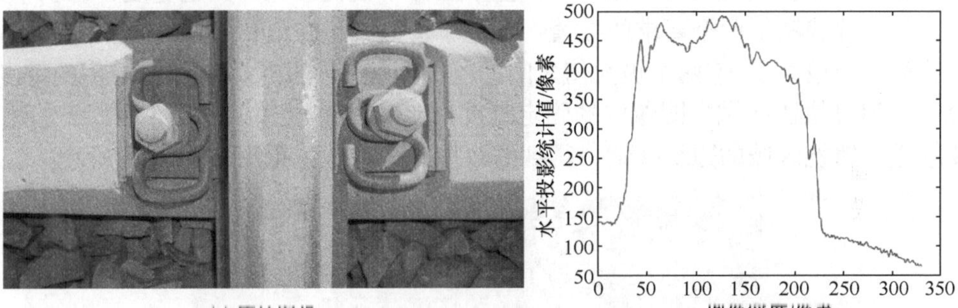

(a) 原始图像　　(b) 水平投影统计图

图 4.8　水平投影统计对照图

为了与原始图像进行更好的对照，这里把水平投影统计图进行旋转，见图 4.8(b)。从图 4.8(b)中可以看出，如果单纯地求图像高度范围内的最大值，并不能够准确地反映出轨枕的边缘位置。针对此问题，综合考虑到轨枕区域与道砟区域的纹理特征和亮度值，本节提出基于水平亮点统计差的轨枕边缘定位方法，实现轨枕区域边界大致位置的定位。该方法的流程如下：读入扣件图像，进行预处理后二值化得到 I，并返回图像的高度 h 和宽度 w；从 i=1 开始逐行统计二值化图像 I 每行的亮点值，直到 i=h 结束，得到基于水平方向的统计值数组 SP(i)；基于式(4.1)，从 i=1 开始逐步求解数组 SP 相邻元素的差值，得到 HP(i)：

$$\mathrm{HP}(i)=\mathrm{SP}(i+1)-\mathrm{SP}(i),\quad i=1,2,\cdots,h \tag{4.8}$$

通过上述的流程，可以得到轨枕区域水平方向跳变的统计值，并进一步搜索该数组的最大值，得到轨枕区域的大致边缘位置。水平投影差值统计对照图如图 4.9 所示。

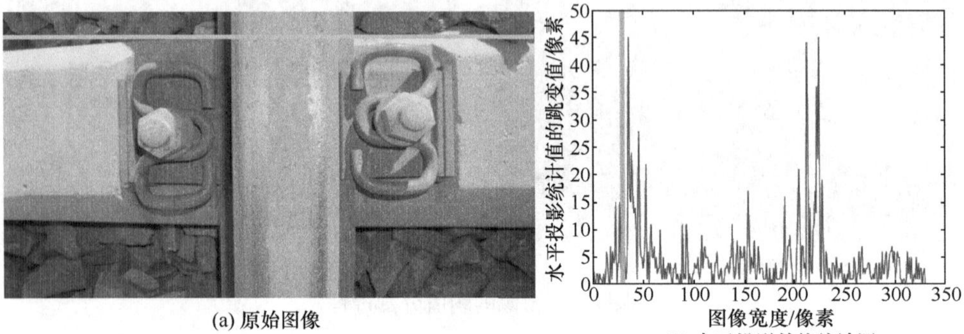

(a) 原始图像　　(b) 水平投影差值统计图

图 4.9　水平投影差值统计对照图

通过寻找水平投影差值最大值索引得到轨枕区域的单侧边缘，在此基础上，依据水平投影差值的统计，综合考虑整幅图像中轨枕区域的固定宽度，在水平投影差值中寻找满足两个要求的数值：①基于该数组最大值，在其一定索引范围内寻找第二个极大值；②两个极大值之间的范围不能小于扣件区域在图像中的宽度，也不能超过轨枕区域在图像中的固定宽度(宽度是根据经验选取的)。按照这两个要求进行轨枕区域的边缘搜索，得到的轨枕边缘定位结果图如图 4.10 所示。

图 4.10　轨枕边缘定位结果图

4.1.3　扣件区域定位

通过对钢轨边界定位和轨枕区域定位，可以基本实现扣件区域的大致定位。将这两种方法进行整合，最终得到钢轨和轨枕的定位。经过搜索定位得到扣件区域大致的“井”边界效果图，为下一步扣件的分割提供了依据。利用搜索定位到的“井”字格，得到扣件区域的大致位置，根据经验设置扣件的高度以及扣件区域左上角的坐标点信息。对整幅图像中的扣件区域进行裁剪分割，利用上述方法对扣件区域进行分割，结果如图 4.11 所示。

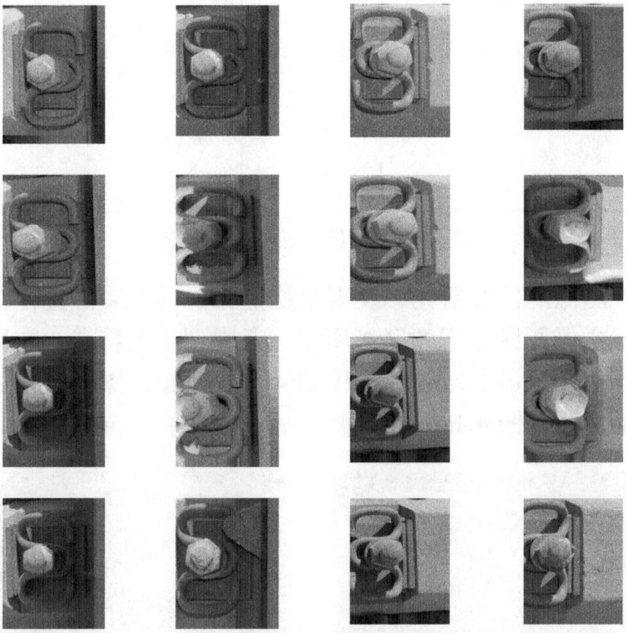

图 4.11　扣件分割的部分结果图

从图 4.11 中可以发现，这样虽然可以很好地定位到扣件，但不同图像下有些扣件的位置左右不平衡，设置固定的切割高度和宽度缺乏相对的位置参考，容易造成切割扣件的不完整，或者造成轨枕等其他部分占据了图像中大部分(该方法不能很好地自适应地改变切割宽度和高度，会存在较大误差)，进而可能会影响后续分类的准确性。在此可以使用一种结合小波变换的扣件定位分割方法，减小扣件分割的误差。

小波变换的基本理论在此不再讲述，详情可参见文献[8]。将小波变换应用到扣件图像[9]中，该图像可被分解为四个子图像[10,11]，其分解示意图如图 4.12 所示。

从图 4.12 中可以看出，经过分解后的每层图像都被分为三个区域，随着小波分解的增加，图像在空间上的分辨率各行各列依次都减少 1/2。在各层的分解区域中左上角是由垂直方向和水平方向的两个低通滤波器滤波后得到的低频子带图像，反映图像低频部分的信息，也就是图像的近似；V 是由水平方向上的低通滤波器和垂直方向上的高通滤波器获得的子带图像，反映图像行向量中的低频部分信息和列向量中的高频部分信息，为图像的垂直细节；类似地，H 反映图像列向量中的低频部分信息和行向量中的高频部分信息，为图像的水平细节；D 则反映图像对角线上的高频部分信息[8]。

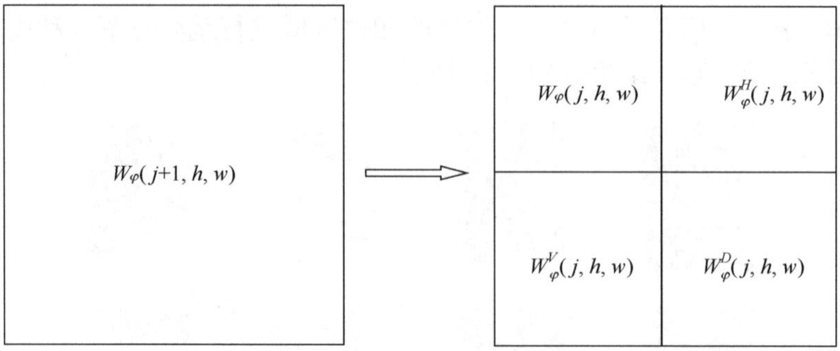

图 4.12　一层小波分解示意图

通过对扣件图像的仔细研究，发现轨枕上扣件的安装位置存在明显的垂直边缘，如图 4.13(a)中椭圆圈标识的区域所示，考虑到这个特点，本章基于小波变换的垂直分量进行扣件区域的定位。利用 db4 小波对扣件图像进行边缘检测，扣件图像的小波变换过程如图 4.13(b)所示。

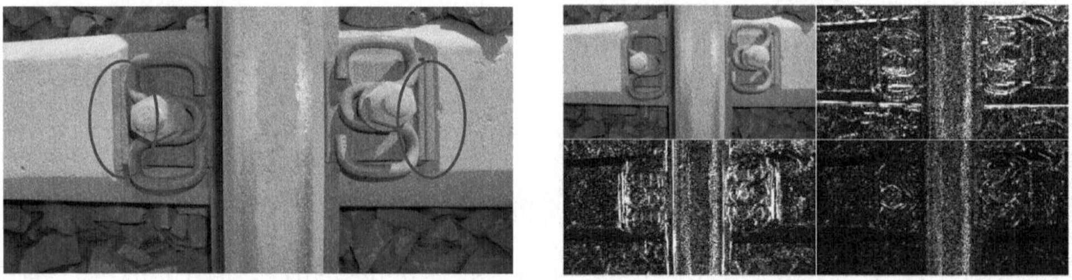

(a) 扣件的垂直边缘　　(b) 扣件图像的小波变换过程

图 4.13　扣件的垂直边缘和扣件图像的小波变换过程

提取变换得到的垂直边缘细节系数，再进行逆变换，得到的结果如图 4.14(a)所示。在垂直边缘细节系数逆变换图中发现，整体图像被明显地分成三个主要部分，即钢轨区域以及分布在钢轨左右两侧的扣件安装区域，但由于道砟的存在，其中夹杂着很多干扰点，会影响后续的分析判断。针对这个问题，在保证原始图像垂直边缘不被破坏的前提下，本节设计一种线性结构元，设定该线性结构元的角度与图像中的边缘角度相同，且规定结构元的经验长度，利用形态学开操作进行图像空域滤波，得到的结果图如图 4.14(b)所示，可以看出经过滤波处理的图像中，扣件和钢轨初步形成了一种“三足鼎立”的效果。

但从图 4.14(b)中可以看出，依然存在对扣件定位的干扰信息，本节根据扣件安装位置存在明显垂直区域的特点，设计了一个遍历算子模板，统计垂直边缘结果图的模板匹配度结构图的数学表达式为

$$D(i,j)=\sum_{h=1}^{H}\sum_{w=1}^{W}\left[S_{ij}(h,w)\cap f_{ij}(h,w)\right] \tag{4.9}$$

式中，S 为全一矩阵模板；f 为垂直边缘细节系数结果图；$\cap$ 为与运算。

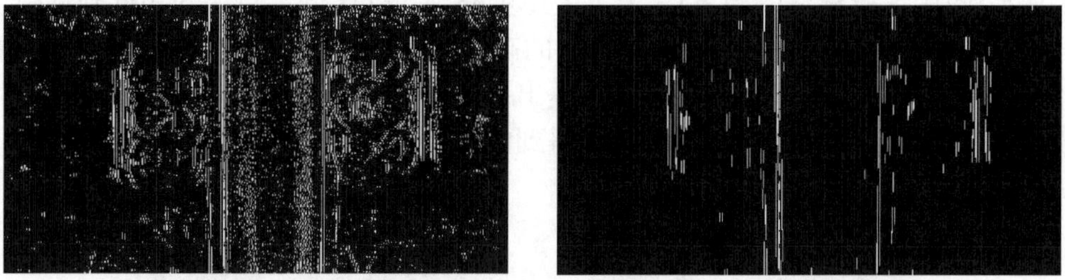

(a) 垂直边缘细节系数逆变换图　　(b) 滤除噪点后的结果图

图 4.14　小波变换垂直分量逆变换

该模板在本章中设计为 91 像素×21 像素大小，匹配度结果图如图 4.15 所示。

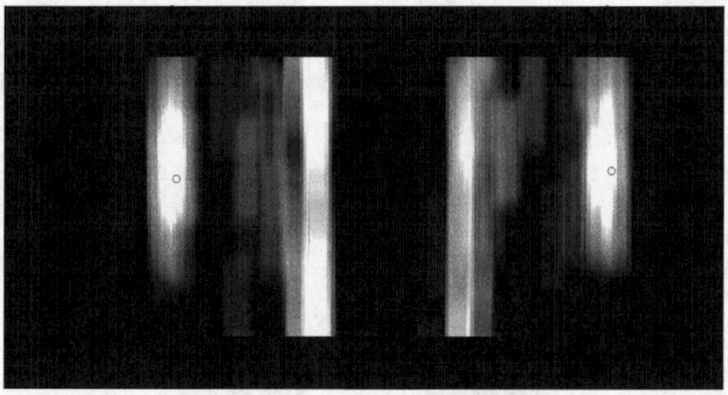

图 4.15　模板匹配度结果图

从图 4.15 中可以看出，与设计模板越匹配的地方，匹配度的值就会越大，也就是图中圆圈标注的位置。钢轨垂直边缘的存在给模板匹配增加了一定的计算量，容易降低匹配的成功率。

本节进一步结合 4.1.1 节中对钢轨边缘的定位算法，将钢轨边缘左右 1/2 轨宽范围内的亮点设为 0，降低匹配算法的运算复杂度，得到扣件安装区域定位结果图如图 4.16 所示。

图 4.16　扣件安装区域定位结果图

从图 4.16 中可以看出，基于小波变换的垂直细节可以准确地定位到扣件的安装区域(图中虚线标注的地方)，为了进一步分割扣件区域，只得到扣件到钢轨之间的宽度信息是不够的，还要得到扣件的高度信息。结合 4.1.2 节基于统计水平差的轨枕定位算法，将两者进行融合，提出基于小波变换的扣件定位分割方法。将该方法在多张轨道图像上进行验证，得到的扣件区域分割图如图 4.17 所示。

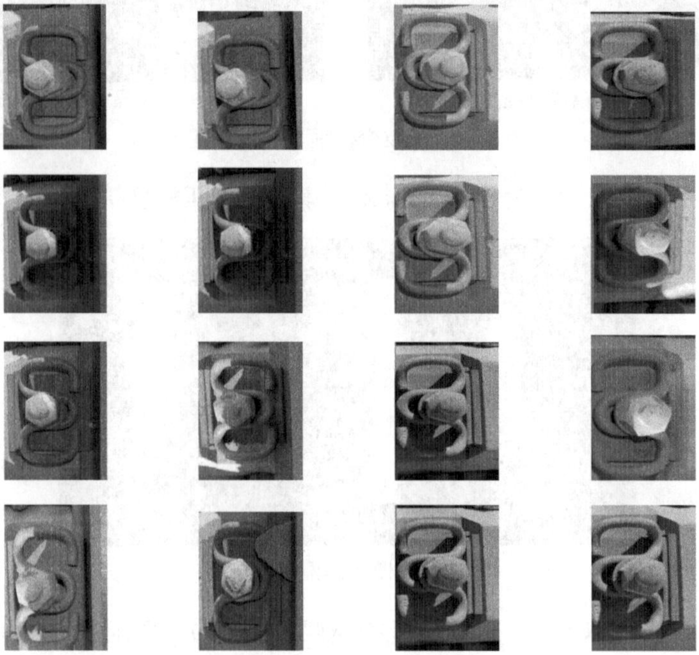

图 4.17　基于小波变换的扣件区域分割图

由图 4.17 可以看出，相比以前的方法，扣件区域在宽度方向上有了较好的分割。

4.2　基于 Dense SIFT 的扣件区域的特征提取

扣件一般由多个部分组成，其作用是将钢轨固定在轨枕，用以连接钢轨和轨枕(或其他类型轨下基础)的零件。相对于只考虑扣件图像全局统计信息，通过对其各个组成部分的局部特征的综合描述来判定扣件存在的状态，更符合人类视觉系统；在干扰噪声大、存在遮挡物体、背景复杂的情况下，局部特征通常可以降低提取概率，能够对图像平移、旋转、尺度和亮度的变化具有一定程度的不变性。局部特征中比较流行的算法是尺度不变特征变换(SIFT)算法[12]，该算法由特征点的计算和特征点的描述两部分组成。

4.2.1　扣件 Dense SIFT 特征提取

基于分割出来的扣件图像，Dense SIFT 特征提取可以分为四步，具体计算流程如图 4.18 所示。

第一步　读入一幅图像，一般先在一个尺度空间内进行高斯平滑。

第二步　选择 patch 的大小(在特征提取过程中，不是一次性处理一整幅图像，而是先将图像划分为多个小块，每次只处理图像的一个小块，这一个小块就称为 patch，完成后移动到图像的另一个 patch，以此类推)，作为描述子采样的区域，以一定的步长(step)在图像中滑动。

第三步　一般而言 patch 的大小是 4bins×4bins，每个 bin 的大小可以自己设定，这里设置 bin 的大小为 4 像素×4 像素，使用得到的每个 bin 来描述区域中心点位置。

第四步　计算每个 bin 小块中心(图 4.19 中所示点)的梯度，根据稀疏 SIFT 描述子，统计每个 bin 内的梯度直方图，最后形成 128 维度的 Dense SIFT 特征。部分特征的可视化如图 4.19 所示。

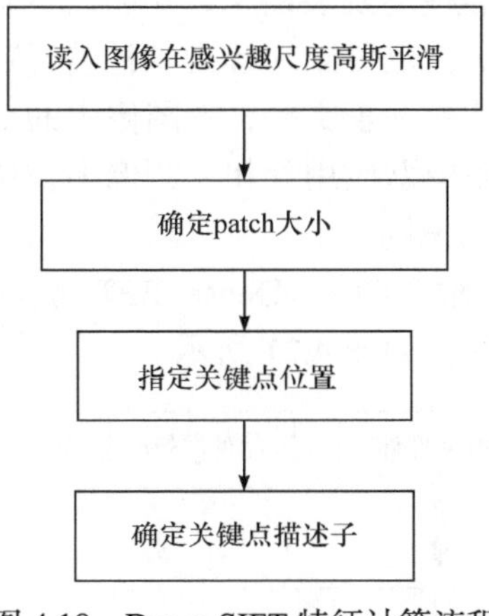

图 4.18　Dense SIFT 特征计算流程

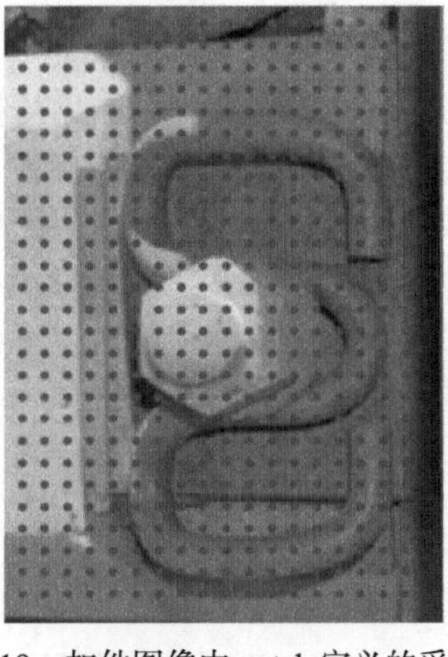

图 4.19　扣件图像中 patch 定义的采样点

从图 4.19 中可以看出，该关键点位置 patch 区域内存在较多的边缘。黑点表示该区域内提取的 Dense SIFT 特征的描述，扣件图像某一关键点的 Dense SIFT 特征如图 4.20 所示。

由图 4.20(a)可知，在 patch 区域内存在的 bin 小块边缘越明显，Dense SIFT 特征描述的方向和梯度模值就会越大。由图 4.20(b)可知，相反灰度值较均匀、没有突变的 bin 小块中，Dense SIFT 特征的梯度就很小。

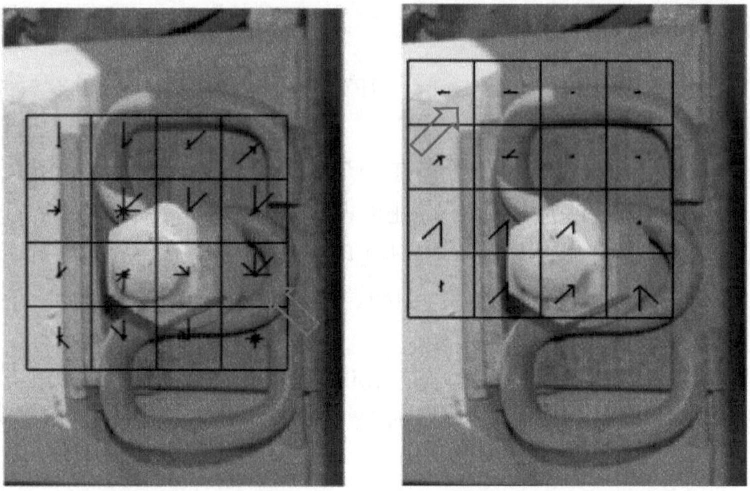

(a) 明显边缘的bin小块图像　　(b) 没有突变的bin小块图像

图 4.20　扣件图像某一关键点的 Dense SIFT 特征

4.2.2　基于空间金字塔分解的扣件视觉词袋构建

图像视觉词袋[13, 14]是从文本处理领域的词袋模型发展而来，并加以不同的方法而形成的在图像分类中应用的模型及相关方法，也可以理解为一种基于独立特征的直方图统计表达[15]。图像视觉词袋将图像比作一篇文档，把图像中的全局像素点或者某些特征当作图像中的单词。本节将该模型应用到扣件图像中，构建一种扣件视觉词袋[16]，以指导后续扣件不同状态的识别。

扣件视觉词袋模型构建主要包括四个步骤：输入图像、Dense SIFT 特征提取、构建视觉特征字典和基于视觉词袋统计描述图像，如图 4.21 所示。

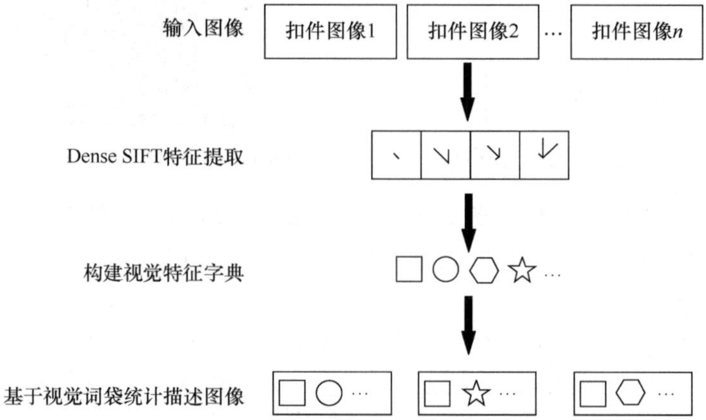

图 4.21　扣件视觉词袋模型构建示意图

建立视觉词袋模型的关键是把从每幅图像中提取到的 Dense SIFT 特征映射成视觉特征单词，进而把这些单词集合构建成视觉特征词典。整个构建过程可以通过聚类算法实现，此处采用的是 K-means 聚类算法，该算法是典型的基于距离函数的无监督分类方法，两个对象之间的距离越近表示两者的相似度越高。

通过对图像 Dense SIFT 特征的聚类，可以得到扣件图像的视觉词袋模型。根据得到的视觉词袋模型去统计每一幅图像的每个视觉特征单词在该图像中出现的频数，得到特征直方图来构建这幅图像的视觉特征单词描述子。扣件数据集中某一幅扣件图像的视觉特征单词直方图如图 4.22 所示。由图可知，图中每一个 bin 对应着该图像的视觉特征单词，其中词典中的视觉特征单词数为 20。

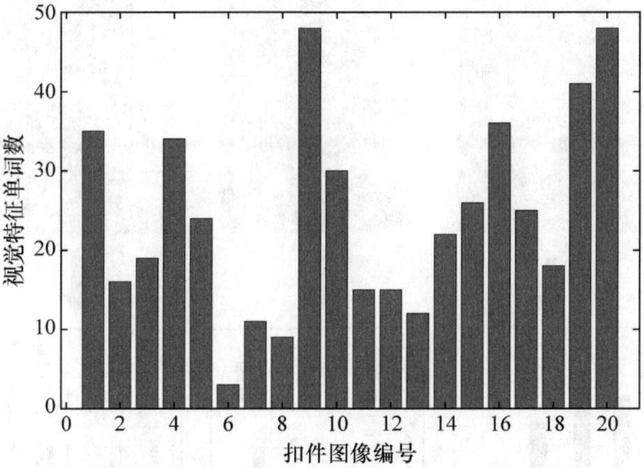

图 4.22　扣件图像的视觉特征单词直方图

针对上述 Dense SIFT 局部特征之间空间位置信息的相对缺乏，进一步提出基于扣件图像空间金字塔分解[17]的方法，来提取图像中的全局信息，将扣件视觉特征单词的空间位置信息更加全面有效地融入视觉词袋(BOVW)模型中。空间金字塔分解的方法是将图像依次划分为 n+1(0,1,2,⋯,n)层的网络，逐层细化成一系列子区域，其中第 n 层网络表示将图像的 x 方向和 y 方向分别划分成 2^n 个大小相等的单元，该层图像一共得到 4^n 个大小相等的图像 patch 子区域。对于每个子区域，分别统计视觉特征字典中所有视觉特征单词在该区域出现的频数，则每个子区域都能生成一个基于视觉特征单词的频数直方图。这里需要注意的是，为了后面能更好地实现不同区域视觉特征单词之间的相似性度量，通常需要对其进行归一化处理。针对不同的划分层，将该层中所有的子区域视觉特征单词直方图按顺序进行排列，构成了该层基于视觉特征字典的视觉特征单词直方图向量[18]，其数学表达式为

$$H_x^n = [H_x^{n,1}, H_x^{n,2}, \cdots, H_x^{n,k}, \cdots, H_x^{n,4^n}] \tag{4.10}$$

式中，H_x^n 为图像 x 在第 n 层的视觉特征单词直方图；$H_x^{n,k}$ 为图像 x 在第 n 层中第 k 区域的视觉特征单词直方图。

为了更直观地展示基于空间金字塔分解的视觉词袋的构建原理，先将待分析图像分解为 0、1、2 三层，然后分别统计每层中每个图像 patch 块的视觉特征单词的直方图分布，其中不同形状的图标代表视觉特征字典中的每一个视觉特征单词。这样就能够更有效地将图像空间中的全局特征信息(如绝对位置信息)融合到视觉词袋的构建中，有利于后续对扣件不同状态的准确分类。一个三层空间金字塔分解的视觉词袋模型示意图如图 4.23 所示。

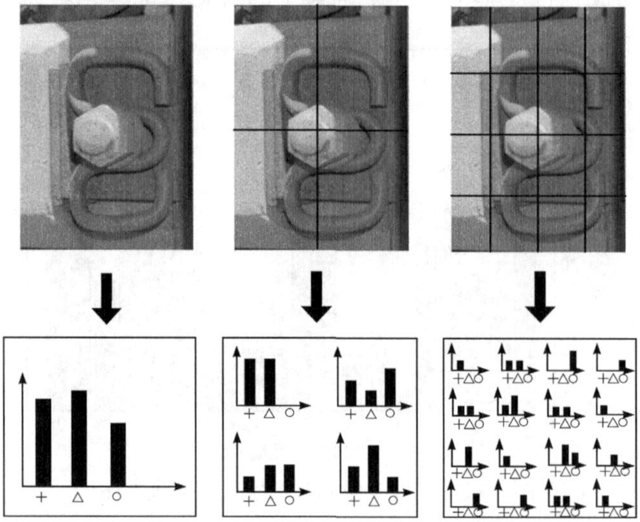

图 4.23　基于空间金字塔分解的视觉词袋模型示意图

4.3　扣件病害的分类和识别

本节采用的扣件图像实验数据均来自本章轨道线路图像分割得到的扣件数据集，该组图像沿钢轨左右两边各分割得到 31 幅扣件图像，因为在实际线路中扣件各自的朝向和分布不同，所以将其分为两大类：一类是左边扣件，另一类是右边扣件，其状态分为正常与异常。为了丰富现有的数据集，本节在原有扣件图像的基础上，分别添加了 5 种或 6 种噪声，共选取 312 幅含有不同噪声的扣件图像组成本节所使用的实验数据。其具体组成如表 4.1 所示。

表 4.1　数据集中不同类别的扣件数量

扣件类别	正常左扣件	正常右扣件	异常左扣件	异常右扣件
个数	126	126	30	30

将扣件的状态按表 4.1 所示分为 4 类，将所建立的部分扣件数据集可视化。各部分扣件数据集可视化结果如图 4.24 所示。

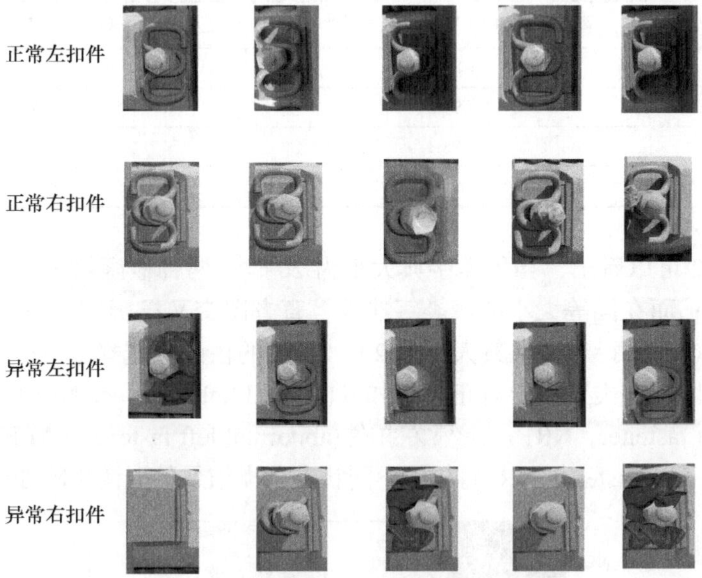

图 4.24　各部分扣件数据集可视化结果

从图 4.24 中可以看出，异常扣件的状态包含扣件弹条的完全缺失与部分缺失等。

首先利用 $\sigma = 0.5$ 的高斯算子对扣件图像进行平滑，定义 bin 的大小为 4 像素×4 像素，patch 的大小为 4bins×4bins，平滑步长 step 为 8 像素，计算数据集中每个扣件的 Dense SIFT 特征。将整个数据集分为训练集和测试集，其中训练集包含 192 幅扣件图像，利用聚类算法在训练集上构建整个数据集的视觉特征字典，提取每幅扣件图像的 Dense SIFT 特征并计算特征单词在该字典中的直方图，形成视觉词袋模型，并构建基于空间金字塔分解的扣件视觉词袋模型用于扣件的状态识别[19]。基于空间金字塔分解的图像分类方法流程如图 4.25 所示。

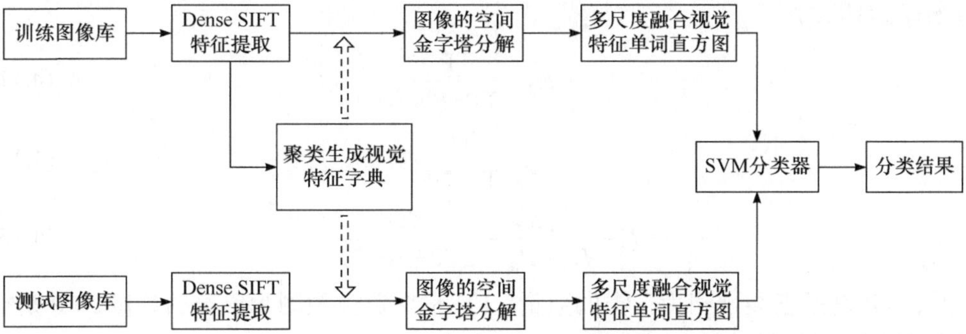

图 4.25　基于空间金字塔分解的图像分类方法流程

在不同聚类字典大小下结合两种核函数 SVM 的准确率对比如表 4.2 所示。

表 4.2　不同聚类字典大小下结合两种核函数 SVM 的准确率对比

聚类字典大小	高斯核函数 SVM 的分类准确率/%	直方图交叉核函数 SVM 的分类准确率/%
5	88.3	98.3
10	97.5	99.2
20	98.3	99.2
50	98.3	99.2

由表 4.2 可以看出，当聚类字典大小为 20 时，两种核函数 SVM 的分类准确率不再提高；而在同等大小的聚类字典下，直方图交叉核函数 SVM 的分类准确率最高，故本节选择聚类字典大小为 20，SVM 的核函数选择直方图交叉核函数。

扣件不同状态类别主要有正常左扣件(normal left fastener，NLF)、正常右扣件(normal right fastener，NRF)、异常左扣件(abnormal left fastener，ALF)和异常右扣件(abnormal right fastener，ARF)。扣件不同状态分类结果的混淆矩阵如图 4.26 所示。

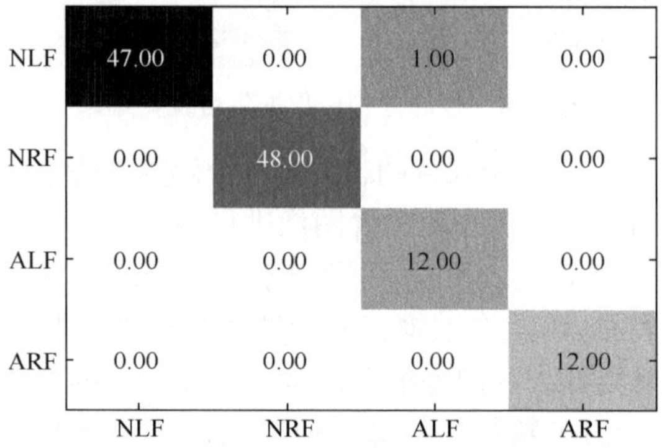

图 4.26　扣件不同状态分类结果的混淆矩阵

由混淆矩阵图中数据，计算得到每个类别的召回率 R_R 、精确率 P_R 和 F_1 值，其数学表达式为

$$R_R = \frac{TP}{TP+FN} \tag{4.11}$$

$$P_R = \frac{TP}{TP+FP} \tag{4.12}$$

$$F_1 = \frac{2P_R R_R}{P_R + R_R} = \frac{2TP}{2TP+FP+FN} \tag{4.13}$$

式中，TP 是指正类预测为正类的数量；FN 是指负类预测为负类的数量；FP 是指负类预测为正类的数量。

表 4.3 显示了基于空间金字塔分解的视觉词袋的分类评价结果。

表 4.3　基于空间金字塔分解的视觉词袋的分类评价结果

状态类别	召回率/%	精确率/%	F_1值/%
NLF	97.9	99.9	98.9
NRF	99.9	99.9	99.9
ALF	99.9	92.3	95.9
ARF	99.9	99.9	99.9

从表 4.3 中可以看出，本节方法分类扣件不同状态的召回率和精确率都很高，说明所提出的基于空间金字塔分解的视觉词袋模型在扣件状态识别中的有效性。错误分类的样本如图 4.27 所示。

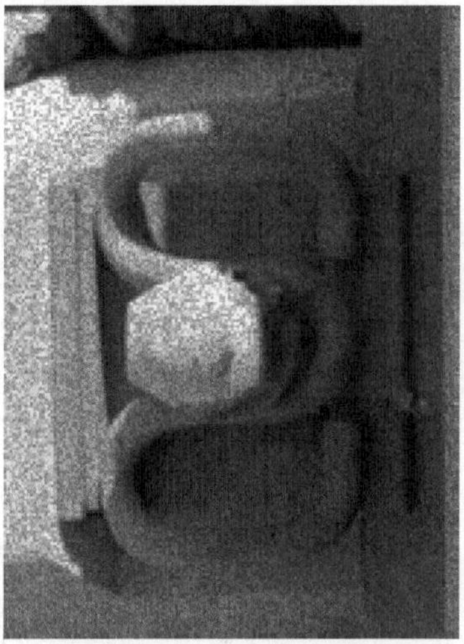

图 4.27　错误分类的样本

图 4.27 显示的扣件不能被正确分类，可以直观地发现其部分光照被钢轨或者其他物体遮挡，导致光照分布不均匀，影响了其准确性，所以在采集实验图像的时候给予适当补光，能够显著提高分类器的性能。

为了验证本节所采用的特征提取方法的有效性，在原数据集上，使用传统的视觉词袋模型和 HOG 特征[20]来提取扣件特征并进行扣件状态识别，提取不同特征下的 SVM 分类准确率如表 4.4 所示。

表 4.4　提取不同特征下的 SVM 分类准确率

特征提取方法	高斯核函数 SVM 分类准确率/%	直方图交叉核函数 SVM 分类准确率/%
BOVW	94.2	93.3
HOG	95	90
本节方法	98.3	99.2

对比本节方法，其他方法提取到的特征均得到了较低的分类准确率，分析原因是其他两种方法提取的特征过多地关注于局部形状特征，忽略了扣件图像中每个部分的位置信息，导致分类准确率的下降；而本节方法利用空间金字塔分解提取不同尺度下图像中相对位置下的特征分布，较好地实现了扣件不同状态下的识别检测。

4.4 本 章 小 结

本章对轨道线路中存在的典型缺陷、扣件的不同状态进行识别研究，针对扣件区域特点，基于 Dense SIFT 特征和聚类算法提出了构建空间金字塔分解的视觉词袋模型，对比研究不同核函数的 SVM 以及不同提取特征对扣件状态的识别结果，发现本章方法能实现 99.2%的准确率。

参 考 文 献

[1] 殷超. 基于机器视觉的轨道缺陷识别方法研究[D]. 兰州: 兰州交通大学, 2016.
[2] 钱广春. 基于计算机视觉的铁路扣件缺失快速探测方法研究[D]. 上海: 上海交通大学, 2011.
[3] 吴梦. 轨道缺陷自动检测系统的图像处理技术研究[D]. 成都: 西南交通大学, 2013.
[4] 孟佳. 钢轨表面缺陷识别系统的设计与研究[D]. 成都: 西南交通大学, 2005.
[5] Li Y, Trinh H, Haas N, et al. Rail component detection, optimization, and assessment for automatic rail track inspection[J]. Intelligent Transportation Systems, 2014, 15(2): 760-770.
[6] Li Y, Otto C, Haas N, et al. Component-based track inspection using machine-vision technology[C]. Proceedings of the 1st International Conference on Multimedia Retrieval, Trento, 2011: 18-20.
[7] 董洋. 基于图像处理的光照不均铁路扣件状态检测[D]. 成都: 西南交通大学, 2014.
[8] 王田田. 基于小波变换的图像边缘检测[D]. 北京: 北京理工大学, 2015.
[9] Hsieh H Y, Chen N, Liao C L. Visual recognition system of elastic rail clips for mass rapid transit systems[C]. ASME/IEEE Joint Rail Conference & Internal Combustion Engine Division Spring Technical Conference, Pueblo, 2007: 319-325.
[10] Gonzalez R C, Woods R E, Eddins S. 数字图像处理(MATLAB 版)[M]. 阮秋琦, 等译. 北京: 电子工业出版社, 2013.
[11] Gonzalez R C, Woods R E. Digital image processing[J]. Prentice Hall International, 2008, 28(4): 484-486.
[12] Lowe D G. Object recognition from local scale-invariant features[C]. Proceedings of the Seventh IEEE International Conference on Computer Vision, Kerkyra, 1999: 1150-1157.
[13] 张铁丞. 基于视觉词袋的 Visual-MAP 图像特征提取与分类算法[D]. 哈尔滨: 哈尔滨工业大学, 2016.
[14] 朱道广. 基于视觉词袋模型的图像分类研究[D]. 郑州: 解放军信息工程大学, 2013.
[15] Feng H, Jiang Z G, Xie F Y, et al. Automatic fastener classification and defect detection in vision-based railway inspection systems[J]. IEEE Transactions on Instrumentation & Measurement, 2014, 63(4): 877-888.
[16] Lazebnik S, Schmid C, Ponce J. Beyond bags of features: Spatial pyramid matching for recognizing natural scene categories: Computer vision and pattern recognition[C]. IEEE

Computer Society Conference on Computer Vision and Pattern Recognition, New York, 2006: 2169-2178.

[17] 生海迪. 视觉词袋模型的改进及其在图像分类中的应用研究[D]. 济南: 山东师范大学, 2015.

[18] Vedaldi A, Fulkerson B. VLFeat: An open and portable library of computer vision algorithms[C]. Proceedings of the 18th ACM International Conference on Multimedia, Vancouver, 2010: 1469-1472.

[19] Li P, Ma J, Gao S. Actions in still web images: Visualization, detection and retrieval[C]. International Conference on Web-Age Information Management, Berlin, 2011: 302-313.

[20] Dalal N, Triggs B. Histograms of oriented gradients for human detection: Computer vision and pattern recognition[C]. IEEE Computer Society Conference on Computer Vision and Pattern Recognition, San Diego, 2005: 886-893.

第 5 章　基于图像处理的轨道表面病害检测

作为轨道线路的重要组成部分，钢轨起着支撑和导向列车行进的作用，是保证轨道交通安全稳定运行的关键。轨道运营车辆在运行过程中，机车转向架车轮与钢轨持续接触摩擦和振动冲击等相互作用，加上不可避免的自然环境等的影响，轨道线路上钢轨表面容易出现剥离掉块、波磨等病害，对轨道交通的安全运营带来极大的威胁[1]。钢轨表面存在的病害如果得不到及时处理，会对机车转向架的轮对和轴承造成不断的磨耗，且随着病害严重程度的不断增大，会使钢轨出现断裂或崩塌，这必然会引起列车事故，导致严重的后果[2]。

钢轨剥离掉块是一种离散型钢轨表面病害，是机车在紧急制动状态下，轮轨之间剧烈摩擦，轨头踏面处发生淬火致使车轮碾压钢轨表面的小部分金属而使钢轨表面产生的掉块病害。典型的钢轨表面剥离掉块病害如图 5.1(a)所示。钢轨表面波磨是一种在钢轨轨头沿纵向、具有规律性、形似波浪的磨耗，典型的钢轨表面波磨病害如图 5.1(b)所示。

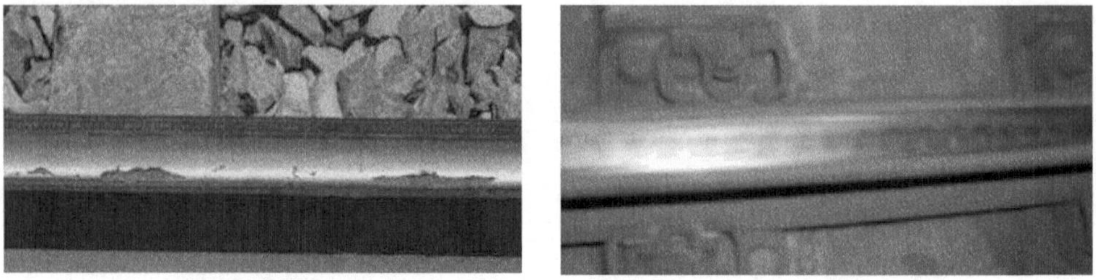

(a) 剥离掉块　　(b) 波磨

图 5.1　钢轨表面典型病害

为保障轨道交通的安全运输与运营效率，对钢轨表面关键病害的定期巡检是必不可少的，能及时发现并处理轨道线路上存在的缺陷，同时为轨道的维护保养提供有效的数据支持。近年来，随着计算机硬件和相关图像处理技术的不断发展，研究基于图像处理技术的钢轨表面病害检测方法，为国内轨道检测自动化的发展提供了新思路、新方法。

5.1　基于 RGF 和数字形态学的图像增强

在轨道图像的采集过程中，由于受现场周围环境、相机抖动等因素的影响，容易产生噪声，降低图像的质量，对后续病害图像的检测分析造成干扰，进而直接关系到钢轨图像中病害定位提取结果和病害识别分类的准确度。因此，考虑轨道图像的特点，结合动态引导滤波器(RGF)和数学形态学方法，对采集到的图像进行滤波平滑及边缘增强等预处理。

5.1.1　基于 RGF 的图像增强

根据轨道图像可知，边缘信息是后续轨面病害定位和识别分类的关键信息，在滤波的过程中需要保留图像所包含的边缘梯度信息。因此，为了保证在图像去噪的过程中实现较好的保边性能，使用 RGF 对轨道图像进行滤波去噪。RGF[3]是一种新提出的引导滤波算子，也是一种局部线性的滤波器，可以在实现平滑图像的同时还有比较好的保持边缘的性能，并且算法的复杂度与滤波窗口的大小没有关系，在算法的实时性方面表现出很好的优势，关于 RGF 更多的细节内容参见本书第 2 章。RGF 分为两个主要步骤进行迭代：首先利用高斯滤波器将细小的结构滤除；然后利用引导图像迭代来恢复大尺度结构的边缘。利用 RGF 对采集到的轨道图像进行滤波、去噪处理，得到每次迭代的不同效果如图 5.2 所示。

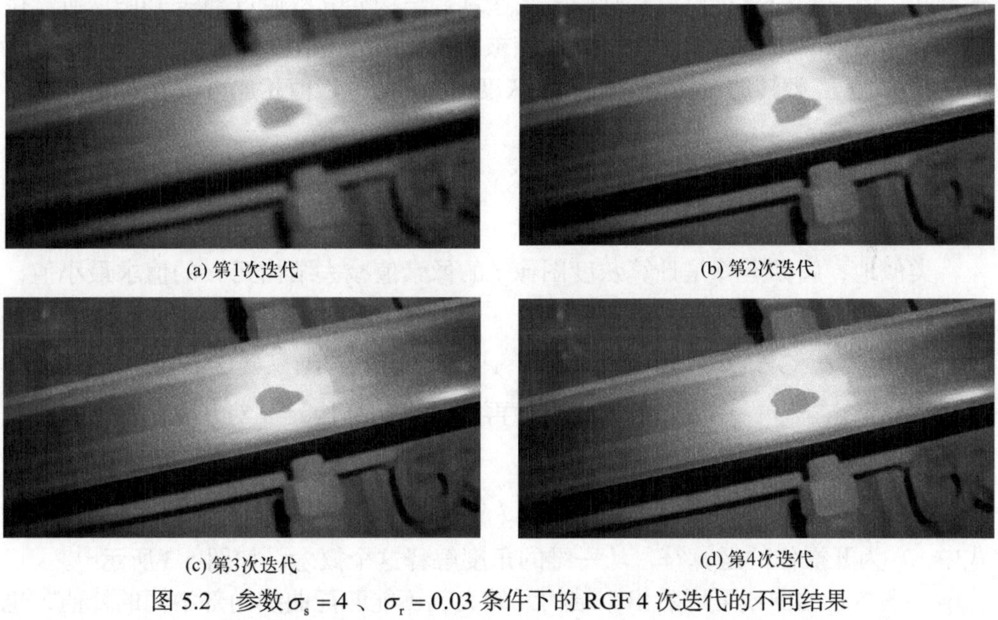

(a) 第1次迭代　(b) 第2次迭代

(c) 第3次迭代　(d) 第4次迭代

图 5.2　参数 $\sigma_s = 4$ 、$\sigma_r = 0.03$ 条件下的 RGF 4 次迭代的不同结果

由图 5.2 可以看出，第 1 次迭代时高斯滤波器将随机噪声完全去除，但也造成了边缘结构的模糊；紧接着将该高斯模糊的图像作为引导图像进行下一步迭代，发现大尺度结构的边缘慢慢变得清晰，逐渐恢复原有的边缘梯度信息，而图像中病害区域的边缘梯度信息得到了加强，其他小结构区域的边缘进一步弱化，具有

较好的保边性能，有利于图像后续的进一步处理。

5.1.2 基于数学形态学的图像增强

采集的图像中存在周围光照信息过亮的问题，常常使得钢轨的边缘信息和周围其他区域信息的对比变得很模糊。如果单独使用图像去噪的预处理算法，对钢轨边缘提取的结果不理想，故本节采用一种基于数学形态学的开操作算法来较好地处理钢轨主体与背景之间的不均匀现象，利用背景补偿的图像增强方法解决图像中曝光过度的问题，突出主体的边缘信息。

数学形态学的基本原理是使用具有一定形状、一定大小的结构元素，与图像数据进行卷积，处理分析图像中的特定对象[4]，其应用范围分为二值化的数学形态学运算和灰度图像的数学形态学运算两种，由于在本节图像的预处理过程中全部涉及灰度图像，在此暂不考虑二值化的数学形态学运算。灰度图像的数学形态学运算的基本运算是膨胀和腐蚀，将这些基本的运算进行不同组合，并灵活应用不同的结构元素，可以有效解决图像处理和图像分析中的一些难题。

灰度图像的膨胀和腐蚀运算类似于空间卷积，以像素邻域的最大值和最小值来定义，但与卷积存在差异。对于膨胀运算，结构元 n 以原点翻转 180°，所有位置在灰度图像 f 中平移，类似于卷积核被翻转，并且在图像 f 上进行平移；在每个平移的位置，翻转的结构元 n 的值与灰度图像 f 的像素值相加再计算出最大值[5]，其数学表达式为

$$(f \oplus n)(x,y) = \max[f(x-x',y-y') + n(x',y') \mid (x',y') \in D_n] \tag{5.1}$$

式中，D_n 为结构元 n 确定的邻域块。

类似地，腐蚀运算是计算灰度图像 f 的像素值减去结构元 n 的值求最小值，其数学表达式为

$$(f \odot n)(x,y) = \min[f(x+x',y+y') - n(x',y') \mid (x',y') \in D_n] \tag{5.2}$$

数学形态学开操作可理解为先腐蚀再膨胀，用结构元 n 对灰度图像 f 进行开操作，可定义为

$$f \circ n = (f \odot n) \oplus n \tag{5.3}$$

式中，$\circ$ 为开操作的运算符，从一维的角度解释这个概念，如图 5.3 所示[5]。

从图 5.3 的曲线可以看出，结构元较大，不能匹配曲线内部中间的峰值，也就是说开操作通常用于去除小的亮细节，同时保留所有的灰度并保证合理曝光范围内的信息特征不受干扰。将上述的开操作应用到去噪后的图像上，得到的结果如图 5.4 所示。其中，图 5.4(a)是光线不均匀的原始图像，图 5.4(b)是开操作处理后的图像。

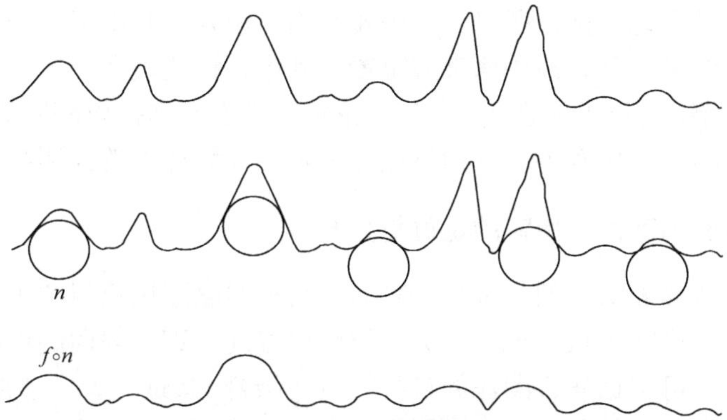

图 5.3　开操作一维示意图

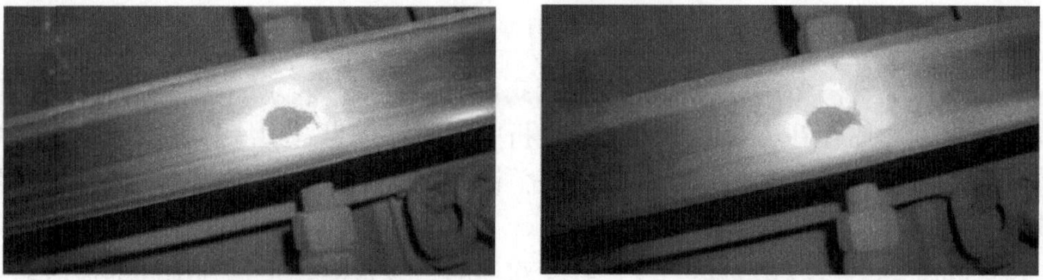

(a) 光线不均匀的原始图像　　(b) 开操作处理后的图像

图 5.4　钢轨表面图像开操作前后的对比图

从图 5.4(b)中可以看出，虽然结果图保留了大部分的灰度信息，但钢轨的边缘信息也丢失了。为了在图像中更加突出钢轨边缘，对原始图像和开操作处理后的图像进行求差运算，这样就可以生成明显钢轨边缘的理想图像，其结果如图 5.5 所示。

图 5.5　钢轨表面图像背景非均匀处理的结果图

5.2　钢轨表面剥离掉块病害的检测与分类

直接在实验采集的轨道线路全局图像中检测钢轨表面剥离掉块病害较为困

难，并且很容易出现干扰，所以首先需要准确定位并分割出钢轨表面图像，在此基础上定位钢轨表面剥离掉块病害的位置。其中，钢轨表面的定位与分割在第 4 章已做详细介绍，这里不再赘述，本节讨论钢轨表面剥离掉块病害的定位与分割，根据钢轨表面剥离掉块病害图像的特点讨论剥离掉块病害的检测与分类方法。

5.2.1 钢轨表面剥离掉块病害的定位与分割

在经过钢轨表面图像的定位与分割后，轨道线路图像只保留了钢轨表面可利用的有效信息，排除了很多干扰。为了能够更好地对钢轨表面的剥离掉块病害进行检测与分类，可根据病害图像的自身特点，结合 Canny 算子与 RGF 技术，在钢轨表面图像中定位并分割出病害图像。

1. 基于 Canny 算子的病害边缘检测

边缘代表着图像中存在灰度值阶跃变化的像素点，表示图像中有与灰度反映完全不同的物体存在，是图像识别和分析中的关键信息。边缘检测可以将目标物体的轮廓勾画出来，包括形状、方向等关键信息，是物体定位识别中所提取的重要特征。

Canny 算子可以认为是当今比较受欢迎的边缘检测算子，利用局部极值的方法来定义边缘，并定义以下三个基本准则[6]：

(1) 信噪比最优准则，把非边缘点判断为边缘点或者把边缘点误判为非边缘点的概率要低，实现无附加响应的最优检测。

(2) 定位最优准则，已经检测出的边缘点的位置要尽可能地接近实际边缘点的中心，实现正确定位。

(3) 单边缘响应最优准则，单边缘所产生的响应要唯一，边缘只能标识一次，要最大限度地抑制单边缘的多重响应，抑制虚假边缘的产生。

Canny 算子将上述判断准则数学化，采用最优化求解得到最佳的边缘检测模板。在实际的图像处理中，Canny 算子的算法流程一般如下：

(1) 用高斯函数来平滑图像，也就是高斯滤波器与图像进行卷积，减少噪声。

(2) 用一阶有限差分计算偏导数，求解图像中每一个像素点横向和纵向的梯度近似值，采用 Sobel 算子或 Prewitt 算子或 Roberts 算子求解[7]，例如，Sobel 算子包含两组 3×3 的矩阵，分别为横向 G_x 及纵向 G_y，与图像 A 进行卷积运算得到图像不同方向的亮度差分近似值，数学表达式为

$$G_x = \begin{bmatrix} -1 & 0 & 1 \\ -2 & 0 & 2 \\ -1 & 0 & 1 \end{bmatrix} * A, \quad G_y = \begin{bmatrix} 1 & 2 & 1 \\ 0 & 0 & 0 \\ -1 & -2 & -1 \end{bmatrix} * A \tag{5.4}$$

图像中每一个像素横纵向的梯度近似值可用下列公式计算，边缘点被定义为梯度方向上的局部极大值点，数学表达式为

$$G=\sqrt{G_x^2+G_y^2} \tag{5.5}$$

梯度方向的数学表达式为

$$\theta=\arctan\left(\frac{G_x}{G_y}\right) \tag{5.6}$$

(3) 计算得到梯度幅值图像，在一个像素点附近可能存在多个较大幅值，但真正的边缘点只有一个，在这种情况下，对结果图像进行非极大值抑制，找出局部极大值去除大部分的非边缘点。

(4) 双阈值法检测与连接边缘，对非极大值抑制获得的边缘图像采用两个阈值(包括高阈值和低阈值)。如果某一像素点的梯度幅值大于高阈值，则该像素点被保留为边缘像素点；如果小于低阈值，则该像素点被剔除；如果在两个阈值之间，则该像素点在连接高于高阈值的像素点时会被保留，否则被剔除。

使用 Canny 算子处理钢轨表面图像，并根据 Canny 算子的特点调节滞后阈值，最终产生的结果如图 5.6 所示。

图 5.6　Canny 算子边缘检测结果

2. 表面病害图像分割

由图 5.6 Canny 算子边缘检测结果可以看出，钢轨表面目标病害的边缘并没有完全闭合，这样会对后续病害图像的精确分割造成误差。为了解决这一问题，在对钢轨表面图像进行边缘检测前，引用 RGF 方法滤除在切割原始图像时残留下来的噪声以及在前面算法处理过程中产生的异常干扰点，进一步加强钢轨表面病害的边缘，有助于提高后续边缘检测的精度。结合 RGF 后 Canny 算子边缘检测结果如图 5.7 所示。

图 5.7　结合 RGF 后的 Canny 算子边缘检测结果

由图 5.7 可知，该方法不仅减少了干扰边缘，同时加强了病害边缘，得到了闭合的病害边缘，取得较理想的效果，有利于后续表面病害图像的精确分割。

基于上述的边缘检测结果，在含有真实病害的钢轨表面二值化图像中，对病害区域进行标记和分割。首先，使用连通分量法来搜索定位钢轨表面二值化图像的连通区域[7]。在一幅二值化图像中，边界或者目标区域上的点为前景点，用 1 来表示，除此之外的点为背景点，用 0 来表示。然后，有效区

分连接成分，求得连接成分的个数，对连通分量或者连接区域的标记是不可缺少的。连通分量的标记按邻接性分为四邻接和八邻接，本节采用八邻接的方法标记二值化图像中的连通区域。

综合分析边缘检测结果图像可以看出，经过一系列的图像处理算法，钢轨表面的边缘图像中存在真实的病害，但光照强度和钢轨表面摩擦的影响，导致某些区域的亮度值过高，产生了某些非真实缺陷的干扰。为缩短整体钢轨表面剥离掉块病害检测的处理时间，提供相对准确可靠的钢轨病害信息，减少误报的可能，本节着重标记主要缺陷。通过分析典型病害在钢轨表面中的存在形式发现，一般来说，相对于干扰，其闭合区域的填充面积较大，因此根据每个标记分量返回的面积进行排序，仅考虑所标记的连通区域填充面积较大的前 4 个，并在钢轨表面图像中用最小矩形依次标注可能存在的病害。分割可能存在病害的区域，构建最小矩形框区域病害数据集，为后续分类做好铺垫。钢轨表面病害连通标记的结果如图 5.8 所示。

图 5.8 钢轨表面病害连通标记的结果

5.2.2 钢轨表面离散病害数据集与特征提取

依据对采集的图像进行统计分析，本节将钢轨表面病害数据集的类型主要分为三类，分别是剥离掉块、其他缺陷和正常。在 5.2.1 节对钢轨表面病害分割的介绍中，首先对钢轨表面图像的边缘进行增强，进一步利用 Canny 算子寻找钢轨表面病害的边缘，根据边缘所填充面积的不同，选择前 4 个面积较大的边缘，并基于最小矩形算法对典型病害数据集进行分割。钢轨表面病害分割结果如图 5.9 所示。

图 5.9 钢轨表面病害分割结果

每幅完整的钢轨表面图像，分割得到 4 个不同的基于最小外接矩形算法的典型病害数据集，共得到由 132 幅不同病害和无病害的最小矩形框图像构成的数据集，所得到的不同类别图像数据集的汇总情况如表 5.1 所示。

表 5.1 钢轨表面图像数据集

病害数据集类型	数量/幅
剥离掉块	21
其他缺陷	41
正常	70

钢轨表面缺陷的特征提取需要考虑以下两个方面：提取的特征应尽可能地具有低维数，有利于计算和存储；特征应该具有较好的鲁棒性，可以对缺陷进行准确有效的分类。

通过观察分析可知，钢轨表面典型离散病害的形状常常表现出无规则性，并且完全依靠算法准确描绘病害边界的鲁棒性较差，很难再深入提取病害形状和几何等特征，无法实现病害的有效分类。通过分析图 5.9 分割得到的最小矩形框病害区域可以发现，钢轨表面不同典型病害(如剥离掉块等)具有特定的纹理特征，并有较好的可识别性。

1. Gabor 纹理特征

本节采用基于 Gabor 小波变换提取多尺度分析的纹理特征，二维 Gabor 基函数能有效地模拟人类视觉系统的多通道[8]，具有多分辨率的特性。Gabor 小波变换在空间域和变换域上处理具有较好的频率、方向选择性特点，尤其在图像细节纹理特征提取中具有良好的应用[9]。二维 Gabor 小波变换函数[10]的数学表达式为

$$\mathrm{gw}(x,y)=\frac{1}{\sigma\sqrt{\pi}}\mathrm{e}^{-\frac{(x-x_0)^2+(y-y_0)^2}{2\sigma^2}-2\pi f_0\left[(x-x_0)\cos\theta+(y-y_0)\sin\theta\right]\mathrm{i}} \tag{5.7}$$

式中，(x_0,y_0) 为控制位置；f_0 为控制任意坐标轴上的频率；θ 为控制小波的方向；σ 为控制尺度。一般情况下，针对表面病害，控制尺度设为 2，方向分别为 0°、45°、90°、135°。

对不同的最小矩形框剥离掉块进行 Gabor 小波变换，得到的结果分别如图 5.10 和图 5.11 所示。

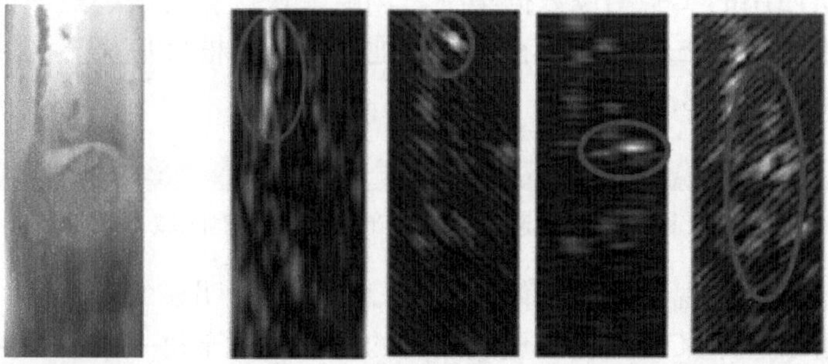

(a) 剥离掉块1　　(b) 不同方向的Gabor小波变换的响应

图 5.10　剥离掉块 1 对不同方向的 Gabor 小波变换的响应

一系列的病害数据集，经过不同方向的 Gabor 小波变换，得到四个不同的结果图，这些结果图构成了不同病害类别的纹理基。评价 Gabor 小波变换的不同

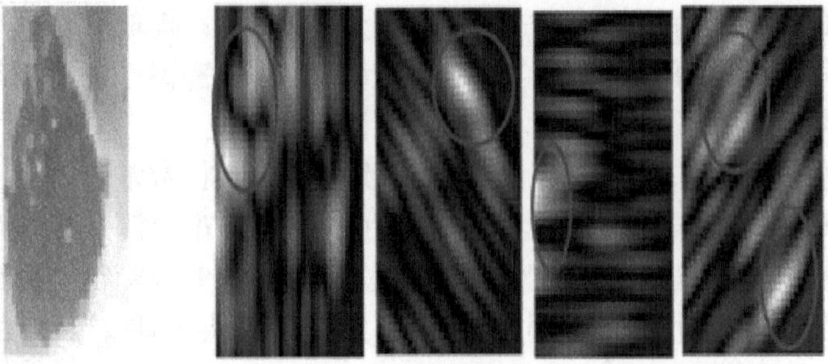

(a) 剥离掉块2　(b) 不同方向的Gabor小波变换的响应

图 5.11　剥离掉块 2 对不同方向的 Gabor 小波变换的响应

方向的能量响应，由不同方向纹理基的平均值和方差来得到，其表达式分别为

$$\mu_n = \iint \left| i_n(x,y) \right| \mathrm{d}x\mathrm{d}y \tag{5.8}$$

$$\sigma_n = \sqrt{\left(\iint \left| i_n(x,y) - \mu_n \right| \right)^2 \mathrm{d}x\mathrm{d}y} \tag{5.9}$$

式中，n 代表不同的方向。这样针对每一个最小矩形的病害数据，会得到一个特征向量 $f = \{\mu_n, \sigma_n\}, n = 0°, 45°, 90°, 135°$。

因此，对最小矩形框病害区域进行 Gabor 小波变换，提取滤波图像的均值和方差构造特征向量。这样对一个病害区域来说，利用 Gabor 小波变换就得到了 8 维特征向量。

2. 灰度共生矩阵

在本节所使用的实验图像数据集中，剥离掉块病害的最小矩形框区域的灰度分布常常表现为与图 5.9 相似的程度；其他最小矩形框疑似病害区域，如分割的钢轨表面锈迹，如图 5.12 所示。

图 5.12　钢轨表面锈迹的最小矩形框区域

通过对比分析发现，不同图像在灰度分布上会有明显的差异性，因此需统计图像表面病害纹理中某一灰度级重复出现的情况，对于每一个最小矩形框的病害区域，计算其灰度共生矩阵，再计算灰度共生矩阵的对比度、能量和相关性三个量度，求得每个量度的平均值和方差，构建基于灰度共生矩阵的特征向量。

对比度的表达式为

$$\mathrm{Con} = \sum_{i,j} \left| i - j \right|^2 p(i,j) \tag{5.10}$$

相关性的表达式为

$$\mathrm{Corr}=\sum_{i,j}\frac{(i-\mu_i)(j-\mu_j)p(i,j)}{\sigma_i\sigma_j} \tag{5.11}$$

能量的表达式为

$$\mathrm{Asw}=\sum_{i,j}p(i,j)^2 \tag{5.12}$$

式中，i 和 j 分别为灰度共生矩阵元素的行和列索引值；$p(i,j)$ 为灰度共生矩阵第 (i,j) 个元素值；$\mu_i=\sum_i\sum_j i\times p(i,j)$，$\sigma_i=\sum_{i,j}p(i,j)(i-\mu_i)$。以此，基于灰度共生矩阵，构建了描述纹理的 6 维特征向量。

3. 长宽比

观察分割得到的每一个最小矩形框图像数据，对于剥离掉块病害，其形状较其他病害区域(如剥离裂纹等)在长宽比上有明显的区别，因此本节将最小矩形框区域病害的长宽比 h/w 作为特征提取矩阵的一个元素。

综上分析，从三个角度出发计算提取基于最小矩形框病害区域的不同特征元素，依次排序构成 15 维特征向量，为下一步实现表面剥离掉块病害等的分类奠定了较好的基础。各特征向量的具体描述如表 5.2 所示。

表 5.2　各特征向量的具体描述

名称	具体描述		个数
Gabor 滤波	方向 0°纹理响应的平均值	方向 0°纹理响应的方差	8
	方向 45°纹理响应的平均值	方向 45°纹理响应的方差	
	方向 90°纹理响应的平均值	方向 90°纹理响应的方差	
	方向 135°纹理响应的平均值	方向 135°纹理响应的方差	
灰度共生矩阵	对比度的平均值	对比度的方差	6
	相关性的平均值	相关性的方差	
	能量的平均值	能量的方差	
形状	长宽比		1

5.2.3　基于 SVM 的钢轨表面病害分类

根据所构建钢轨表面图像数据集的特点，本节采用一对一 SVM 实现钢轨表面典型病害的检测与分类。一对一 SVM 也称为 1-vs-1 SVM，先假设有 $n(n>2)$类

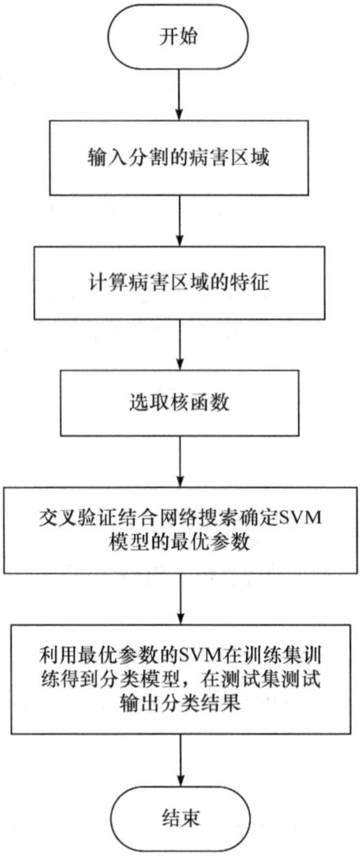

图 5.13　钢轨表面病害分类的具体流程

需要分类的数据样本，该方法是利用两类 SVM 在每两类的训练样本中都构造得到一个最优决策面，那么对于 n 类问题，该方法就需要形成 $n(n-1)/2$ 个分类最优决策面，本质上看是转化为多个两类问题来解决[11]。具体的实现方法如下[12]：①从样本集中取出任意两类数据，通过 SVM 构造最优决策函数；②用同样的方法对 n 类样本集中的每一对都构造一个最优决策函数，得到 $n(n-1)/2$ 个最优决策面；③利用投票机制对位置样本进行预测，给定一个测试样本 x，利用第②步中得到的所有决策函数对该测试样本 x 进行判定，若某个决策函数判定 x 属于 1 类，则表示第 1 类获得一票，最后得票数最多的类别是测试样本 x 所属的类别。总体而言，利用一对一 SVM 实现钢轨表面病害分类的具体流程如图 5.13 所示。

根据 5.2.2 节特征计算方法，对每一个图像数据都计算 9 维 4 个方向的 Gabor 特征、形态特征；为了寻找每个特征之间的内在属性与联系，以及充分挖掘每个特征的非线性关系，将前面所求的每个特征求各自的平方值，形成 18 维的特征向量。此外，选择直方图交叉核(histogram intersection kernel，HIK)[13]函数作为 SVM 的核函数，是因为其在图像场景分类领域具有较好的应用效果，该核函数的定义为

$$K(x,z)=\sum_{i=1}^{n}\min\left[x(i),z(i)\right] \tag{5.13}$$

式中，特征向量 $x,z\in\mathbb{R}^n$；i 为特征的维度。

下面依靠 LibSVM 库函数[14]实现基于 SVM 的钢轨表面病害的分类。首先将病害数据集分为训练集和测试集，依次将两个不同的数据集标准化到[−1,1]，这里需要注意的是两者标准化的参数要相同。标准化的计算公式为

$$x'=\frac{2(x-x_{\min})}{x_{\max}-x_{\min}}-1 \tag{5.14}$$

式中，x 为数据集中的任意值；$x_{\min}$ 和 $x_{\max}$ 分别为数据集中的最小值和最大值。

设置 LibSVM 中的核函数为直方图交叉核函数，在训练集上利用交叉验证和

网络搜索的方法得到 SVM 分类模型的最优参数，具体的算法实现步骤如下。

第一步　输入原训练集，设置默认参数值。

第二步　执行如下命令：

for ($\log_2 c$=–5 to 15, $\log_2 g$=3 to –15) do

网络搜索：随机无重复地将训练集分为 n 份，将参数设置为 $c = 2^{\log_2 c}$，$g = 2^{\log_2 g}$，核函数为 HIK；

for (i=1 to n) do

交叉验证：取第$(i-1)\times n$ 到第 $i\times n$ 份为测试集，其余为训练集，用 SVM 进行训练验证得到准确率；

end

求得原训练集的整体准确率，与历史准确率比较，保存最高准确率下的不同参数值；

end

第三步　输出最优参数。

设置 LibSVM 中的 C 和 Gamma 值，对整个训练集进行训练。利用训练集得到的模型来对表面典型缺陷测试集进行测试，得到准确率。根据剥离掉块、其他缺陷和正常的分类结果得到的混淆矩阵图如图 5.14 所示。

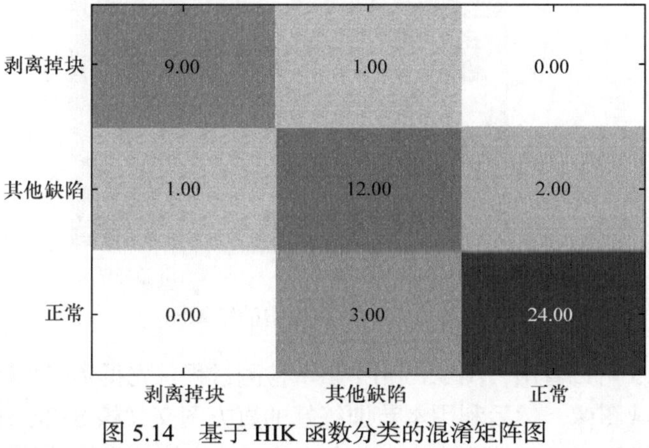

图 5.14　基于 HIK 函数分类的混淆矩阵图

由混淆矩阵图中数据计算得到每个类别的召回率 R_R 、精确率 P_R 和 F_1 值，其数学表达式分别为

$$R_R = \frac{TP}{TP+FN} \tag{5.15}$$

$$P_R = \frac{TP}{TP+FP} \tag{5.16}$$

$$F_1=\frac{2P_R R_R}{P_R+R_R}=\frac{2\text{TP}}{2\text{TP+FP+FN}} \tag{5.17}$$

式中，TP 是指正类预测为正类的数量；FN 是指负类预测为负类的数量；FP 是指负类预测为正类的数量。计算结果如表 5.3 所示。

表 5.3　分类指标评价

类别	精确率/%	召回率/%	F_1 值/%
剥离掉块	90	90	90
其他缺陷	80	75	77
正常	89	92	87

对上述训练得到的分类器和标准化参数进行验证，得到的结果如图 5.15 所示。

(a) 最小矩形框分割区域图像

(b) 验证结果

图 5.15　实际应用中的结果图

通过图 5.15 可以看出，图 5.15(a)中整个检测过程首先得到四个疑似缺陷的最小矩形框分割区域图像，然后利用本节训练好的直方图交叉核 SVM 分类器，较准确地在钢轨表面识别出剥离掉块病害，并准确地反映在钢轨表面的位置上，这样既有利于减少后续复检的工作量，也更有效地保障后续钢轨维修保养工作的效率。

5.3　钢轨表面波磨病害的识别与评估

本节主要讨论轨道线路中钢轨表面波磨病害的识别和评估问题。近年来，钢轨波磨病害的产生和泛滥已严重影响到城市轨道交通的发展。钢轨轨头踏面沿长度方向出现周期性的不均匀塑性变形和磨耗,使钢轨全长呈现波浪形状的不平顺。一方面，波磨引起的轮轨力的突然变化将缩短轨道关键部件的使用寿命，增加城市轨道交通线路的维护成本；另一方面，波磨引起的车轮和钢轨之间的剧烈振动将产生很大的噪声，降低乘客的舒适度和列车行驶的安全性。因此，及时检测识别和评估波磨，对有效制定维修策略和缓解波磨的发展具有重要意义，这不仅可以降低城市轨道交通线路的维护成本和噪声污染，也能保障城市轨道交通列车的运营安全，改善乘客的乘车体验。

长期以来,波磨的检测算法主要是基于波磨尺或波磨检测车进行的人工检测。但是，固定的检测周期不能及时地了解钢轨状态，同时占用了轨道，增加了线路工作人员的工作量，不仅检测效率低下，而且检测结果往往受主观因素的影响，难以满足日益增长的运营需求。随着计算机视觉技术的兴起，基于图像处理技术的轨道检测算法逐渐成熟并取得了很好的应用，其具有非接触、连续、低成本和快速的优点。因此，本节介绍一种基于计算机视觉技术的钢轨波磨自动识别与评估算法。

5.3.1　基于改进空间金字塔匹配模型的钢轨波磨识别算法

钢轨波磨识别，顾名思义，就是判断所采集到的轨道线路图像中是否存在钢轨波磨病害，即判定所采集的轨道图像是钢轨波磨图像还是正常钢轨图像，所以将钢轨表面波磨的识别问题转换为图像的分类问题。目前，基于局部图像特征描述子的图像分类方法应用较为广泛，主要包括基于特征袋(bag of feature, BOF)[15]的方法和基于空间金字塔匹配(spatial pyramid matching, SPM)[16]的方法。对于这种分类方法至关重要的是视觉特征提取和特征编码过程，然而，传统的 BOF 或 SPM 方法仅提取图像的单个特征，并且在许多情况下获得的特征信息不足以充分表示轨道波磨图像。此外，采用矢量量化编码方法的重构误差大，这些都会导致图像分类精度较低[17]。因此，考虑钢轨波磨图像的特征，利用集成的思想来提高轨道线路图像的分类性能。首先，为了更有效地提取图像特征，同时使用 Uniform LBP[18]和 Dense SIFT[19]来构造图像的特征集。然后，为了更具体地表达图像信息，使用 *K*-means 聚类算法[20]分别创建了两个特征集的视觉码本，以提高结果的鲁棒性。最后，为了减少图像信息的损失，同时提高计算的准确性，使用局部约束线性编码(locality-constrained linear coding，LLC)[21]对每个图像特征进行编码，并进一步合并为最终的图像特征向量，训练线性 SVM 分类器，实现对钢轨表面波磨的识别。基于改进空间金字塔匹配模型的钢轨波磨识别算法流程如图 5.16 所示。

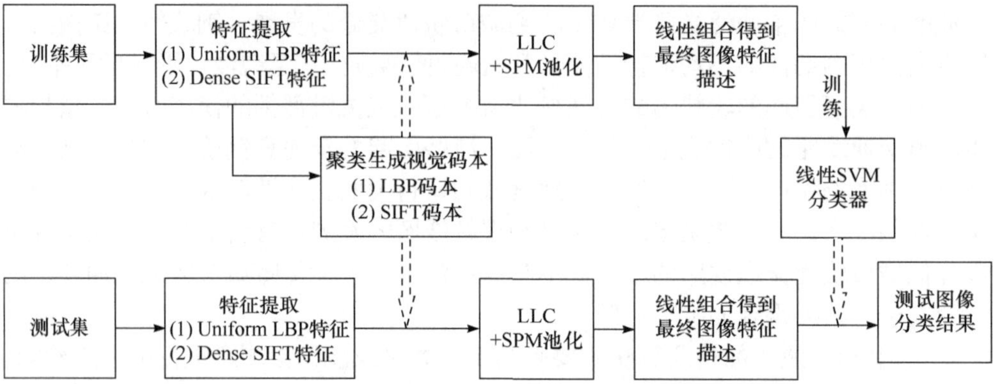

图 5.16　基于改进空间金字塔匹配模型的钢轨波磨识别算法流程

1. 多特征提取

与正常的钢轨表面图像相比,典型的钢轨表面波磨图像具有独特的纹理特征。目前，一种广泛使用的纹理特征提取方法是局部二进制模式(local binary pattern，LBP)[22]。为了更有效地提取轨道图像的纹理特征，本节使用了 Uniform LBP，其模式数量从 256 个减少到 59 个。它显著压缩了特征向量的维数并减小了高频噪声的影响，从而可以在各种复杂条件下更好地表示图像信息。

另一个具有出色性能的局部特征描述子是 SIFT，目前已得到广泛应用[23]。本节使用的 Dense SIFT 方法,采用固定大小的掩模,并以一定步长从图像的左到右、上到下提取 Dense SIFT 块，从每个块中提取 128 维 SIFT 描述子作为局部特征描述。与传统的 SIFT 相比，Dense SIFT 降低了计算复杂度，并提取了可更好地用于线性分类的 Dense SIFT 特征。

鉴于上述两个局部特征描述子的良好表征能力和互补性，通过分别使用 Uniform LBP 和 Dense SIFT 提取图像特征，可以有效反映图像数据的不同属性。之后，结合这两种局部特征描述子来训练分类器，充分利用这两种方法的优势，可以获得更好的分类器性能。

2. 图像特征的矢量量化

提取的低层次特征可能包含一些冗余和噪声。为了提升特征表示的鲁棒性和独特性，需要一种有效的特征向量量化方法来对低层次特征进行编码。通常，图像特征的矢量量化方法可以分为两个主要步骤：首先，通过对图像训练集的描述子进行聚类来获得视觉码本；然后，根据所获得的视觉码本对从图像中提取的特征进行编码。在量化过程中，不同的视觉码本或不同的特征编码方法将导致不同的性能。

通常，存在多种用于从图像训练集中获得稀疏或密集视觉码本的聚类算法，其中使用最为广泛的是 *K*-means 聚类算法。*K*-means 聚类算法速度快且在数据量很大时仍可以保持较高的效率和可伸缩性。*K*-means 聚类算法是从图像训练集中提取两种类型的特征生成不同的视觉码本，从而可用于综合表达不同类型的图像信息，提高结果的可靠性和鲁棒性。

此外，为了有效地组织特征向量并减小图像特征的重构误差，使用 LLC 对局部图像特征描述子进行编码。其中，基于 LLC 的输出图像特征表示是非线性的，且最后通过使用线性分类器就可以获得令人满意的结果。

3. 基于 SPM 的钢轨波磨识别

首先，提取训练集中所有轨道图像的 Uniform LBP 特征和 Dense SIFT 特征，以构造两个相应的特征集。然后，使用 *K*-means 聚类算法分别对训练集图像的两个特征集进行聚类，获得两个视觉码本，它们可以代表图像信息的不同方面。接着，基于获得的两个视觉码本，使用 LLC 对每个图像进行编码，并进行 SPM 池化以接收每个图像的两个不同图像表示。最后，集成不同的图像表示以形成每个图像的最终图像表示，利用带有人工标签的最终图像表示训练线性 SVM 分类器[24]。

对于新的或测试的轨道图像，首先提取 Uniform LBP 和 Dense SIFT 特征集。随后，基于相应的两个不同的视觉码本，通过使用 LLC 编码每个图像特征，并在 SPM 池化和特征集成之后获得每个图像的最终特征表示。最后，将从训练过程中获得的线性 SVM 分类器用于测试图像，并获得最终的类别标签，以判断它是否为钢轨波磨图像。

4. 钢轨波磨识别算法性能评估

为了更好地评估基于 SPM 的钢轨波磨识别算法的性能，分别与三种基准算法进行比较，包括 Gabor+SVM[25]、累积能量阈值(accumulate energy threshold，AET)[26]和最大能量(largest energy，ME)+SVM[27]。具体地，Gabor+SVM 算法中采用了全局 8 维 Gabor 滤波功能和 SVM 分类器。AET 算法使用局部占优频率特征和固定阈值。在 ME+SVM 算法中应用了局部占优频率特征和 SVM 分类器。所有参数均与原始文献一致，并且使用 10 倍交叉验证方法进行 SVM 训练和预测。此外，使用精确率、召回率和准确率等指标定量评估各识别算法的性能，比较结果如表 5.4 所示，高召回率意味着未检测到的钢轨波磨图像数量少，同时说明本节所讨论算法的检测性能优于其他三种基准算法。

表 5.4 不同算法之间的检测性能比较

算法	精确率/%	召回率/%	准确率/%
Gabor+SVM	91.80	93.33	92.50
AET	97.00	96.50	96.80
ME+SVM	98.97	97.00	98.00
本节算法	99.67	98.34	99.00

5.3.2 钢轨波磨周期估计

正如本章一开始介绍的，波磨是一种波浪形轨道表面病害，在轨道线路图像中表现为一种周期性纹理图案。通常，波磨的波长用于进一步分析波磨，在数学上波长与周期成正比，估计波磨的周期是有意义的。但是，从现场获得的钢轨波磨图像不仅包括波磨区域，还包括其他区域(如边缘锈迹和正常钢轨区域)。因此，首先需要确定波磨区间，然后根据对波磨区间中每列图像执行一维快速傅里叶变换[28]和简化的归一化距离匹配函数(simplified normalized distance matching function，SNDMF)[29]处理后的统计结果估计波磨周期。

1. 钢轨波磨区间定位

由于车辆复杂的运营环境，从现场采集的钢轨表面波磨图像不仅包含波磨区域，还存在边缘锈迹和正常的表面区域。针对此问题，为准确有效地定位钢轨波磨区间，首先使用水平灰度梯度统计分析法，裁剪原始钢轨表面波磨图像中的锈迹边缘，裁剪后剩余钢轨表面区域的起始坐标 R_l 和终止坐标 R_r 计算公式为

$$\begin{cases} \text{mgrad}(x_i, y) = \dfrac{1}{h}\sum\limits_{y=1}^{h}[I(x_{i+1}, y) - I(x_{i-1}, y)], \quad i = 2,3,\cdots,w-1 \\ R_{\text{l}} = \min\limits_{i}\{\text{peaks}[\text{mgrad}_{2\leqslant i\leqslant w/2}(x_i, y)]\} \\ R_{\text{r}} = \max\limits_{i}\{\text{peaks}[\text{mgrad}_{w/2\leqslant i\leqslant w-1}(x_i, y)]\} \end{cases} \tag{5.18}$$

式中，$\text{mgrad}(x_i, y)$ 为第 i 列图像水平梯度的平均值；$I(x_i, y)$ 为第 i 列图像的灰度值；w 和 h 分别为钢轨表面图像的宽度和高度；peaks 为求 mgrad 的极值。

首先，在消除锈迹边缘的干扰后，利用大津阈值分割方法[30]对图像进行二值化，实现波磨区域与正常钢轨表面区域的分割。然后，对得到的二值化图像进行数学形态学的重建和开操作，去除图像二值化后存在的噪声点。最后，基于每列二值化图像的前景点统计分析，得到钢轨波磨区间的起始坐标和终止坐标，计算公式为

$$\begin{cases} C_1 = \arg\min\limits_i [\text{SB}_i \mid \text{SB}_i > \delta], \quad i=1,2,\cdots,m \\ C_r = \arg\max\limits_i [\text{SB}_i \mid \text{SB}_i > \delta], \quad i=1,2,\cdots,m \end{cases} \tag{5.19}$$

式中，SB_i 为第 i 列二值化图像的和值；δ 为和值的阈值；m 为裁剪后剩余钢轨表面区域的宽度。

波磨区间定位的结果如图 5.17 所示。

图 5.17　波磨区间定位的结果

2. 基于 FFT-NDMF 的波磨周期估计

在定位得到钢轨波磨区间后，根据波磨的定义以及在图像中表现出的周期纹理特性，结合频域分析和距离匹配函数对钢轨波磨的周期进行估计。首先，对每列钢轨波磨区间图像进行傅里叶变换，并在定位每个幅度-频率曲线峰值的同时提取对应于前两个最大峰值的频率。然后，计算相应的周期作为每个图像列的候选周期。接着，定义 SNDMF 提高结果的鲁棒性，对于每列图像的两个候选周期值，通过计算和比较它们的 SNDMF 值，确定每列图像的最终周期值，其表达式为

$$\begin{cases} \text{SNDMF}_{i1}(d_{i1}) = \dfrac{1}{H-d_{i1}} \sum\limits_{j=1}^{H-d_{i1}} | l_{ij} - l_{i(j+d_{i1})} | \\ \text{SNDMF}_{i2}(d_{i2}) = \dfrac{1}{H-d_{i2}} \sum\limits_{j=1}^{H-d_{i2}} | l_{ij} - l_{i(j+d_{i2})} | \\ P_i = \min(\text{SNDMF}_{i1}, \text{SNDMF}_{i2}) \end{cases} \tag{5.20}$$

式中，d_{i1} 和 d_{i2} 为第 i 列波磨区间图像的两个候选周期值；H 为波磨区间图像的高度；P_i 为第 i 列图像的周期值。

最后，在得到波磨区间所有列图像的周期值后，求该周期值的众数，并将周期值的众数作为波磨区间即波磨的最终周期 P_C：

$$P_C = \text{mod}(P), \quad P = [P_1, P_2, \cdots, P_N] \tag{5.21}$$

式中，N 为波磨区间图像的宽度；mod 为众数。

综上，钢轨波磨周期估计算法的流程示意图如图 5.18 所示。

3. 波磨周期估计算法性能评估

为了验证基于 SNDMF 的波磨周期估计算法的有效性和准确性，对钢轨波磨图像数据集的图像进行了实验。随机选取样本的周期估计可视化结果，如图 5.19 所示，矩形框表示本节方法估计的周期。

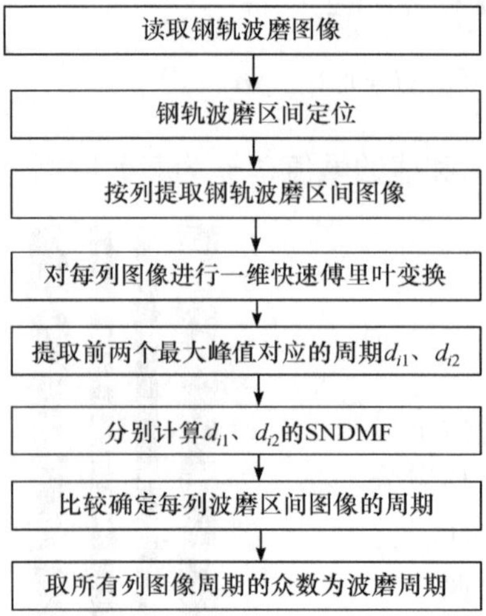

图 5.18　钢轨波磨周期估计算法的流程示意图

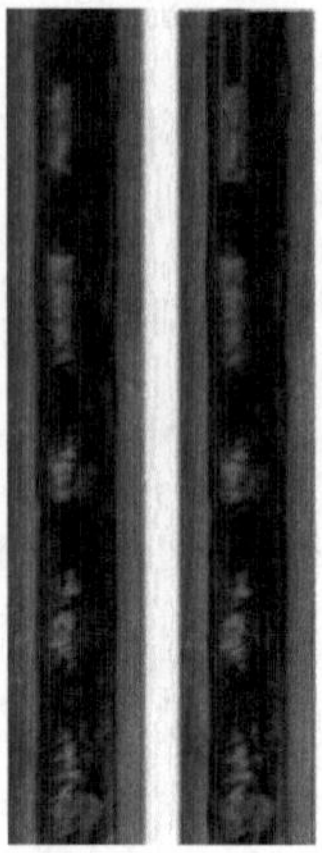

图 5.19　钢轨波磨周期估计可视化结果

图 5.19 的结果表明，基于 SNDMF 的波磨周期估计算法可应用于轨道波磨图像，与人工视觉结果相吻合。

5.3.3　钢轨波磨严重程度评估

一般而言，钢轨波磨的严重程度与其深度有关，而波磨深度的变化在图像中体现为图像灰度上的差异。针对这一问题，依据对钢轨波磨图像的视觉显著性分析，钢轨波磨区间具有显著的颜色特征。因此，首先利用归一化频率调谐模型[31]提取钢轨波磨图像的视觉显著性特征，并在此基础上生成全分辨率显著图，其表达式为

$$S(x,y)=N(\|L_{\mathrm{G}}(x,y)-L_{\mathrm{m}}\|) \tag{5.22}$$

式中，L_{m} 为 CIELab 色彩空间图像特征向量的均值；$L_{\mathrm{G}}(x,y)$ 为原始图像的高斯模糊；$\|\cdot\|$ 为 L_2 范数运算；$N(\cdot)$ 为归一化操作。

为简化每个钢轨波磨子区间的定位过程和减少计算量，首先利用自适应阈值分割方法，对得到的钢轨波磨显著图进行二值化，其表达式为

$$T_{\mathrm{a}}=\frac{2}{w\times h}\sum_{x=0}^{w-1}\sum_{y=0}^{h-1}S(x,y) \tag{5.23}$$

式中，w 和 h 分别为钢轨波磨图像的宽度和高度；T_{a} 为计算得到的自适应阈值。

然后利用数学形态学闭操作和标记矩阵方法，确定每个钢轨波磨子区间的位置坐标。在此基础上，根据定义计算每个钢轨波磨子区间的磨耗显著度，其表达式为

$$\mathrm{WS}_{c_i} = \mathrm{mean}(S_{c_i}), \quad i = 1,2,\cdots,k \tag{5.24}$$

针对具体的钢轨波磨磨耗情况，将波磨的严重程度划分为三个等级，分别为 level 1(轻微磨耗)、level 2(中等磨耗)和 level 3(严重磨耗)，并设计每个等级对应的隶属度函数；将计算得到的磨耗显著度值输入等级隶属度函数，并根据最大隶属原则确定每个钢轨波磨子区间的磨耗严重程度，其表达式为

$$\max(\mu_{\text{slight}}, \mu_{\text{mid}}, \mu_{\text{severe}}) = \begin{cases} \mu_{\text{slight}}, & \text{level 1} \\ \mu_{\text{mid}}, & \text{level 2} \\ \mu_{\text{severe}}, & \text{level 3} \end{cases} \tag{5.25}$$

综上，钢轨波磨严重程度评估算法的流程示意图如图 5.20 所示。

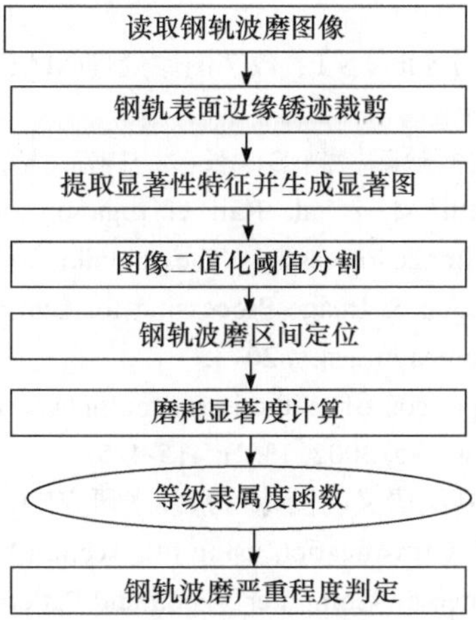

图 5.20　钢轨波磨严重程度评估算法的流程示意图

5.4　本章小结

本章对轨道线路中存在的钢轨表面剥离掉块病害和波磨病害进行识别和评估，首先研究基于最小矩形框的钢轨表面病害的特征提取，针对剥离掉块的特点，利用 Gabor 小波、共生矩阵的方法提取纹理特征，并结合高宽形状特征构建病害特征集，研究 SVM 结合高斯核与直方图交叉核的分类效果，通过 HIK 结合 SVM 实现了剥离掉块缺陷病害较高的分类准确率。针对波磨特点，首先集成多特征提取和局部约束线性编码，构建改进的空间金字塔匹配模型，实现钢轨波磨的识别检测，达到 99%的准确率；然后，介绍了一种结合图像傅里叶分析和 SNDMF 的波磨周期估计算法，检测结果与人工视觉结果相吻合；最后，讨论了一种基于视觉显著性和模糊理论相结合的钢轨波磨严重程度评估算法。

参 考 文 献

[1] 殷超. 基于机器视觉的轨道缺陷识别方法研究[D]. 兰州: 兰州交通大学, 2016.

[2] 邢丽贤. 提速条件下钢轨伤损特点及钢轨伤损分类的研究[D]. 北京: 中国铁道科学研究院, 2008.

[3] Zhang Q, Shen X Y, Xu L, et al. Rolling guidance filter[C]. European Conference on Computer Vision. Springer International Publishing, Warsaw, 2014: 815-830.

[4] Serra J. Image Analysis and Mathematical Morphology[M]. London: Academic Press, 1982.

[5] Gonzalez R C, Woods R E, Eddins S L. Digital Image Processing Using MATLAB[M]. Beijing: Publishing House of Electronics Industry, 2009.

[6] Canny J. A Computational Approach to Edge Detection[M]. San Francisco: Morgan Kaufmann, 1986.

[7] Gonzalez R C, Woods R E, Eddins S L, 数字图像处理(MATLAB 版)[M]. 阮秋琦, 等译. 北京: 电子工业出版社, 2013.

[8] 蔡南平. 基于图像的钢轨表面缺陷检测[D]. 长沙: 中南大学, 2014.

[9] Mandriota C, Stella E, Nitti M, et al. Rail corrugation detection by Gabor filtering[C]. International Conference on Image Processing, Thessaloniki, 2001: 626-628.

[10] Nixon M S. Feature Extraction & Image Processing for Computer Vision[M]. 3rd ed. Beijing: Publishing House of Electronics Industry, 2013.

[11] Hsu C W, Lin C J. A comparison of methods for multiclass support vector machines[J]. IEEE Transactions on Neural Networks, 2002, 13(2): 415-425.

[12] 吕铁超. 结合底层特征和高层语义的图像检索技术研究[D]. 重庆: 重庆大学, 2011.

[13] Maji S, Berg A C, Malik J. Classification using intersection kernel support vector machines is efficient[C]. IEEE Conference on Computer Vision and Pattern Recognition, Anchorage, 2008: 1-8.

[14] Chang C C, Lin C J. LibSVM: A library for support vector machines[J]. ACM Transactions on Intelligent Systems & Technology, 2011, 2(3): 1-27.

[15] Csurka G, Dance C, Fan L, et al. Visual categorization with bags of keypoints[C]. Proceedings of the Workshop on Statistical Learning in Computer Vision, Prague, 2004: 1-16.

[16] Lazebnik S, Schmid C, Ponce J. Beyond bags of features: Spatial pyramid matching for recognizing natural scene categories[C]. IEEE Conference on Computer Vision and Pattern Recognition, New York, 2006: 2169-2178.

[17] 黄凯奇, 任伟强, 谭铁牛. 图像物体分类与检测算法综述[J]. 计算机学报, 2014, 36(12): 1-18.

[18] Ojala T, Pietikainen M, Maenpaa T. Multiresolution gray-scale and rotation invariant texture classification with local binary patterns[J]. IEEE Transactions on Pattern Analysis & Machine Intelligence, 2002, 24(7): 971-987.

[19] Liu C, Yuen J, Torralba A, et al. SIFT flow: Dense correspondence across different scenes[C]. European Conference on Computer Vision, Marseille, 2008: 28-42.

[20] Kanungo T, Mount D M, Netanyahu N S, et al. An efficient k-means clustering algorithm: Analysis and implementation[J]. IEEE Transactions on Pattern Analysis and Machine Intelligence, 2002, 24(7): 881-892.

[21] Wang J J, Yang J C, Yu K, et al. Locality-constrained linear coding for image classification[C]. IEEE Conference on Computer Vision and Pattern Recognition, San Francisco, 2010: 3360-3367.

[22] Song K C, Yan Y H, Chen W H, et al. Research and perspective on local binary pattern[J]. Acta Automatica Sinica, 2013, 39(6): 730-744.

[23] Lowe D G. Distinctive image features from scale-invariant keypoints[J]. International Journal of Computer Vision, 2004, 60(2): 91-110.

[24] Resendiz E, Hart J M, Ahuja N. Automated visual inspection of railroad tracks[J]. IEEE Transactions on Intelligent Transportation Systems, 2013, 14(2): 751-760.

[25] Mandriota C, Nitti M, Ancona N, et al. Filter-based feature selection for rail defect detection[J]. Machine Vision and Applications, 2004, 15(4): 179-185.

[26] 李清勇，章华燕，任盛伟，等. 基于钢轨图像频域特征的钢轨波磨检测算法[J]. 中国铁道科学, 2016, 37(1): 24-30.

[27] Li Q Y, Shi Z P, Zhang H Y, et al. A cyber-enabled visual inspection system for rail corrugation[J]. Future Generations Computer Systems, 2018, 79(1): 374-382.

[28] 周建，王静安，潘如如，等. 应用频域分析与距离匹配函数的织物纹理周期测量[J]. 东华大学学报(自然科学版), 2017, 43(5): 629-633.

[29] Jiang S, Tang G A, Tao Y. Automatic extraction method for texture periodicity based on improved normalized distance matching function[J]. Pattern Recognition and Artificial Intelligence, 2014, 27(12): 1098-1104.

[30] Otsu N. A threshold selection method from gray-level histograms[J]. IEEE Transactions on Systems, Man, and Cybernetics, 2007, 9(1): 62-66.

[31] Achanta R, Hemami S, Estrada F, et al. Frequency-tuned salient region detection[C]. IEEE Conference on Computer Vision and Pattern Recognition, Miami, 2009: 1597-1604.

第 6 章　基于 3D 重构的接触线表面病害检测

在电力机车受流的过程中，受电弓碳滑板和接触网一直保持着高速摩擦的状态。在列车运行较长时间后，受电弓碳滑板和接触网都可能存在各种磨耗病害。受电弓可以在电力机车进入车辆段时进行检修，而接触网位于轨道上方，只有在地铁停止运营期间才能进行检修，并且由于接触线很长，检修任务极其繁重，所以对城市轨道接触网的在途自动检测算法的研究很有必要。

本章首先介绍双目立体视觉的基础理论，包括相机成像模型、相机标定方法和立体成像理论等；然后介绍双目立体视觉中的关键立体匹配算法；最后根据双目立体视觉理论，搭建立体成像系统，并在实验室环境下拍摄接触网图像及进行表面三维重建，同时定义基于三维模型的接触网病害数学表示方法，对不同类型的接触网病害进行检测。

6.1　双目立体视觉概述

6.1.1　相机成像模型

双目立体视觉隶属于计算机视觉领域，双目成像理论是在基础相机成像理论的基础上发展起来的。相机的成像过程是将三维世界中的物体映射到相机的二维成像平面，本节主要介绍基本的线性与非线性相机成像模型及其常用坐标系和相互变换关系。

1. 线性相机成像模型

根据凸透镜成像理论，在物距远大于两倍焦距的情况下，这一投影成像过程可以近似看作线性的[1]。在理想相机成像模型中，特征点与成像点之间是一种线性成像关系。光线从很远的场景发射过来，通过相机透镜光心投影到成像平面，这就是最简单和最基本的针孔摄像机模型，如图 6.1 所示。

图 6.1 中，f 代表摄像机焦距，Z 代表点 P 到透镜平面的距离，X 代表物体长度，x 代表成像平面上的物体长度。根据三角形相似原理，可以很容易得到 x 和 X 的关系，数学表达式为

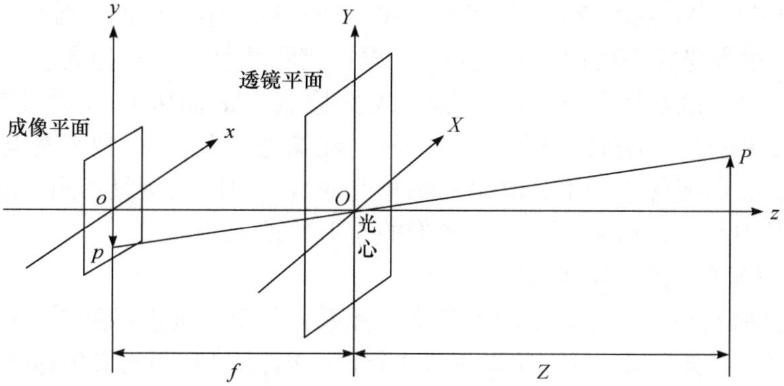

图 6.1　针孔摄像机模型

$$\frac{x}{f}=\frac{X}{Z} \tag{6.1}$$

为了计算方便，使得数学表达式更简单和直观一些，将式(6.1)整理成另外一种等价形式。对式(6.1)进行拓展，根据图 6.1 所示模型，在实际世界中的任意一点 P 和成像平面上点的集合关系的表达式为

$$\begin{cases} x=\dfrac{fX}{Z} \\ y=\dfrac{fY}{Z} \\ Z=f \end{cases} \tag{6.2}$$

在线性相机成像模型的建立过程中，有四个常用的坐标系，分别是像素坐标系、图像坐标系、相机坐标系和世界坐标系[2]，如图 6.2 所示。在描述物体成像关系的过程中，经常需要用到这几个坐标系之间的相互变换关系。

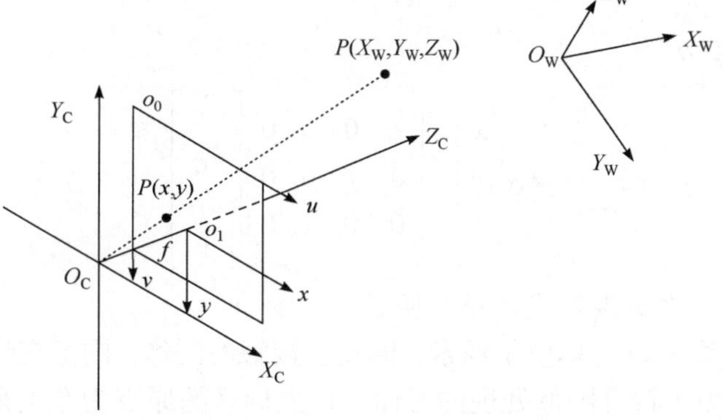

图 6.2　常用坐标系示意图

图 6.2 中，O_W-$X_WY_WZ_W$ 为世界坐标系，表示空间中物体的三维坐标，对于不同物体，其世界坐标系可以有不同定义，根据实际情况定义较为灵活。O_C-$X_CY_CZ_C$ 为相机坐标系，该坐标系以摄像机光心 O_C 为原点，X_C 轴和 Y_C 分别与图像坐标系的 x 轴和 y 轴平行，Z_C 轴与相机光轴平行。图像坐标系 o_1-xy 和像素坐标系 o_0-uv 在同一平面，即成像平面上，其坐标轴相互平行，但原点位置不同，前者原点位于成像平面中心点，后者原点位于图像的左上角顶点处。

1) 世界坐标系到相机坐标系变换

世界坐标系和相机坐标系均为三维坐标系，两个三维坐标系之间的坐标变换可以用旋转平移矩阵来表示，所以世界坐标$(X_W,Y_W,Z_W,1)^T$和相机坐标$(X_C,Y_C,Z_C,1)^T$之间变换关系的齐次坐标表示为

$$\begin{bmatrix} X_C \\ Y_C \\ Z_C \\ 1 \end{bmatrix} = \begin{bmatrix} a_{11} & a_{12} & a_{13} & t_x \\ a_{21} & a_{22} & a_{23} & t_y \\ a_{31} & a_{32} & a_{33} & t_z \\ 0 & 0 & 0 & 1 \end{bmatrix} \begin{bmatrix} X_W \\ Y_W \\ Z_W \\ 1 \end{bmatrix} = \begin{bmatrix} R & t \\ 0^T & 1 \end{bmatrix} \begin{bmatrix} X_W \\ Y_W \\ Z_W \\ 1 \end{bmatrix} \tag{6.3}$$

式中，R 和 t 分别为旋转矩阵和平移向量。

2) 相机坐标系到图像坐标系变换

相机坐标系为三维坐标系，图像坐标系为二维坐标系，由图 6.2 可知，相机坐标系原点和图像坐标系原点的距离为焦距 f，且相机坐标系的 X_C 轴和 Y_C 轴分别与图像坐标系的 x 轴和 y 轴平行。在相机坐标系上的一个点$(X_C, Y_C, Z_C)^T$与图像坐标系上的一个点$(x, y, f)^T$之间，根据三角形相似原理，有

$$\begin{cases} \dfrac{x}{f} = \dfrac{X_C}{Z_C} \\ \dfrac{y}{f} = \dfrac{Y_C}{Z_C} \end{cases} \tag{6.4}$$

使用齐次坐标表示为

$$Z_C \begin{bmatrix} x \\ y \\ 1 \end{bmatrix} = \begin{bmatrix} f & 0 & 0 & 0 \\ 0 & f & 0 & 0 \\ 0 & 0 & 1 & 0 \end{bmatrix} \begin{bmatrix} X_C \\ Y_C \\ Z_C \\ 1 \end{bmatrix} \tag{6.5}$$

3) 图像坐标系到像素坐标系变换

像素坐标系 o-uv 的单位是像素，即直接接触的图像。图像在计算中是由像素矩阵表示的，为了符合图像处理的习惯，该坐标系的原点为左上角，每个像素点的坐标(u, v)分别代表像素点在图像中的行号和列号，每个像素点的值为图像的灰

度值，像素矩阵的行和列分别对应图像的高度和宽度。相机的成像传感器有一定的尺寸，根据这一尺寸和图像尺寸的大小，即可建立毫米和像素之间的关系，如图 6.3 所示。

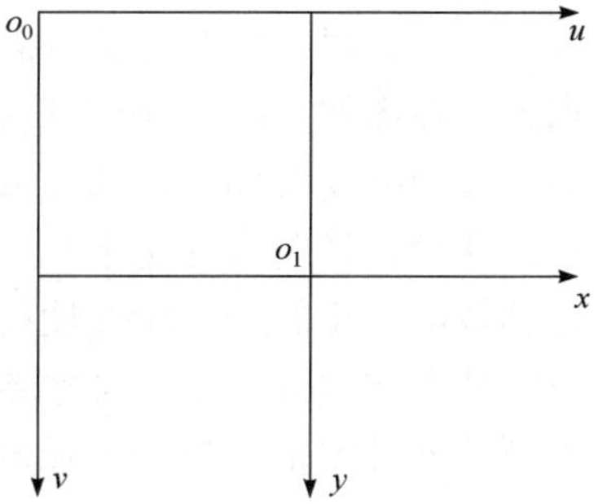

图 6.3　图像坐标系和像素坐标系之间的关系

其齐次表达式形式为

$$\begin{bmatrix} u \\ v \\ 1 \end{bmatrix} = \begin{bmatrix} \dfrac{1}{\mathrm{d}x} & 0 & u_0 \\ 0 & \dfrac{1}{\mathrm{d}y} & v_0 \\ 0 & 0 & 1 \end{bmatrix} \begin{bmatrix} x \\ y \\ 1 \end{bmatrix} \tag{6.6}$$

式中，$\mathrm{d}x$ 和 $\mathrm{d}y$ 分别为每一个像素在 x 轴和 y 轴上的实际尺寸，其单位为 mm/像素；u_0 和 v_0 为两个坐标系的原点偏移量。

综合以上分析，对于三维世界中任意一个点的坐标，其与图像上对应点坐标的变换关系为

$$Z_{\mathrm{C}} \begin{bmatrix} u \\ v \\ 1 \end{bmatrix} = \begin{bmatrix} \dfrac{1}{\mathrm{d}x} & 0 & u_0 \\ 0 & \dfrac{1}{\mathrm{d}y} & v_0 \\ 0 & 0 & 1 \end{bmatrix} \begin{bmatrix} f & 0 & 0 & 0 \\ 0 & f & 0 & 0 \\ 0 & 0 & 1 & 0 \end{bmatrix} \begin{bmatrix} R & t \\ 0^{\mathrm{T}} & 1 \end{bmatrix} \begin{bmatrix} X_{\mathrm{W}} \\ Y_{\mathrm{W}} \\ Z_{\mathrm{W}} \\ 1 \end{bmatrix} \tag{6.7}$$

$$\begin{bmatrix} u \\ v \\ 1 \end{bmatrix} = \lambda \begin{bmatrix} \dfrac{1}{\mathrm{d}x} & 0 & u_0 \\ 0 & \dfrac{1}{\mathrm{d}y} & v_0 \\ 0 & 0 & 1 \end{bmatrix} \begin{bmatrix} f & 0 & 0 \\ 0 & f & 0 \\ 0 & 0 & 1 \end{bmatrix} \begin{bmatrix} R & t \end{bmatrix} \begin{bmatrix} X_{\mathrm{W}} \\ Y_{\mathrm{W}} \\ Z_{\mathrm{W}} \\ 1 \end{bmatrix} = \lambda K \begin{bmatrix} R & t \end{bmatrix} \begin{bmatrix} X_{\mathrm{W}} \\ Y_{\mathrm{W}} \\ Z_{\mathrm{W}} \\ 1 \end{bmatrix} \tag{6.8}$$

式中，$K = \begin{bmatrix} f_x & 0 & c_x \\ 0 & f_y & c_y \\ 0 & 0 & 1 \end{bmatrix}$为相机的内部参数矩阵。

2．非线性相机成像模型

在实际的成像模型中，由于装配过程中相机光学系统存在一定的机械误差，真实投影过程并非完全线性投影过程，而是存在一定程度的线性扭曲，这种现象称为光学畸变。光学畸变会导致实际成像点和理想线性相机成像模型中的成像点不是同一点，在成像平面中存在一定的径向误差或切向误差，并且越远离图像中心，光学畸变越严重，图像边缘区域畸变最为明显，因而在实际场景中非线性相

机成像模型使用较多。

一般来说，光学畸变包括径向畸变和切向畸变两种[3,4]。径向畸变指的是空间点投射在图像上的点偏离其实际位置而向光轴与成像平面的交点靠近或远离的现象，径向畸变又称枕形畸变或桶形畸变。透镜光学中心的径向畸变为 0，随着向边缘移动，径向畸变越来越严重。径向畸变关于光轴严格对称，且有正、负两种偏移效应。正的径向畸变使得外部点向外扩散，尺寸随之变大。负的径向畸变使得外部点向内部集中，尺寸随之变小。在实际情况中，用 $r=0$ 位置周围泰勒级数展开的前几项来定量描述径向畸变。通常，成像仪上某点的径向位置校正的计算公式为

$$\begin{cases} x_{\mathrm{c}} = x(1+k_1r^2+k_2r^4+k_3r^6) \\ y_{\mathrm{c}} = y(1+k_1r^2+k_2r^4+k_3r^6) \end{cases} \tag{6.9}$$

式中，(x, y)为畸变点在成像平面上的原始坐标；$(x_{\mathrm{c}}, y_{\mathrm{c}})$为经过校正后的坐标；$r$ 为径向半径；k_1、k_2 和 k_3 为非线性畸变参数。通常情况下只使用前两项 k_1 和 k_2。

此外，相机器件和镜头的制造缺陷及安装误差等因素的影响，会使图像产生另外一种形式的畸变，它既产生径向位置的偏差又产生切向位置的偏差。一般来说，相机的切向畸变相对于径向畸变较小。实际中，对切向畸变不做处理而主要对径向畸变进行修正。径向畸变修正量的表达式为

$$\begin{cases} x_{\mathrm{c}} = x+[2p_1y+p_2(r^2+2x^2)] \\ y_{\mathrm{c}} = y+[2p_2x+p_1(r^2+2y^2)] \end{cases} \tag{6.10}$$

式中，p_1、p_2 为非线性畸变参数。

对于非线性相机成像模型，其内部参数由线性相机成像模型的内部参数与径向畸变参数和切向畸变参数共同构成。

6.1.2 相机标定方法

1. 常见相机标定方法

立体测量的目的是从相机的图像信息中计算出三维空间物体的几何信息，而相机成像几何模型决定了物体表面某点的三维几何位置及其与图像中对应点之间的相互关系。在三维测量前需要确定相机成像几何模型的各个参数，包括内部参数、外部参数、畸变参数等，而这个过程称为相机标定。目前，常用的相机标定方法可以分为三大类：传统相机标定方法、主动视觉相机标定方法和相机自标定方法[5]。

传统相机标定方法需要利用具有确定结构信息的景物，常使用标定块。它基于一定的相机模型，通过特定的实验条件，如具有确定结构信息(形状、位置、大

小)的标定物，利用一系列的计算和变换方法(分为最优化算法的标定方法、利用相机透视变换矩阵的标定方法、进一步考虑畸变补偿的两步法和采用更为合理的相机模型的双平面标定方法)对其进行图像处理，进而求得相机模型的内部参数和外部参数。传统相机标定方法的优点是适用于任意的相机模型，且标定精度较高；其缺点是标定程序复杂，同时要求有高精度的确定结构信息的标定物，这将给一些实际应用(如空间机器人、危险恶劣环境下工作的机器人)带来很大的麻烦。根据标定物的维度可以将传统相机标定方法分为三类：基于一维标定物的相机标定方法、基于二维标定物的相机标定方法和基于三维标定物的相机标定方法[6]。

主动视觉相机标定方法是指利用相机的某些运动信息来标定相机。该方法需要将相机固定于一个可以被精确控制的平台上，平台参数可以从计算机中精确读取，而后利用相机做特殊的运动来获取多幅图像，从而由已知的相机运动参数和图像计算出相机的内部参数和外部参数。主动视觉相机标定方法的特点是需要已知定量化相机的某些运动信息。它的优点是通常可以线性求解，因此计算结果稳定性高，鲁棒性也较高；缺点是不适用于相机运动信息未知或相机运动情况无法控制的场合。主动视觉相机标定方法主要有三种：基于相机纯旋转运动的标定方法、基于相机纯平移的标定方法、基于相机正交运动的标定方法。

相机自标定方法是一种利用多幅图像之间的对应关系而不需要标定物的相机标定方法。传统相机标定方法必须利用一个标准的标定物以获得标准的三维信息，而相机自标定方法不需要知道准确的三维信息，只是试图利用从图像序列中得到的约束关系来计算相机的模型参数。这种方法使得在线、实时的标定相机模型参数成为可能。其优点是仅需要建立图像之间的对应关系进行求解，因而具有灵活性强、潜在应用范围广的优点；缺点是这种标定方法是一种非线性标定，精度较低、鲁棒性不高，因此在对精度要求不高的情况下可以使用该方法。相机自标定方法目前主要有利用本质矩阵和基本矩阵的相机标定方法、基于绝对二次曲线和外极线变换性质的标定方法、基于多幅图像之间的直线对应关系的相机标定方法。

2. 立体标定

对于双目立体视觉系统，除了对单一相机进行标定外，还需要对两台相机的几何关系进行计算，这一过程为立体标定。通常立体标定的任务是计算两个相机所在相机坐标系的旋转矩阵 R 和平移矩阵 T，如图 6.4 所示。

假定双目立体视觉系统中左右两个相机的外部参数分别为 R_l、T_l 和 R_r、T_r，其中，R_l、T_l 和 R_r、T_r 分别代表左右相机与同一个世界坐标系之间变换的旋转矩阵和平移矩阵。给定世界坐标系中的任意一点 P，其在左右相机坐标系下的坐标分别为 P_l 和 P_r，其世界坐标系的数学表达式为

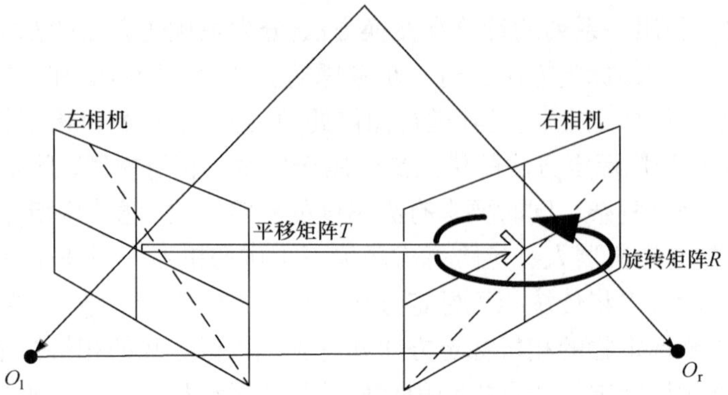

图 6.4　双目立体视觉系统中两个相机的空间关系

$$P_l = R_l P + T_l, \quad P_r = R_r P + T_r \tag{6.11}$$

对于左右相机坐标系下的坐标，其关系的数学表达式为

$$P_l = R^{\mathrm{T}}(P_r - T) \tag{6.12}$$

由式(6.11)和式(6.12)可得

$$P_l = R_r(R_l)T, \quad T = T_r - RT_l \tag{6.13}$$

6.1.3　立体成像理论

经过之前的矫正后，假设现在双目立体标准实验台已经是无畸变、相互对准的理想实验台，两台相机的成像平面位于同一平面上，两个相机的光轴也严格平行，相机之间的基准距离固定，并且两台相机的属性完全一致，主要是焦距相同且主点对准，立体成像示意图如图 6.5 所示。

进一步假设左右相机拍摄的两幅图像是严格行对准的，即一台相机的像素行和另一台相机的像素行对准，这样有利于对左右图像的像素进行匹配，提高成像效率。对于世界坐标系中的任意一点 P，其在左右相机坐标系下的坐标分别为 P_l 和 P_r，相应的横坐标分别为 x_l 和 x_r，即分别代表在左右相机成像平面上的水平位置。立体成像基于三角测量法，这里引入视差的概念，视差即某点在左右相机成像平面上的横坐标之差，即 $d = x_l - x_r$，根据图 6.5，利用相似三角形原理，可以很容易推导出

$$\frac{T-(x_l - x_r)}{Z-f} = \frac{T}{Z} \Rightarrow Z = \frac{fT}{x_l - x_r} \tag{6.14}$$

式中，T 为左右相机的基础距离；Z 为物体和基准线之间的距离；f 为左右相机成像和基准线之间的距离。

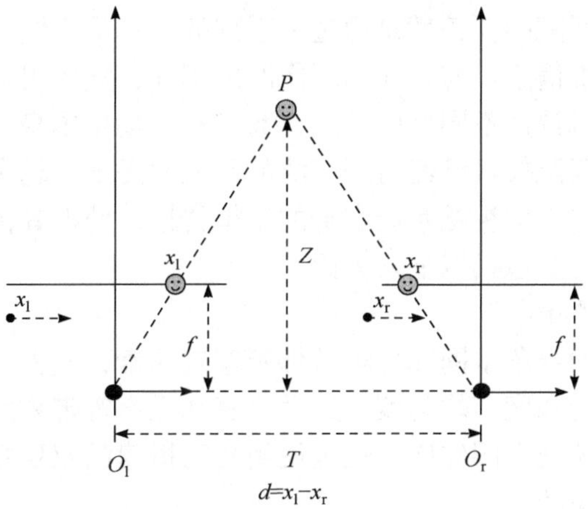

图 6.5　立体成像示意图

由式(6.14)可知，已知某点在左右相机坐标系下的坐标及相机之间的基准距离，即可很容易地计算出物体到系统基准线的距离(深度)。对于一个场景，如果其中每一点在左右图像上都能成功匹配，得到整个场景的深度图，就可对场景进行进一步的三维重建。因为深度和视差之间是反比关系，所以当视差非常接近 0，即物体距离较远时，极其细小的视差变化都会导致很大的深度变化；当视差较大，即物体距离较近时，细小的视差变化则不会引起很大的深度变化。因此，对于双目立体视觉系统，当物体与相机之间的距离较近时，才具有比较高的深度测量精度。

6.2　立体匹配算法

6.2.1　立体匹配概念

1. 立体匹配基本概念

立体匹配一直是计算机视觉中最基本和最广泛的研究问题之一，目的是从左右图像对中找到匹配点，输出结果是视差图，用于恢复场景中的三维结构。下面首先对立体匹配的基本概念进行叙述；然后，分析比较几种立体匹配算法，重点研究基于区域的密集立体匹配算法；接着，通过对开源数据集(如 Middlebury 数据集)中的标准立体图像对进行测试，利用客观评价方法与主观评价方法分别对影响该算法精度的两个重要参数进行分析，得出最优窗口大小和相似性测度；最后，在此基础上得到初始视差图，通过可靠性检测和子像素插值处理对视差图进行改良，以得到更准确的视差图。

图像获取过程是以损失场景深度信息为代价的，由三维世界到二维相机平面的投影过程。立体匹配的任务就是通过一系列的计算从不同视角拍摄的二维图像中恢复出场景的三维信息。与普通的图像匹配不同，立体视觉图像对之间的差异是由图像采集时相机视角不同所引起的，而不是由场景本身的变化或运动所引起的。虽然目前立体匹配技术已经得到广泛的研究并提出了越来越高效、快速的立体匹配算法，但双目立体视觉系统本身的结构特性，使得其仍然需要面对许多具有挑战性的难题，主要包括以下几方面。

1) 光学失真和噪声

立体视觉相机的视角不同和环境条件等客观因素，使得立体匹配过程中图像会受到光照亮度、饱和度、均匀度、光学失真和噪声等带来的干扰。这种情况无论是使用标准的立体视觉图像库，还是使用自己搭建的双目立体视觉系统采集的图像，都是不可避免的。

2) 平滑表面的镜面反射

对于表面光滑的物体，在相机的拍摄角度和光照条件配合不好的情况下会产生镜面反射现象，进而使得立体匹配变得很困难。因此，在实际构造双目立体视觉系统时，要针对立体视觉所需要检测物体的性质，设计良好的光照条件和合适的成像角度，尽可能避免发生镜面反射。

3) 投影缩减

投影缩减是指在拍摄物体图像时，如果物体不平行于双目立体视觉系统，则双目立体视觉系统的左右相机的视角差异将导致物体在左右相机上所形成的图像的物体大小和长度等不一致。

4) 弱纹理或重复纹理区域

目前，对纹理还没有一个统一、正式的定义。弱纹理通常是指物体表面本身光滑、缺乏可区分度的特征或变化使得图像上相应的成像区域难以提取出有区别度的形状、粒度或者灰度变化等特征。在这些区域寻找匹配点时，会出现不止一个像素点与其相对应或是没有相对应的判别准则能够区分其最佳匹配点。灰度一致性约束在无纹理区域是无用的。

5) 重叠与遮挡

重叠与遮挡主要发生在深度不连续区域。当双目立体视觉系统视场中有多个不同深度的物体在双目立体视觉系统中成像时，距离相机较近的物体对距离较远的物体的遮挡，使得视角不同的左右相机图像上距离相机较远的物体的一部分在左图像上可见而在右图像上不可见或者相反。因此，立体匹配任务关键是在图像中找到被遮挡的区域，即深度不连续的区域，以免产生误匹配。

2. 立体匹配算法流程

从本质上看，立体匹配算法就是以最小的代价在双目立体视觉系统的两幅图像上精确地寻找统一物点的成像点，找到一条最优的线路，因此立体匹配算法的设计就是构造一个优化模型，找到一条最优的线路。文献[7]中对立体匹配算法进行了分类和归纳，并总结出了立体匹配算法可分解的四个基本步骤：匹配代价计算、匹配代价聚合、视差计算和视差精化，但不是所有的立体匹配算法都包括这四个基本步骤并且顺序一致，每种立体匹配算法所包含的步骤依其具体情况而定，以下进行详细介绍。

1) 匹配代价计算

匹配代价是指两个点的相似程度，两点之间越相似，匹配率越高。该步骤可获得图像上所有孤立像素的视差值。

2) 匹配代价聚合

该步骤通过某种形式的计算来聚合像素及其局部邻域的代价，例如，求和、平均或者向每个像素的成本重复添加其相邻像素成本的加权值。基于灰度差绝对值(absolute difference，AD)来计算匹配代价时，聚合的结果就称为绝对误差和(sum of absolute difference，SAD)。

3) 视差计算

该步骤是立体匹配中的关键一步，通过各种立体匹配算法并采用不同的计算方法进行视差计算，后续内容会详细介绍。

4) 视差精化

视差精化是得到初始视差之后的步骤。其常用的方法包括子像素插值和左右一致性检测等，能够消除噪声，使最后得到的视差图像质量有所提升。

3. 立体匹配算法约束

从本质上说立体视觉是三维成像的逆过程。从客观世界三维场景到相机成像平面的透视投影过程中损失了场景中物体的空间信息，因此其逆过程便具有了不确定性的固有属性。立体匹配中的不确定性问题主要包括匹配多义性和误匹配等情况。匹配多义性指的是一幅图像的像素点在对应的立体图像对中存在多个像素点与它匹配。对于遮挡区域的点，原本应该是没有匹配点对的，但计算的结果却在遮挡区域存在匹配点对，这就是误匹配现象。立体视觉中，这种不确定性对立体匹配提出了严峻的考验，其中就形成了歧义匹配和病态匹配的问题。为解决立体匹配过程中的歧义匹配和病态匹配，国内外的研究人员提出了许多约束条件，这在帮助解决问题的同时提高了立体匹配的精度和效率[8]。常见的约束有以下四种：

1) 极线约束

极线约束要求空间任何一个物点在两幅图像上的投影都在其相应的极线上，这样在另一幅图像上搜索匹配点时，搜索范围可以被限制为只在极线上，把二维的搜索变成了一维的搜索，并且提高了匹配的精度，简化了算法的复杂度和缩短了程序的运行时间，使实时立体匹配算法的实现成为可能，这种约束一般通过立体校正来实现。

2) 唯一性约束

唯一性约束要求场景中物点的位置是唯一确定的，因此某一幅图像上的基元只能与另一幅图像中的一个基元相匹配，即两幅图像间的像素点是一一对应的关系。

3) 视差连续性约束

视差连续性约束要求由物体表面不平整引起的变化或由观察者到物体表面的距离变化造成的差异与物体表面到摄像机的距离相比较可以忽略不计，即可以认为一般区域内像素的视差值的变化应该是平滑的，视差值没有在同一个物体表面出现大的跳跃变化，除了遮挡区域和视差不连续区域外。

4) 顺序一致性约束

顺序一致性约束要求位于其中某幅图像上的一系列匹配点和另一幅图像上对应的匹配点在极线上的顺序是相同的，这样的约束符合人们日常的认知，在空间位置上为立体匹配算法提供了相应的约束，降低了基元在匹配时可能引发的歧义性。

6.2.2　常见立体匹配算法

根据算法是否使用全局优化函数，立体匹配算法可分为两大类：局部立体匹配算法和全局立体匹配算法。其中，局部立体匹配算法又称为基于窗口的算法，在计算视差时，通常只依赖有限窗口内像素的亮度值，通过隐式的窗口内像素平滑假定，计算窗口内像素的匹配代价，并得到初步的代价聚合，计算每个像素在视差范围内每个可能视差的代价聚合值，为窗口中心像素选取最佳匹配视差。全局立体匹配算法通过显式的平滑假设，解决视差最优化问题。这种算法通常不执行聚合步骤，而是寻求一种视差分配、最小化数据和平滑条件组合在一起的全局代价函数。现有算法之间的主要区别在于所使用的最小化过程，如模拟退火、概率扩散或图割。在局部立体匹配算法和全局立体匹配算法这两个宽泛的分类之间，还有一些分类不甚明确的算法，它们没有一个明确的需要最优化的全局函数，但是它们的行为与全局立体匹配算法的迭代优化非常相似。局部立体匹配算法和全局立体匹配算法在运算速度和准确度方面各有优势，通常局部立体匹配算法的准确度较低，运行速度较快；全局立体匹配算法的准确度较高，运行速度较慢[9-11]。

1. 局部立体匹配算法

局部立体匹配算法利用兴趣点周围的局部信息进行计算，涉及信息量较少，相应的计算复杂度较低，大多实时性平台借鉴了此算法的思想。但其对噪声较敏感，对无纹理区域、视差不连续区域和遮挡区域匹配效果不理想。下面将局部立体匹配算法主要分为两类：

1) 区域立体匹配算法

区域立体匹配算法是先通过确定源图像上的一个像素点，并在该像素点周围选取一个子窗口，然后在目标图像的区域内寻找与该子窗口最为相似的窗口，匹配得到的窗口对应的像素点就是该像素的匹配点。该算法在时间复杂度上比较小，但是对弱纹理区域匹配效果不太理想，受环境影响比较大，如光照、遮挡等影响。在进行立体匹配时，子窗口大小的选择也成为一个难点。目前研究普遍利用视差估计、窗口视差近似等方法获得具有自适应性的窗口，并在此基础上改进算法。

区域立体匹配算法的一个突出缺点是，对于无纹理区域，相关函数变化的锐度不够以及难于保留深度不连续特性，使得不能取得精确的匹配结果。

2) 特征立体匹配算法

特征立体匹配算法主要利用图像的几何特征信息，根据几何特征信息进行视差的估计。所以，在进行匹配时，要先进行特征点的提取，并根据特征点建立物体的稀疏三维轮廓，如果想要得到稠密的立体图，则需要进行相应的插值运算。特征立体匹配算法更多强调的是物体的结构信息，这些算法的共同点是先对图像进行加工，对潜在的新型特征进行匹配，使计算复杂度和匹配效果得到不同程度的改进。在此主要讨论较受关注的两类算法：分级特征立体匹配算法和基于分段的特征立体匹配算法。

分级特征立体匹配算法的思想是，首先用高层次特征进行粗糙匹配，并指导后续匹配；然后对没有匹配的区域用低层次特征进行再匹配；最终将所有信息融合，产生的视差图将满足全局一致性约束条件。这样逐层分级、由粗到精的策略显著减小了搜索空间，从而降低了计算复杂度。

基于分段的特征立体匹配算法的思想是，首先采用多路分割思想把图像分割成不同的段，对同一区域像素加以相同标号；然后迭代计算两幅图像对应段的仿射转换参数，合并每次迭代后具有相同参数的段。因这类算法基于在同一段中视差连续的假设，故降低了整体深度不连续的敏感性，保证了每段视差光滑，但如何解决提高分段质量与减少计算代价之间的矛盾，是提高其性能首要考虑的问题。

特征匹配主要存在两点不足：①图像特征的稀疏性决定特征匹配只能得到稀疏视差图，要得到稠密视差图需附加较为复杂的插值过程，因此常规的特征算法往往难以达到预期效果，结合各算法优点的混合特征算法值得关注；②特征匹配结果的性能紧密依赖特征提取的精度。

2. 全局立体匹配算法

全局立体匹配算法利用对应扫描线或整个图像数据信息进行计算，着重解决图像中不确定区域的匹配问题，能到达全局最优解。全局立体匹配算法的本质是将对应点的匹配问题转换为寻找某一能量函数的全局最优问题，通常跳过代价聚合步骤，直接计算视差值。动态规划、图割法和置信度传播等算法是比较经典的全局立体匹配算法，对于实时性要求不高的情况，可以优先考虑全局立体匹配算法，以获得比较理想的立体匹配效果。对经典的全局立体匹配算法介绍如下。

1) 基于动态规划的立体匹配算法

基于动态规划的立体匹配算法的本质是在左右图像对应扫描线上寻找最小匹配代价路径。常在视差空间图中应用连续性约束和顺序约束，由全局代价函数决定匹配代价，规划出的路径由趋于具有最小代价的匹配点集合构成。基于动态规划的立体匹配算法能有效降低计算复杂度。假设扫描行上有 N 个像素，视差搜索范围为 D，则求解所有像素视差的计算复杂度为 $O(D^N)$，而利用基于动态规划的立体匹配算法的计算复杂度仅为 $O(DN^2)$。另外，基于动态规划的立体匹配算法为局部无纹理区域提供了全局支持，从而提高了匹配精度。基于动态规划的立体匹配算法的最大局限是不能有效融合水平方向和垂直方向连续性约束。单点像素的错误匹配将会影响同一扫描线上后续像素的匹配，不仅使视差图上带有明显的条状瑕疵，而且造成匹配精度较低。

2) 基于图割法的立体匹配算法

为解决基于动态规划的立体匹配算法不能充分融合水平方向和垂直方向连续性约束问题，将匹配问题看成利用这些约束在图中寻求最小割问题。根据 Ford 和 Fulkerson 的最大流-最小割理论，最小割问题便可转换为最大流问题来处理。基于图割法的立体匹配算法基本思想是将立体匹配问题转化为一种能量函数的形式，根据能量函数构造合适的图，求其最小割(最大流)。

最近研究主要体现在新型构图框架和能量最优化算法上。基于图割法的立体匹配算法的特性表现在：其一，当构造能量函数用于图割求解时，其本身必须满足一定的约束条件；其二，不同的能量函数有着不同的构图方式。

3) 基于置信度传播的立体匹配算法

基于置信度传播的立体匹配算法由马尔可夫随机场模型组成。其将像素点作为网络传输的节点，每个节点包含数据信息和消息信息两种，分别保存像素的视差值和每个节点的信息值。基于置信度传播的立体匹配算法通过像素在四邻域网格上进行匹配，在匹配的时候设定编号的模型，对编号相同的点进行搜索。它的消息值是自适应的，在低纹理区域能够将消息传播到很远。虽然匹配的精度提高了，但由于单个像素点容易产生误匹配，并且进行的是全局图像像素的搜索，算法的计算复杂度非常大。因此，如何快速有效地运用该算法也成为研究的热点。

6.3　接触线 3D 重构及病害分析

前面介绍了双目立体视觉基础理论，以及相机标定、立体匹配算法等内容，本节主要介绍如何将其应用在城市轨道刚性接触网的表面 3D 重构及进一步的病害检测中。

6.3.1　系统搭建及标定

本系统采用两个相同型号的相机，其分辨率为 1280 像素×1024 像素，镜头定焦 25mm。利用相机支架固定相机，并调整相机位置及角度等参数。在实验室环境下，为了检测接触网状态，将该设备安装在模拟车顶，向上拍摄接触网图像。

在拍摄图像之前，需要对系统进行标定，本章使用的相机标定方法是经典的“张正友标定法”[12,13]。该标定法是张正友教授提出的一种基于单平面棋盘格的相机标定方法，此方法介于传统标定方法和自标定方法之间，但是克服了传统标定方法需要用到高精度标定物的缺点，仅需要一个打印出来的黑白棋盘格即可，该方法操作方便，同时与自标定方法相比精度更高，因此成为计算机视觉研究中实用性最好、应用最广泛的相机标定方法之一。标定所用棋盘格如图 6.6 所示。

图 6.6　标定所用棋盘格

“张正友标定法”是一种两步标定方法：第一步是对相机的参数进行一个初始的估计；第二步是利用一个优化函数对第一步计算得到的参数进一步迭代优化。下面对这两步分别进行介绍。

1) 相机参数初始估计

假定所用的棋盘模板平面是放置在世界坐标系 Z 坐标为 0 的平面，根据前面对相机模型的介绍，这里的相机成像模型可以简化为

$$\begin{bmatrix} u \\ v \\ 1 \end{bmatrix} = \lambda K \begin{bmatrix} r_1 & r_2 & r_3 & t \end{bmatrix} \begin{bmatrix} X_W \\ Y_W \\ 0 \\ 1 \end{bmatrix} = \lambda K \begin{bmatrix} r_1 & r_2 & t \end{bmatrix} \begin{bmatrix} X_W \\ Y_W \\ 1 \end{bmatrix} \tag{6.15}$$

设$H = [h_1 \quad h_2 \quad h_3] \lambda K \begin{bmatrix} r_1 & r_2 & t \end{bmatrix}$，则有$r_1 = (1/\lambda)K^{-1}h_1$、$r_2 = (1/\lambda)K^{-1}h_2$。棋盘格长度已知，在棋盘模板平面上设定一个空间原点，则可得到每个棋盘格的三维空间点坐标；通过对棋盘格图像进行角点检测，同样可以得到每个棋盘格像素坐标系下的坐标，这样，H就可以利用最小二乘法或其他优化算法求解出来。

由于旋转矩阵是正交矩阵，正交矩阵任意两个行向量或列向量相互正交，且任意一个行向量或列向量的模为 1，即具有$r_1^{\mathrm{T}} r_1 = r_2^{\mathrm{T}} r_2$或$\|r_1\| = \|r_2\| = 1$的性质，所以对于每幅图像，其对内部参数矩阵都有两个最基本的约束，其表达式为

$$\begin{cases} h_1^{\mathrm{T}} K^{\mathrm{T}} K^{-1} h_2 = 0 \\ h_1^{\mathrm{T}} K^{\mathrm{T}} K^{-1} h_1 = h_2^{\mathrm{T}} K^{\mathrm{T}} K^{-1} h_2 \end{cases} \tag{6.16}$$

令$B = K^{\mathrm{T}} K^{-1}$，有

$$B = K^{\mathrm{T}} K^{-1} = \begin{bmatrix} B_{11} & B_{12} & B_{13} \\ B_{21} & B_{22} & B_{23} \\ B_{31} & B_{32} & B_{33} \end{bmatrix} = \begin{bmatrix} \dfrac{1}{f_x^2} & 0 & \dfrac{-c_x}{f_x^2} \\ 0 & \dfrac{1}{f_y^2} & \dfrac{-c_y}{f_y^2} \\ \dfrac{-c_x}{f_x^2} & \dfrac{-c_y}{f_y^2} & \dfrac{c_x}{f_x^2} + \dfrac{c_y}{f_y^2} + 1 \end{bmatrix} \tag{6.17}$$

由于B是一个正交矩阵，是堆成的，所以实际上其只有 6 个不同元素，可重新排列成一个 6 维向量$b = \begin{bmatrix} B_{11} & B_{12} & B_{22} & B_{13} & B_{23} & B_{33} \end{bmatrix}^{\mathrm{T}}$。对于式(6.16)所列出的两个约束条件，有一个通用形式$h_i^{\mathrm{T}} B h_j$，展开矩阵，并结合重新排列B得到的新向量b，有

$$h_i^{\mathrm{T}} B h_j = v_{ij}^{\mathrm{T}} b = \begin{bmatrix} h_{i1} h_{j1} \\ h_{i1} h_{j2} + h_{i2} h_{j1} \\ h_{i2} h_{j2} \\ h_{i3} h_{j1} + h_{i1} h_{j3} \\ h_{i3} h_{j2} + h_{i2} h_{j3} \\ h_{i3} h_{j3} \end{bmatrix}^{\mathrm{T}} \begin{bmatrix} B_{11} \\ B_{12} \\ B_{22} \\ B_{13} \\ B_{23} \\ B_{33} \end{bmatrix} \tag{6.18}$$

由此，可以将式(6.18)改写为

$$\begin{bmatrix} v_{12}^{\mathrm{T}} \\ (v_{11}-v_{12})^{\mathrm{T}} \end{bmatrix} b = 0 \tag{6.19}$$

如果同时得到 K 个棋盘格图像且 $K \geqslant 2$，则可求得 b 的解。相机的内部参数就可以直接从 B 矩阵的封闭解中求出，其表达式为

$$\begin{cases} f_x = \sqrt{\lambda / B_{11}} \\ f_y = \sqrt{\lambda B_{11} / (B_{11}B_{12} - B_{22}^2)} \\ c_x = -B_{13} f_x^2 / \lambda \\ c_y = (B_{11}B_{13} - B_{11}B_{23}) / (B_{11}B_{22} - B_{13}^2) \end{cases} \tag{6.20}$$

式中，$\lambda = B_{33} - [B_{13}^2 + c_y(B_{12}B_{13} - B_{11}B_{23})] / B_{11}$。

而外部参数(旋转和平移变换关系)可以通过单应性条件进一步计算得到：

$$\begin{cases} r_1 = \lambda K^{-1} h_1 \\ r_2 = \lambda K^{-1} h_2 \\ r_3 = r_1 \times r_2 \\ t = \lambda K^{-1} h_3 \end{cases} \tag{6.21}$$

式中，比例 λ 由正交条件 $\lambda = 1 / \left\| M^{-1} h_1 \right\|$ 所确定。至此，相机的内部参数和外部参数均已经求解完毕。

2) 参数迭代优化

理想情况下，检测到的像素坐标系下的坐标，与通过相机参数矩阵从世界坐标系投影到像素坐标系下的坐标应该是完全吻合的。但在实际计算过程中会存在误差。

为了能够得到更加准确的结果，通过计算投影误差来对计算出的相机参数进行迭代求精，投影误差最小化函数为

$$\min = \sum_{i=1}^{n} \sum_{j=1}^{m} \left\| m_{ij} - m(K, R_i, t_i, M_j) \right\|^2 \tag{6.22}$$

式中，m_{ij} 为像素坐标系下的坐标；$m(K, R_i, t_i, M_j)$ 为由世界坐标系中的三维坐标经过初步计算得到的相机参数重投影到像素坐标系下得到的坐标。

根据以上两步的分析，利用系统左右相机同时拍摄打印好的棋盘格。在实际标定过程中，为了能够得到更精确的结果，通常拍摄的图像至少要有 10 幅，图像对越多，产生的误差可能越小。实验过程中共拍摄了 20 对棋盘格图像，拍摄的部分棋盘格图像对(第一行为左相机拍摄的，第二行为对应右相机拍摄的)如图 6.7

所示。

图 6.7　拍摄的部分棋盘格图像对

利用 MATLAB 立体标定工具，得出的相机参数如表 6.1 所示。

表 6.1　相机参数

相机	内部参数	畸变参数	平均重投影误差/像素
左	$\begin{bmatrix} 5165.1 & 0 & 674.8 \\ 0 & 5145.9 & 595.9 \\ 0 & 0 & 1 \end{bmatrix}$	$\begin{bmatrix} 0.1357 & 0.5410 & 0 & 0 & 0 \end{bmatrix}$	0.3296
右	$\begin{bmatrix} 5155.9 & 0 & 609.2 \\ 0 & 5132.7 & 619.9 \\ 0 & 0 & 1 \end{bmatrix}$	$\begin{bmatrix} 0.1312 & -2.8677 & 0 & 0 & 0 \end{bmatrix}$	0.3138

重投影误差代表了标定结果的准确性，每张图像所有角点的重投影误差如图 6.8 所示，最终整体重投影误差为 0.32 像素，说明标定的精度较高。

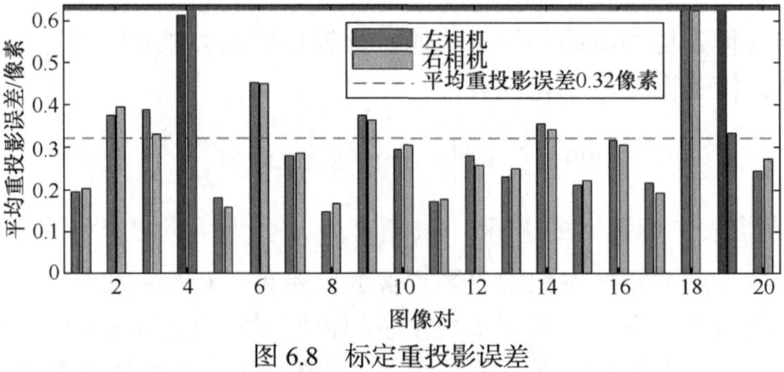

图 6.8　标定重投影误差

经过标定后，将系统固定在实验台车顶上，并采集接触网图像，左右相机采集的接触网图像如图 6.9 所示。

图 6.9　左右相机采集的接触网图像

6.3.2　接触线三维重建

经过系统搭建和标定后，初步获得了接触网的立体图像对，获得标定参数后，对图像对进行畸变校正和立体校正，经过校正以后的接触网图像对如图 6.10 所示。

图 6.10　校正后的接触网图像对

由图 6.10 可知，左右图像对在经过校正后，不仅消除了畸变影响，也很好地实现了行对准。下一步即对校正好的接触网图像对进行立体匹配，获取视差图并进行表面三维重建。

根据初步拍摄的图像，发现实际图像中存在以下两个问题：

(1) 系统采用定焦镜头，通过对焦使得拍摄图像清晰，然而接触网是悬空的，背景天花板与相机的距离很远，导致拍摄的图像中天花板背景很模糊，特征不清晰，对匹配影响较大。

(2) 为了获得更好的图像，需要对接触网进行补光，然而固定接触网的汇流排表面较为光滑，导致反光较为严重，对匹配也会有一定影响。

对于以上两个问题，考虑到本章的研究对象只是接触线，可以考虑将图像中除了接触线以外的部分全部去除。由于接触网在原始图像中的像素坐标信息需要保留，所以不能简单地对图像进行裁剪，需要将天花板背景及汇流排部分的灰度值赋为 0 或者 255。

在 6.2 节中介绍了常用的立体匹配算法，本节所采用的立体匹配算法是半全局匹配(semi-global matching，SGM)算法[14]。SGM 算法是目前应用最广泛、实用价值最高的立体匹配算法之一，介于局部立体匹配算法和全局立体匹配算法之间。

SGM 算法的主要思想是使用互信息(mutual information，MI)来进行单像素匹配，以及使用多个一维约束来近似全局、二维的平滑约束，即通过多方向扫描线的局部优化来实现全局优化。和前面所描述的立体匹配步骤类似，SGM 算法也分为以下关键步骤：首先计算像素级的匹配代价；然后根据全局能量函数进行代价聚合；最后进行视差图的计算以及结果的精化等。下面对 SGM 算法的关键步骤做一些解释说明。

1. 像素级匹配代价计算

在计算像素级匹配代价时，SGM 算法使用了基于互信息的计算方法，互信息的优点在于其对光照和噪声等干扰的鲁棒性较强。互信息由两幅图像的熵和联合熵计算得出，计算公式为

$$\begin{cases} \mathrm{MI}_{I_1,I_2} = H_{I_1} + H_{I_2} - H_{I_1,I_2} \\ H_{I_1} = -\int_0^1 P_{I_1}(i)\ln[P_{I_1}(i)]\mathrm{d}i \\ H_{I_2} = -\int_0^1 P_{I_2}(i)\ln[P_{I_2}(i)]\mathrm{d}i \\ H_{I_1,I_2} = -\int_0^1\int_0^1 P_{I_1,I_2}(i_1,i_2)\mathrm{d}i\mathrm{d}i \end{cases} \tag{6.23}$$

式中，$P_{I_1}(i)$ 和 $P_{I_2}(i)$ 为图像的归一化直方图；$P_{I_1,I_2}(i_1,i_2)$ 为两幅图像的联合分布直方图，在这里就是左右图像像素对的对应灰度值出现的频率，是两幅图像相似程度的一种统计度量方式。

式(6.23)针对整幅图像而不是单像素点，不能用于匹配代价计算。因此，对于两幅图像的联合熵，已有研究利用泰勒级数展开式计算，表达式为

$$H_{I_1,I_2} = \sum_p h_{I_1,I_2}(I_{1P}, I_{2P}) \tag{6.24}$$

式(6.24)中，数据项 h_{I_1,I_2} 是通过对应灰度的联合概率分布 P_{I_1,I_2} 来计算的，同时用到了一个二维高斯核卷积操作，计算公式为

$$\begin{cases} h_{I_1,I_2}(i,k) = -\frac{1}{n}\ln\left[P_{I_1,I_2} \otimes g(i,k)\right] \otimes g(i,k) \\ P_{I_1,I_2}(i,k) = \frac{1}{n}\sum_p T[(i,k) = (I_{1P}, I_{2P})] \end{cases} \tag{6.25}$$

对于单幅图像的熵 H_I，为了去除一些被遮挡像素的影响，其计算方式也与联合熵的计算方式类似，计算公式为

$$\begin{cases} H_I = \sum_p h_I(I_P) \\ h_I(i) = -\frac{1}{n}\ln\left[P_I \otimes g(i)\right] \otimes g(i) \end{cases} \tag{6.26}$$

最终，互信息的定义为

$$\begin{cases} \mathrm{MI}_{I_1,I_2} = \sum_p \mathrm{mi}_{I_1,I_2}(I_{1P}, I_{2P}) \\ \mathrm{mi}_{I_1,I_2} = h_{I_1}(i) + h_{I_2}(i) - h_{I_1,I_2}(i,k) \end{cases} \tag{6.27}$$

2. 代价聚合

在计算得到左右图像的像素级匹配代价后，需要对结果进行全局优化。与其他全局立体匹配算法类似，SGM 算法同样建立了能量约束方程，并且在方程中加入了视差约束条件，计算公式为

$$E(D) = \sum_p C(p, D_p) + \sum_{q \in N_p} P_1 T\left(|D_p - D_q = 1|\right) + \sum_{q \in N_p} P_2 T\left(|D_p - D_q > 1|\right) \tag{6.28}$$

式中，第一项为视差 D 的所有像素匹配代价之和；第二项和第三项是添加的视差约束项，分别用来描述点 p 与其邻域点 q 的视差值之差等于 1 和大于 1 两种情况，即用来调整视差变化的情况；P_1 为视差值之差等于 1 时添加的常数惩罚值；P_2 为视差值之差大于 1 时添加的常数惩罚值。

对于式(6.28)，问题即转换为通过寻找视差图 D 使定义的能量方程 $E(D)$取得最小值。基于二维平面来寻找目标方程最小值是一个 NP 完全问题，而在一维线优化问题中，可以使用动态规划等方法来进行寻优，所以 SGM 算法采用了多方向一维视差约束来近似代替二维视差约束，某个一维路径 L_r 上的匹配代价数学表达式为

$$L_r(p,d) = C(p,d) + \min \begin{bmatrix} L_r(p-r,d) \\ L_r(p-r,d-1) + P_1 \\ L_r(p-r,d+1) + P_1 \\ L_r(p-r,i) + P_2 \end{bmatrix} - \min_k L_r(p-r,k) \tag{6.29}$$

式中，等号右侧第一项为某个像素点 p 的初始匹配代价；第二项是平滑项，表示像素点 p 的前一个像素点 $p-r$ 的最小匹配代价，若和 p 的视差差值为 0(第一行)，则不加任何惩罚因子，若为 1(第二、三行)，则加惩罚因子 P_1，若大于 1(第四行)，则加惩罚因子 P_2；第三项为该路径前一个像素点 $p-r$ 在该路径下的最小匹配代价，加入该项的目的是保证匹配代价不超过一定的数值。

将各个路径方向上所有代价进行聚合，得到 $S(p,d) = \sum_r L_r(p,d)$。之后通过胜者为王(winner-take-all，WTA)算法最小化 $S(p,d)$，进而得到最终的视差值 d，计算公式为

$$d = \min_d S(p,d) \tag{6.30}$$

3. 视差优化

在得到左右图像的视差值后，为使结果更加准确，SGM 算法还进行了一些处理：

(1) 对左图像计算完视差图之后，用同样的方法对右图像也进行视差图的计算，将两者的结果进行一致性检验及融合。

(2) 采用联通域分割法，将视差相差为 1 像素的上下左右四个方向的区域作为一个联通域，使用这个联通域来分割所得视差图，并设定一个阈值，去除像素数量过少的联通域。

(3) 强度一致性差异选择，对图像进行分割以区分前后景区域，从而改善物体边界。

(4) 不连续点的插值处理，对于不同的区域要采用不同的插值方法：对于遮挡区域，使用背景视差进行外插值；对于误匹配区域，使用周围像素的视差值进行内插值。

使用本例中拍摄的接触线图像，基于 OpenCV 环境下的半全局块匹配(semi-global block matching，SGBM)算法编写程序，经过参数调整和优化后得到的视差图，如图 6.11 所示。

图 6.11　参数调整和优化后得到的视差图

由图 6.11 可以发现，接触线部分匹配得到的视差图结果较好，并且已经较好地提取到了接触线表面的磨耗特征，但是对于汇流排和天花板区域，视差图展现出来的结果较为混乱，根据实际拍摄过程中的环境，分析原因如下：

(1) 系统采用定焦镜头，通过对焦使得拍摄的接触网图像清晰，然而接触网是悬空的，背景天花板与相机的距离很远，导致拍摄的图像中天花板背景很模糊。

(2) 为了获得更好的图像，需要对接触网进行补光，然而固定接触网的汇流排表面较为光滑，导致反光较为严重。

以上两个问题的存在，导致最终匹配得到的视差图中汇流排和背景天花板部分的结果出现极大误差。由于本章的研究对象主要是接触线磨耗，为了降低这部分的影响，将视差图中的接触网部分提取出来，并进行以下几步操作：

(1) 对原始视差图中的空缺值，即匹配失败的点进行插值处理，利用空缺值周围 3×3 区域内不为 0 的值的中值来进行填充。

(2) 利用式(6.14)计算得到深度图，以接触线底面为零平面，并且为了形式统一，将深度物理坐标变换为像素坐标。

(3) 对深度图进行滤波去噪，对一些局部突变的地方进行插值平滑，以及对其他细节做一些调整。

在 MATLAB 软件中利用 mesh 函数绘制出接触线表面的三维重建图，并将俯视图与原始图像的接触网图像进行对比，三维重建结果对比图如图 6.12 所示。

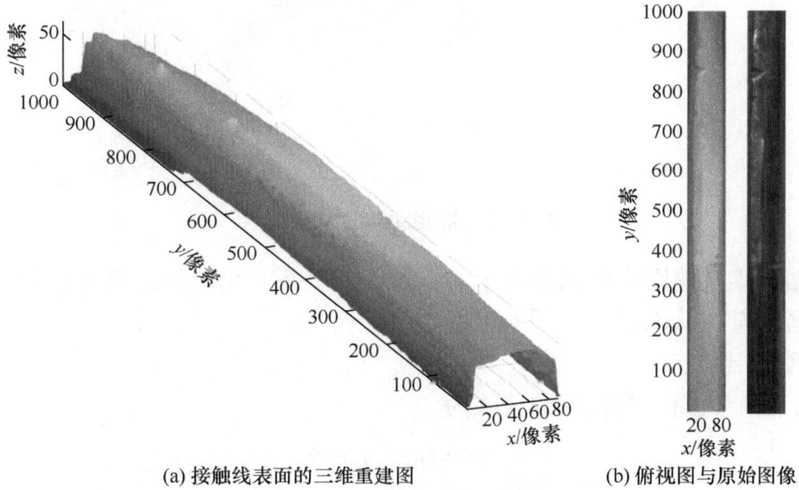

(a) 接触线表面的三维重建图　　(b) 俯视图与原始图像

图 6.12　三维重建结果对比图

由图 6.12 可知，经过处理后的三维重建图中，表面仍然存在一些局部小幅度的波动，对于原始图像中较亮的部分，重建后的处理结果也存在一些瑕疵，但该接触线的三维重建结果已经可以较好地体现出原始图像中一些比较明显的磨耗特征，并且可以得出磨耗的位置、深度等信息。

6.3.3　接触线病害分析

6.3.2 节已经得到了一个较为直观的接触线表面三维重建图，并且可以较为明显地观测到表面的磨耗特征。本节主要针对三维结构设计出一些病害的空间特征数学表示方法，并且应用到图 6.12 所示的三维重建图中，对接触线的一些典型病害实现自动识别。

1. 病害数学表示

对一个三维表面整体进行计算处理的计算量较大，并且在数学上也不太容易定义。为了能较好地描述磨耗表面的特征，在 x 坐标方向等距设置 14 个采样点，分别提取 y 方向的 14 条磨耗曲线，并利用这 14 条磨耗曲线来分别描述不同类型的接触线病害。14 个采样点的检测磨耗曲线示意图如图 6.13 所示。

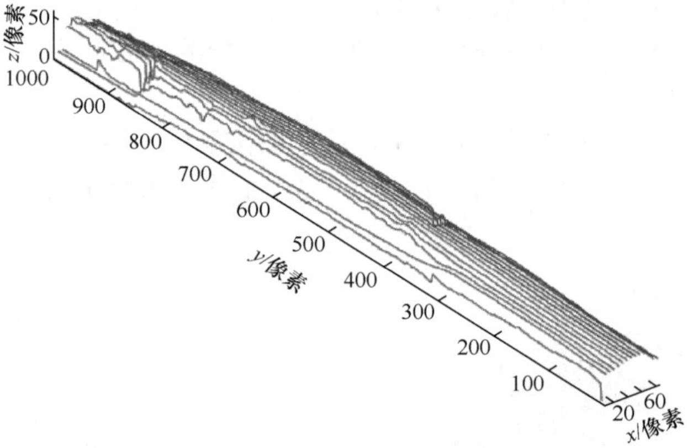

图 6.13 检测磨耗曲线示意图

根据三维重建图中像素和毫米的单位比例关系，可以得出磨耗曲线上每一个位置的磨耗量，从而进行不同病害的定义。

1) 磨耗比

对于某个截面，磨耗比的公式为

$$\Delta w = (h_c - h_r) / h_c \tag{6.31}$$

式中，h_c 为完好条件下的接触线高度；h_r 为三维重建图中剩余的接触线高度。对于一条长度为 L 的磨耗曲线，其平均磨耗比为 $\int_0^L \Delta w(l)\mathrm{d}l$ 。

2) 偏磨

偏磨代表接触线在和受电弓碳滑板接触的过程中长期左右受力不均匀，导致左右磨耗程度不同。接触线出现偏磨，将导致受电弓碳滑板表面磨耗不均匀、加速磨耗、影响受流等。

利用 14 条磨耗曲线，对于某个截面，当左边 7 条磨耗曲线的磨耗比与右边 7 条磨耗曲线的磨耗比之差大于一定的阈值时，代表有偏磨的情况发生，其表达公

式为

$$\Delta p = \sum_{i=1}^{7} \frac{\Delta w_i}{7} - \sum_{i=8}^{14} \frac{\Delta w_i}{7} > P_{\mathrm{w}} \tag{6.32}$$

式中，P_{w} 为存在偏磨的判定阈值。

3) 沟槽

当一条磨耗曲线的某个位置突然出现断崖式下降或者上升时，代表接触线表面存在沟槽病害。接触线表面沟槽出现的情况并不多，主要是接触线本身强度不足，或者受到的冲击过大，导致接触线出现裂纹甚至掉块，从而产生沟槽。接触线沟槽会导致拉弓等问题，影响受电弓碳滑板和接触网的正常接触受流。对于沟槽，可以简单地通过计算磨耗曲线的斜率来判断，计算公式为

$$G(y) = \frac{\mathrm{d}w(y)}{\mathrm{d}y} = \frac{w(y_{i+1}) - w(y_i)}{y_{i+1} - y_i} > G_{\mathrm{w}} \tag{6.33}$$

式中，G_{w} 为存在沟槽的判定阈值。

2. 病害检测结果

对于以上定义的三种病害，对重建结果分别进行计算，结果如下所示。

1) 磨耗比

部分磨耗曲线的磨耗比示意图如图 6.14 所示。

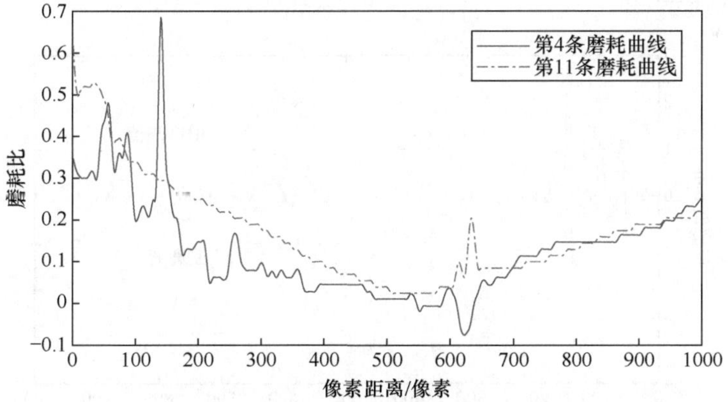

图 6.14　部分磨耗曲线的磨耗比示意图

由图 6.14 可知，两条磨耗曲线偏两端的位置磨耗较为严重，第 4 条磨耗曲线在像素坐标[100,200]存在一个沟槽，在沟槽的位置磨耗最为严重，出现了一个峰值，在像素坐标[600,700]处磨耗比存在一个负值，可以认为是局部匹配错误导致高度过高。

2) 偏磨

长度为 L 范围内的接触线偏磨示意图如图 6.15 所示。

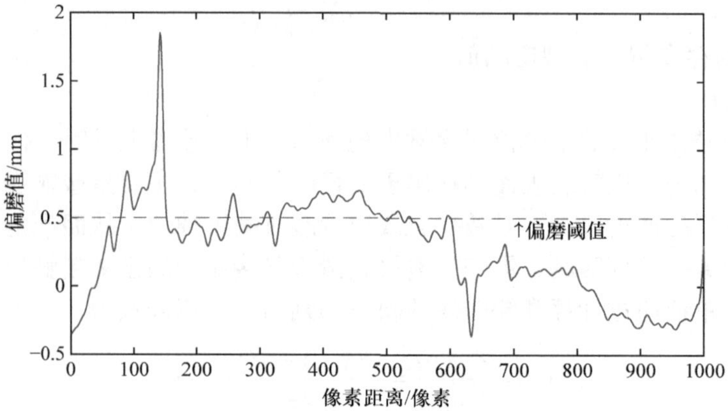

图 6.15　接触线偏磨示意图

由图 6.15 可知，接触线左侧磨耗比右侧磨耗程度要高，大部分区间左侧平均磨耗比右侧要大，并且在前半区间尤其明显，这从原始图像中也可以很直观地观察到。这里设置的偏磨阈值为 0.5mm。

3) 沟槽

选取其中一条磨耗较严重的磨耗曲线，计算每一点的导数，接触线沟槽示意图如图 6.16 所示。

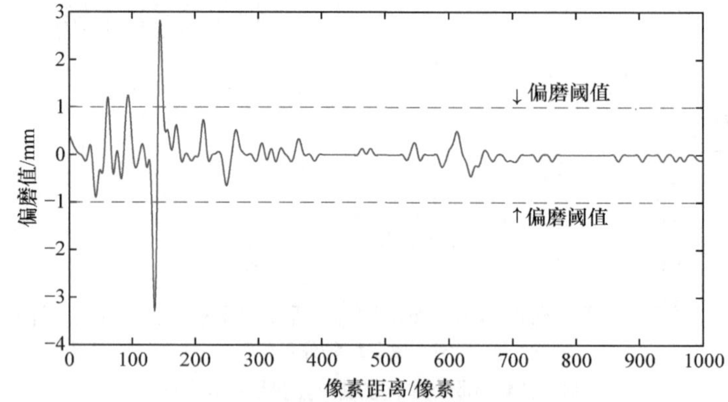

图 6.16　接触线沟槽示意图

由图 6.16 可知，该条磨耗曲线在像素区间[100, 200]内，磨耗导数变化极其剧烈，出现一个极小值和一个极大值，并且变化区间较小，存在着明显的沟槽病害。在设定沟槽判定阈值为 ± 1mm 的条件下，其他区域的拉槽现象相对而言严重程度更低，磨耗曲线变化更为平稳。

6.4 本章小结

本章首先介绍了双目立体视觉理论的基础概念，包括相机成像模型、相机标定方法、立体成像原理等；之后对双目立体视觉中关键性的立体匹配算法进行了详细的介绍；最后在实验室环境下搭建了一套立体成像系统，在进行标定及校正后，通过左右相机采集实验室的接触网图像，并基于 OpenCV 下的 SGBM 算法得到了基础视差图，在此基础上进行转换，得到了接触线表面的三维重建结果。在利用三维重建结果进行病害检测的过程中，提出了一种基于采样磨耗曲线的检测算法，并针对不同类型的病害给出了对应的数学表达式，对样例图像进行了不同类型病害的检测。所设计的检测流程和方法具有较强的实用性，能够对地铁检修部门的检修任务给出一定的指导和帮助。

参考文献

[1] Bradski G, Kaehler A. 学习 OpenCV[M]. 于仕琪, 刘瑞祯, 译. 北京: 清华大学出版社, 2009.
[2] 程思培. 基于双目立体匹配的三维重建算法研究[D]. 南京: 东南大学, 2017.
[3] 程键. 双目立体视觉测距中关键技术研究与实现[D]. 哈尔滨: 哈尔滨工业大学, 2017.
[4] 赖庆峰. 基于双目视觉的跨座式单轨接触网磨损检测技术研究[D]. 重庆: 重庆大学, 2015.
[5] 舒娜. 摄像机标定方法的研究[D]. 南京: 南京理工大学, 2014.
[6] 杜若霞. 基于双目立体视觉的三维重建[D]. 邯郸: 河北工程大学, 2018.
[7] Scharstein D, Szeliski R, Zabih R. A taxonomy and evaluation of dense two-frame stereo correspondence algorithms[C]. Proceedings IEEE Workshop on Stereo and Multi-Baseline Vision, Kauai, 2001: 31-40.
[8] 池凌鸿. 立体匹配算法的研究和应用[D]. 合肥: 中国科学技术大学, 2011.
[9] 查道路. 实时双目计算机立体视觉关键技术研究[D]. 合肥: 中国科学技术大学, 2019.
[10] 白明, 庄严, 王伟. 双目立体匹配算法的研究与进展[J]. 控制与决策, 2008, (7): 721-729.
[11] 曾文献, 郭兆坤. 立体匹配算法研究综述[J]. 河北省科学院学报, 2018, 35(2): 43-48.
[12] Zhang Z Y. A flexible new technique for camera calibration[J]. IEEE Transactions on Pattern Analysis and Machine Intelligence, 2000, 22 (11): 1330-1334.
[13] 冯焕飞. 三维重建中的相机标定方法研究[D]. 重庆: 重庆交通大学, 2013.
[14] Hirschmuller H. Stereo processing by semi-global matching and mutual information[J]. IEEE Transactions on Pattern Analysis and Machine Intelligence, 2008, 30(2): 328-341.

第 7 章　深度学习基础

作为机器学习最重要的一个分支，深度学习近年来发展迅猛，在国内外引起了人们的广泛关注，每年都会有很多新兴的研究成果诞生。然而深度学习的火热也不是一时兴起的，而是经历了一段漫长的发展史。本章首先对深度学习理论基础和常见模型进行简单的介绍，之后介绍深度学习中关键的卷积神经网络模型，并以最经典的 LeNet-5 为例，介绍卷积神经网络的主要结构以及计算方法。

7.1　深度学习理论

深度学习理论源于神经网络理论，由 Hinton 和 Salakhutdinov[1]于 2006 年提出，是一种对数据进行表征学习的机器学习方法，其结构与信息传播机制最早源于对人类大脑感知信息过程的模拟。1962 年，通过对瞳孔、视神经与大脑皮层的研究，Hubel 与 Wiesel[2]发现了视觉系统对图像处理的分级机制，因而总结出了视觉系统对外界信息的感知与处理流程，并因此荣获了 1981 年的诺贝尔医学奖。深度学习理论将原始的数据转换成能够被机器有效学习开发的形式，意图通过大规模的数据运算，以模拟人类大脑对数据的认知过程，从而实现数据特征的自主提取与识别，避免了对数据特征进行手动标注与提取的问题。

由深度学习的发展起源可以得知，人类大脑对信息的处理经历了一个先聚集、后分散的过程，通过整合低层的特征，抽取其中更高级的语义级别特征，有利于实现对信息的判断与对物体的识别。

以图像识别为例，哺乳动物的视觉系统对图像信号的识别过程为：首先检测物体的边缘和初始形状，在此基础上，对先前的初始形状与边缘进行整合，进一步形成复杂的视觉形状，最终形成对对象的完整认知。而对于机器学习，其对物体与图像的识别过程如图 7.1 所示。

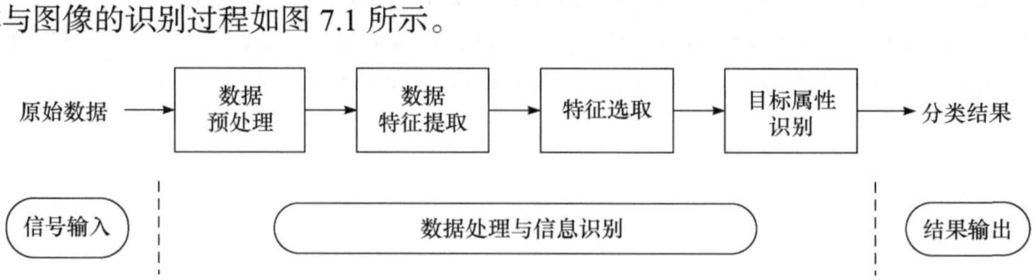

图 7.1　对物体与图像的识别过程

在整个过程中，数据处理与信息识别部分的最核心环节为数据特征提取。目前，通过图像的旋转和尺度不变性等，可以实现人工对特征的提取。然而这种方式存在较大的局限性，需要针对不同的研究对象与目标，进行大量的调整，无法实现多种特征的自动辨识。对于传统的机器学习算法，人工神经网络模型通常仅包含 1 层或 2 层隐层神经元结构，各层之间的信息通过全连接的方式进行传递，数据处理方式较单一，并且存在大量的待训练参数，参数利用率较低，增加了其在信息处理过程中的计算成本。对于在复杂信息的处理与图像分类等方面一直处于较高地位的 SVM，其本质也仅是一个简单的两层系统结构，它的优势在于可以通过对核函数的调参，在线性分类与模板匹配之间进行平衡，实现更为便捷的泛化控制。

然而，在实际使用中，人们往往更多地关注算法对于识别对象所具有的平移、尺度、旋转、光照及背景变换稳定性的图像识别，即通过有限次数的运算更高效地计算出更复杂的函数，使得算法对对象高级特征的判断与识别具有更好的鲁棒性。这一需求是人工神经网络与 SVM 等传统机器学习算法几乎无法实现的。而深度学习借助更深的网络结构与多样的网络层类型，能够对复杂问题的多个隐含特征进行抽象与提取，并通过对所提取的低级特征的非线性融合，完成对数据高级特征的识别，从而实现不受形状与光照等变化影响的特征识别。此外，通过多种手段的控制，模型中的参数具有更高的利用率，因而对于同样的运算强度，可以采取更大的网络规模，从而能够满足对不同研究对象的特征进行自动学习的一些需求。

7.2　卷积神经网络

卷积神经网络(CNN)是受神经生物学知识启发，通过前馈神经网络对其结构与原理加以复现的一种机器学习算法。其具备多样的网络层类型与更深的网络结构，具有很好的深度学习能力。

与传统算法相比，该网络模型适应性更强，泛化能力更好，并且在同等规模的网络中，需要进行优化的参数更少，故成为现在机器视觉与深度学习领域中研究与应用的热门方向。与传统如 BP 神经网络的全连接结构不同，CNN 的每个神经元仅与上一层特征图的一个小区域进行连接，即一个神经元对应一个感受野，并利用卷积核提取该区域的局部特征，这种连接方式称为局部感受野；这一方式也使得每个神经元与下一层神经元的连接之间共用同一组权值，实现了权值的共享，从而有效降低了网络待训练权值的数量。局部感受野示意图如图 7.2 所示。

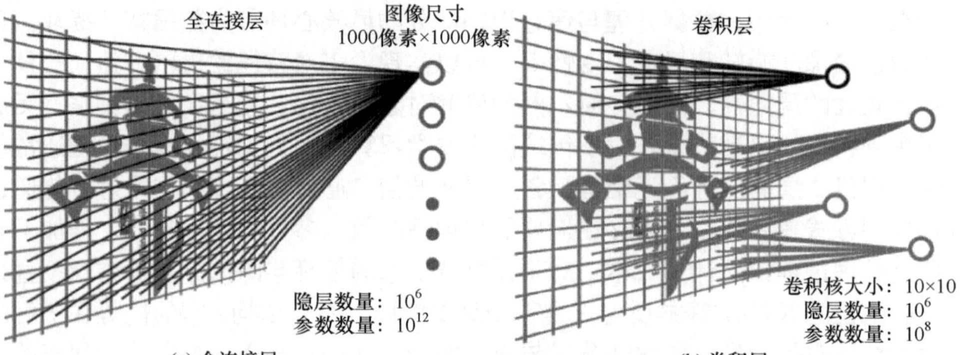

(a) 全连接层　　(b) 卷积层

图 7.2　局部感受野示意图

在图 7.2 中，同为输入 1000 像素×1000 像素的图像，且均有 10^6 个隐层神经元，左侧为全连接层，右侧为卷积核大小为 10×10 的卷积层。可以看出，全连接层需要 10^{12} 条连接，即通过同等数量的权值来完成数据层到隐层的传递；而卷积层仅需要 10^8 个权值即可完成连接。两者的连接数相差 4 个数量级，体现出权值共享对降低数据量的显著作用。

数据经过卷积层进行特征提取后，还需要经过池化层进行稀疏下采样。通过降低图像分辨率的手段，提高网络对光照与几何形变的鲁棒性，同时减少网络的运算量。下采样示意图如图 7.3 所示。

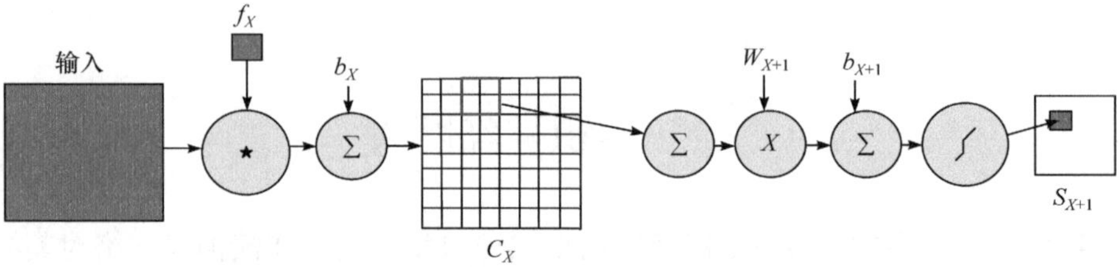

图 7.3　下采样示意图

CNN 可以在预处理较少的前提下，实现准确率较高的图像识别，不需要依赖人工标注，较少地依赖先验知识，这是 CNN 较之于传统图像分类算法的主要优势。

7.2.1　卷积神经网络的结构

CNN 是一个包含多数量、多种类网络层的前馈神经网络模型，每个数据层均包含多个二维特征图，每个二维特征图又包含多个相互独立的神经元。按照不同网络层的功能，大致可以将网络分成数据层、数据处理层和输出层；根据对数据处理的不同目标，又可以将数据处理层分为特征提取层与特征映射层。其中，前者是 CNN 的核心结构，起到从图像数据中提取特征的作用，主要包括卷积层与池化层；后者将特征提取层提取到的特征信息映射到高维，再进一步映射到指定维度，以实现对输入信息的分类，这部分主要由网络的全连接层构成。CNN 的数据处理部分由特征提取层和特征映射层组成，具体包含卷积层、池化层、全连接层、激活函数等，CNN 包括一个至多个特征提取层，在网络的最后面跟随一至三个全连接层做特征映射，实现对不同特征数据的映射与分类。

1998 年，Lecun 等[3]提出了著名的 LeNet-5 模型，作为一个用于手写数字识别的模型，其识别准确率可以高达 99.1%以上，因此也被广泛地用于银行业与邮政业票据手写数字识别中，是当时中小型数据库中对图像分类或识别最好的方法之一。LeNet-5 模型虽然诞生时间较早，且结构与层次均非常简单，但该模型包含了现代 CNN 的所有主要结构，因此 LeNet-5 模型也被认为是最早的 CNN 模型。其网络结构示意图如图 7.4 所示。

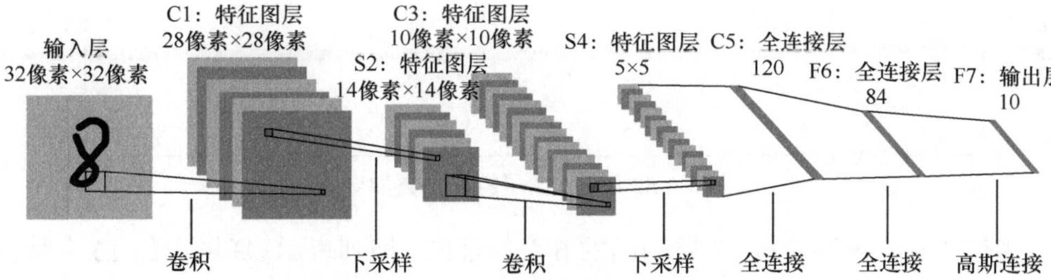

图 7.4　LeNet-5 模型网络结构示意图

图 7.4 中，LeNet-5 模型是一个 8 层的网络结构，其中 2 个数据层，6 个隐层，每个隐层都有可训练权值。该网络的输入数据为 32 像素×32 像素大小的单通道灰度特征图，并经过了大小归一化与全局特征标准化，使得各个输入网络的特征图大小相同、各个像素的值均属于区间[0, 1]中。之后，特征图输入至 C1 层进行卷积操作。

LeNet-5 模型的第一步卷积操作采用 6 个不同的 5×5 大小的卷积核，采用滑动卷积的方法对图像进行卷积操作，滑动步长为 1，卷积后对得到的结果分别添加偏置项，并通过激活函数，即可得到 C1 的 6 个特征图。其尺寸变化与卷积核大小、滑动步长等的关系式为

$$O_s = \frac{I_s + 2 \times p - k_s}{s} \tag{7.1}$$

式中，I_s 和 O_s 分别为输入图像与输出图像的尺寸；p 为图像周边填充空白像素数量；k_s 为卷积核大小；s 为卷积窗口滑动步长。

在这一步中，输入图像的尺寸为原始数据图像大小，即 32 像素×32 像素，利用式(7.1)可知，C1 层特征图大小为(32+2×0−5)/1+1=28，即 C1 层为 6 个 28 像素×28 像素的特征图。之后，输出的 6 个特征图进行池化采样，即分别对每个特征图

中指定 $n \times n$ 的区域进行相应的运算，由于在 LeNet-5 模型网络中的池化层均设置为非交叠下采样，即通过设置 $s \geqslant I$ 使得每次池化采样的区域没有重叠，所以池化采样后的特征图尺寸为输入特征图尺寸的 $1/n$。

经过下采样之后的 6 个特征图尺寸为 14 像素×14 像素，将其输入至 C3 层，重复上述运算。根据式(7.1)可知，此处所得的特征图大小为 10 像素×10 像素。而 C3 层有 16 个不同的卷积核，因此池化采样后的特征图尺寸为输入特征图尺寸的 $1/n$。按照一定的规律，对输入特征图进行组合，其规律如图 7.5 所示。

特征图序号	0	1	2	3	4	5	6	7	8	9	10	11	12	13	14	15
0	√				√	√	√			√	√	√	√		√	√
1	√	√				√	√	√			√	√	√	√		√
2	√	√	√				√	√	√			√		√	√	√
3		√	√	√			√	√	√	√			√		√	√
4			√	√	√			√	√	√	√		√	√		√
5				√	√	√			√	√	√	√		√	√	√

图 7.5　S2 层至 C3 层特征图叠加规律

图 7.5 中，纵列表示 S2 层输出的 6 个特征图，横列表示 C3 层中的 16 个特征图，打钩处即表示该层由左侧对应层叠加得到。需要注意的是，此处的叠加方式并不唯一，但通常并不将所有的 S2 层连接至下一层，这样做不仅可以减少上下层之间的连接数，也保持了网络的不对称性，使得不同特征图采集不同的特征。叠加过程是将低层级提取到的特征进行组合的过程，即利用不同的方式，将低层级提取到的边角进行组合，以形成更高级的特征。这一过程与生物视觉系统对物体的感知过程一致，通过对低层级的低级特征进行一步步组合，最终形成了对物体的整体认知。得到 C3 层的特征图后，依照上述方法进行下采样，并继续重复上述过程，直到网络规模达到所需的大小，结束特征提取步骤，利用全连接层进行特征映射。由图 7.4 可知，C5 层之后所连接的 F6 层是一个维度为 84 的全连接层，该层通过全连接的方式，计算输入向量与参数间的欧氏距离，再添加偏置项，最后通过激活函数将 C5 层的所有特征图展开为 F6 层中的向量。最终，利用欧氏径向基函数，将 F6 层的高维向量映射至 F7 层输出，F7 层的维度与所需的分类数相同，此问题研究的是手写数字的分类，因此 F7 层中的向量为 10 维，代表一个分类结果。

7.2.2　卷积神经网络运算与求解

由于 CNN 结构与传统的全连接神经网络不同，各层之间的权值数也远少于神经元之间的连接数,所以 CNN 的求解与运算过程有很多不同之处,下面对 CNN 中数据前向传播与误差反向传播的计算逐层进行介绍。

1) 卷积层的计算

当数据通过卷积层时，图像的二维数据与各卷积核进行卷积运算，并将其结果通过一个激活函数，最终形成一组与卷积核数量相同的特征图，不同的卷积核得到的特征图不同，而每个特征图可能由上一层多个特征图组合卷积得到。卷积核对输入特征图的计算公式为

$$X_j^l = f\left(\sum_{i \in M_j} X_i^{l-1} \times K_{ij}^l + b_j^l\right) \tag{7.2}$$

式中，X_j^l 为第 l 层的第 j 个特征图；M_j 为所选的输入特征图的集合，可选取其中的某组合作为输入；K_{ij}^l 为卷积核；b_j^l 为偏置项。

值得注意的是，$f()$在此处为激活函数。对激活函数的选择通常需要满足非饱和、非线性及稀疏输出，且需要该函数连续可微。通常情况下，多将 Sigmoid 函数和 tanh 函数用于神经元的激活。Sigmoid 函数在神经网络与早期的 CNN 中较为常用，数学表达式为

$$f(x) = \frac{1}{1+\mathrm{e}^{-x}} \tag{7.3}$$

由于该函数的饱和会导致梯度值过小，所以在反向传播到网络前端时，容易出现梯度耗散，使网络权值得不到有效更新，现已被其他激活函数取代。

与 Sigmoid 函数相比，tanh 函数进入饱和阶段相对更慢，其数学表达式为

$$f(x) = \tanh(x) = \frac{\mathrm{e}^x - \mathrm{e}^{-x}}{\mathrm{e}^x + \mathrm{e}^{-x}} \tag{7.4}$$

由于该函数可经化简得到类 Sigmoid 函数的复合函数，所以依然会存在上述的饱和问题。

现代的 CNN 常用线性整流函数作为激活函数，又称修正线性单元(rectified linear unit，ReLU)，其数学表达式为

$$f(x) = \max(0, x) \tag{7.5}$$

当 $x \leqslant 0$ 时，ReLU 输出 0，使得该函数能够对网络进行适度的稀疏引导，增强了网络的泛化能力；当 $x > 0$ 时，函数梯度恒为 1，不会发生梯度耗散问题，可以更快速地收敛。此外，该函数运算量也更小，因此已得到广泛的运用。

2) 卷积层的梯度计算

通常情况下，卷积层 l 之后都会跟一个下采样层 l+1，根据 BP 神经网络误差传播原理，需先计算卷积层 l 各个神经元的误差 δ，以得到该卷积层的权值更新。

而 δ 需要对下一层的神经元误差进行求和以得到 δ^l，之后将得到的误差信号与相对应的权值 W 相乘，再乘以卷积层 l 中对应神经元信号输入的激活函数的偏导数 $f'(u^l)$，即可得到卷积层 l 中各个神经元的误差 δ^{l+1}。池化层对卷积层的下采样操作，使得卷积层输出的特征图中一小块像素对应于池化层中一个像素神经元的误差值，因此相应地，需要对池化层中对应的误差值进行上采样操作，以得到与卷积层 l 尺度相同的误差特征图[3]。卷积层 l 各个神经元的误差 δ_j^l 为

$$\delta_j^l = \beta_j^{l+1} f'(u_j^l)\mathrm{up}(\delta_j^{l+1}) \tag{7.6}$$

式中，$\mathrm{up}(\delta_j^{l+1})$ 为对误差 δ_j^{l+1} 的上采样操作；β_j^{l+1} 为池化层特征图所取的权值常数；j 为神经元的个数。

对上述过程进行重复操作，即可得到每个特征图的误差值，对其进行求和得到基底的梯度值，即基的偏导数，其表达式为

$$\frac{\partial E}{\partial b_j} = \sum_{u,v}(\delta_j^l)_{uv} \tag{7.7}$$

式中，E 为样本的误差损失函数。

之后对卷积核权值 W_j 的梯度可以通过 BP 算法实现。由于 CNN 中权值共享与局部感知的存在，对于一个给定的权值，需要求得所有与该权值关联的点的梯度值，最后对这些梯度值进行求和，其表达式为

$$\frac{\partial E}{\partial K_{ij}^l} = \sum_{u,v}(\delta_j^l)_{uv}(p_i^{l-1})_{uv} \tag{7.8}$$

式中，K_{ij}^l 为卷积层 l 的卷积核函数；p_i^{l-1} 为特征图 X_i^{l-1} 中与卷积核局部感知野连接的区域；卷积层特征图的输出位置(u, v)为前一层 p 的位置与卷积核逐元素相乘得到的结果。

3) 池化层的计算

根据所选的池化层类型不同，该运算可以为邻域内取最大值、加权求和、求均值、随机取值等。之后，对所得添加偏置，经过激活函数激活便可得到 S1 层(或称为 P1 层)的特征图，其计算过程可表示为

$$x_j^{l+1} = f\left[\beta_j^l \mathrm{down}(x_j^l) + b_j^{l+1}\right] \tag{7.9}$$

式中，$\mathrm{down}(x_j^l)$ 为下采样函数，采样窗口大小为 $n \times n$。

由于池化层步长通常设置与窗口大小一致，所以下采样后，原输入特征图大小将变为之前的 $1/n$，通过降低特征图的分辨率来提高特征图的缩放不变性，同时降低其对光照变化的敏感性。

4) 池化层的梯度计算

对池化层特征图误差信号的计算，需要先找到当前层误差特征图中哪个局部感受野与下一层哪一个神经元对应相连，之后利用 BP 算法进行计算。通过下一层的误差信号可以得到当前池化层的误差，其计算公式为

$$\delta_j^l = f'(u_j^l)\text{conv2}\left[\delta_j^{l+1},\text{rot180}(K_j^{l+1}),\text{'full'}\right] \tag{7.10}$$

式中，利用 rot180 函数将卷积核进行 180°的翻转，使之可以进行相关卷积运算；conv2 为 MATLAB 中的卷积函数；full 为全卷积参量，即对边界进行适当的补 0，再进行计算。

最后，对偏置 β 和 b 进行求解，其方法与前面类似，其数学表达式分别为

$$\frac{\partial E}{\partial \beta_j} = \sum_{u,v}\left[\delta_j^l \text{down}(X_i^{l-1})\right]_{uv} \tag{7.11}$$

$$\frac{\partial E}{\partial b_j} = \sum_{u,v}(\delta_j^l)_{uv} \tag{7.12}$$

5) 权值更新

类似于 BP 算法，CNN 各层中，由 t 到 t+1 时刻进行权值更新，计算公式为

$$W(t+1) = W(t) + \eta\delta(t)x(t) \tag{7.13}$$

式中，$x(t)$为神经元的输入；η 为网络的学习率。

7.2.3　卷积神经网络的特点

CNN 的结构与模式最早源于生物的视觉感知系统，该网络在计算机视觉领域表现出众，其优势主要有以下四个方面：

(1) CNN 从计算过程到思维模式均完全基于二维图像进行相应的特征提取与识别分析。对图像进行的卷积、池化等特征提取运算均直接在二维平面开展，免除了针对图像数据进行复杂的数据映射、变换等操作；其所提取的特征呈现出“低层提取低级特征，高层识别高级特征”的层级分工，通过对低级特征的组合，实现对高级特征的识别，模式更接近生物的视觉认知。

(2) CNN 将特征提取功能融入网络学习过程中，并将分类过程与之统一，免除了传统算法中基于统计特征在分类前人工提取模板进行匹配，再进行分类的过程，而是隐式地从训练图像中进行学习，最后直接输出图像的分类结果。

(3) 通过独有的局部感受野与权值共享策略，在维持网络规模的情况下，大幅度减少了网络的训练参数，降低了神经网络的复杂度，有效节省了运算时间与空间成本。

(4) 利用池化层对数据进行下采样，通过降低特征图分辨率的手段，降低了

网络对图像光照、位移变化的敏感性，提高了网络的鲁棒性与泛化能力。

虽然 CNN 的深度学习算法在近年来的计算机视觉领域取得了很多瞩目的成果，但是在应用与研究过程中，仍然存在以下问题：

(1) 截至目前的研究，尽管 CNN 对图像可以进行有效的特征提取与分类，但其过程如同一个黑盒，对特征的具体提取方式与过程不可见，无法通过数学手段证明该结构的有效性，其对特征的提取也缺乏可解释的物理意义。这些极大地阻碍了对算法的深入研究与理解。

(2) 目前，尚无一种算法或理论能够对网络结构的设计进行明确、有效的指导。虽然网络中的一些结构有相应的理论依据可以解释，但如何设计局部感受野与下采样的规模，如何有针对性地设置网络结构与网络层深度，采用什么规模的卷积核来匹配网络深度可以实现最好的效果，这类问题均没有合理有效的理论依据，不同的研究均根据研究者的个人经验与实验确定最佳结构，而最终的结果也很可能并非针对研究问题的最佳方法。

(3) 由于网络规模较大，参数众多，所以训练过程中极易发生过拟合的情况，而如何有效地解决这一问题，通常也需要研究者根据经验对网络进行调整与配置。

基于上述存在的问题，目前针对 CNN 的理论研究热点多集中在对 CNN 深度的研究上，即如何设计出多层且高效的 CNN 以适应更加复杂的识别问题；利用图形处理器(graphics processing unit，GPU)等计算核心，实现神经网络的并行运算，以提高其运算效率，一定程度上解决了训练时间长的问题；研究如何避免大规模网络的过拟合问题，提出了数据扩增、Dropout、局部响应标准化等技术。此外，研究显示，选择不同的池化层下采样方式，对避免网络过拟合也有一定的效果；对网络结构与参数设置依据，也不断有研究者提出新的理论，意图寻找有效的网络模型布置方式。

CNN 是有监督学习的一种，对其进行的训练需要基于大量的高质量有标签数据，而通常情况下，数据的标注需要消耗大量的人力与物力，数据不足会对模型的训练产生较大的影响。因此，CNN 与其他方法融合使用的研究也在不断发展。即使有上述问题的存在，依然不可否认目前 CNN 在图像识别领域的优势，该方法依然是解决图像特征提取与分类问题的最有力手段之一。

7.2.4 典型卷积网络模型

1. AlexNet

AlexNet 是 Krizhevsky 等[4]在 2012 年 ImageNet 竞赛使用的模型结构，获得了 ImageNet 竞赛冠军。AlexNet 共包括 8 层，其中前 5 层是卷积层，后 3 层是全连接层，采用的是 2 台 GPU 服务器，所以包含上下两个流程图，其网络结构图如图 7.6 所示。

第一层卷积层的输入图像为 224 像素×224 像素×3 像素的图像，使用了 96 个

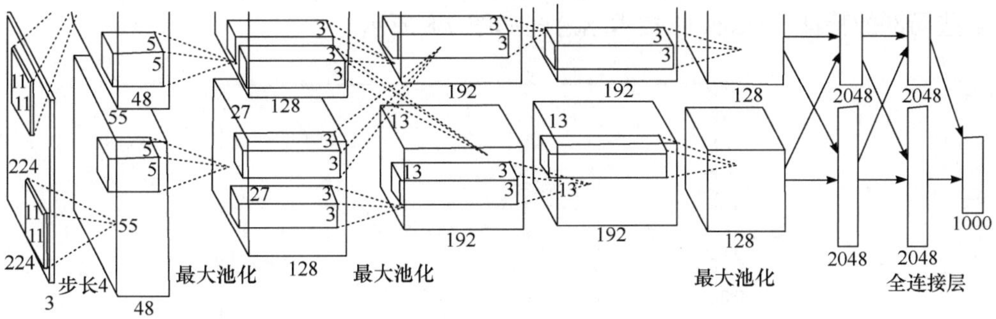

图 7.6　AlexNet 网络结构图

卷积核，每个卷积核的尺寸为 11×11，以 4 个像素为一个单位来右移或者下移，池化层采用的是 3×3 的平均池化，以 2 个像素为一个单位来右移或者下移，激活函数采用的是 ReLU 函数，最后通过标准化将计算好的特征图输送到第二层卷积层。

第二层卷积层的卷积核大小为 5×5，共 128 个，步长为 1，激活函数为 RcLU 函数，池化层采用的是 3×3 的平均池化，计算好的特征图也通过标准化。

第三、四和五层的卷积层都是采用 3×3 的小卷积核，数量分别为 192 个、192 个、128 个，除了第五层有一个 3×3 的平均池化层外，第三层和第四层都只采用 ReLU 函数进行非线性映射后就输送到下一卷积层。

最后三层全连接层主要功能是对特征图进行分类，每一个全连接层都包含 2048 个神经元，输出层的神经元个数根据实际任务确定，文献[4]使用的是 1000 个神经元。

AlexNet 与其他的神经网络相比，能够达到更好的效果，一方面在于其网络的深度，多层卷积层能够捕捉到图像中更加抽象的特征；另一方面在于该网络的激活函数，用 Dropout 技术来减少过拟合[5]。

ReLU 函数用来激活部分神经元，增加稀疏性。当 $x<0$ 时，输出值为 0；当 $x>0$ 时，输出值为 x。当 $x>0$ 时，其导数为 1；当 $x<0$ 时，其导数为 0。相比较于 Sigmoid 函数，Sigmoid 的导数只有在 0 附近时才具有较好的激活性，而在正负饱和区的梯度都接近于 0，会造成梯度弥散；而 ReLU 函数的导数，在大于 0 时，梯度为常数，不会导致梯度弥散。ReLU 函数在负半区的导数为 0，当神经元激活值进入负半区时，梯度就会为 0，也就是说，这个神经元不会被训练。ReLU 函数的表达式如式(7.5)所示。

x 的取值为[−1.5, 1.5]，ReLU 函数图像如图 7.7 所示。

Dropout 技术是一种防止过拟合的网络训练技巧。当一个复杂的前馈神经网络被训练在小的数据集时，容易造成过拟合。为了防止过拟合，可以通过阻止特征检测器的共同作用来提高神经网络的性能，即在前向传播时，让某个神经元的激活值以一定的概率停止工作，这样可以使模型泛化性更强，因为它不会太依赖某些局部的特征。Dropout 技术示意图如图 7.8 所示。

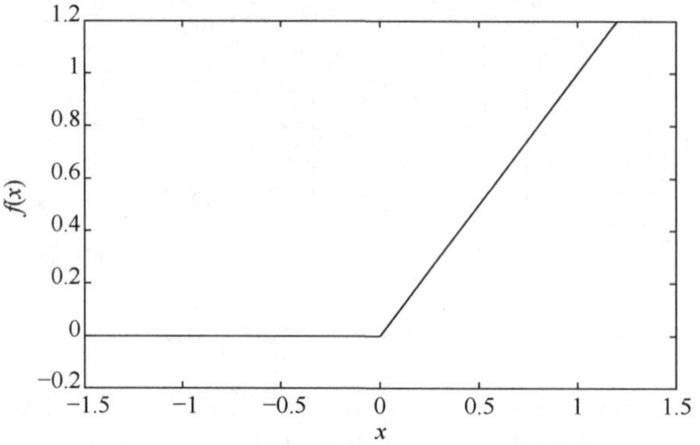

图 7.7　ReLU 函数图像

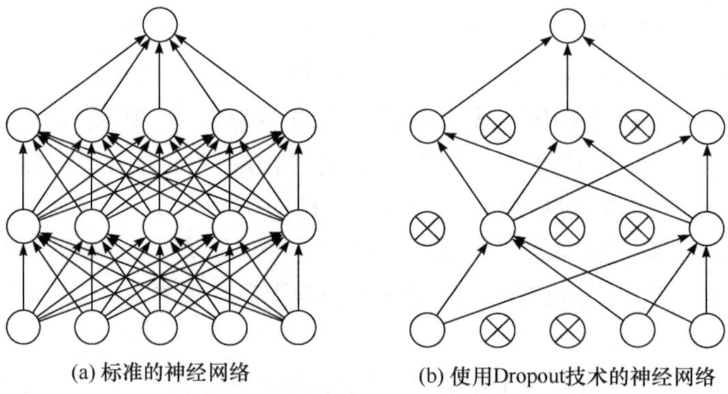

图 7.8　Dropout 技术示意图

2. 深度残差网络

深度残差网络曾在 ILSVRC 2015 和 COCO 2015 竞赛的目标检测和分割等任务中斩获第一，He 等[6]发表的残差网络论文也获得了 CVPR 2016 的最佳论文奖。该网络通过一种具有跨层连接结构的残差单元，从根本上解决了深层网络的退化问题，使得通过简单堆叠层数的方法就可以达到甚至远远高于浅层网络的训练性能，很好地解决了网络深度加深带来的网络退化难以训练的问题，也较大地提升了网络的性能表现。

残差结构单元以将深层网络设计成恒等映射为目标，使得网络随着层数增加达到与浅层网络相同的训练效果，从而解决网络退化问题，基于此设计了如图 7.9 所示的残差结构单元。

残差结构单元数学表达式为

$$x_{l+1} = h(x_l) + F(x_l, W_l) \tag{7.14}$$

式中，x_l 为上一层映射后的特征图；x_{l+1} 为经过残差模块计算后的下一层特征图；$h(x_l)$ 为由 1×1 的卷积层进行的升维或降维操作，使图中左右两条计算曲线得到的特征图维度一致，反映在图中左边的部分；$F(x_l,W_l)$ 代表通过多层卷积进行归一化的计算过程，反映在图 7.9 右边的部分。

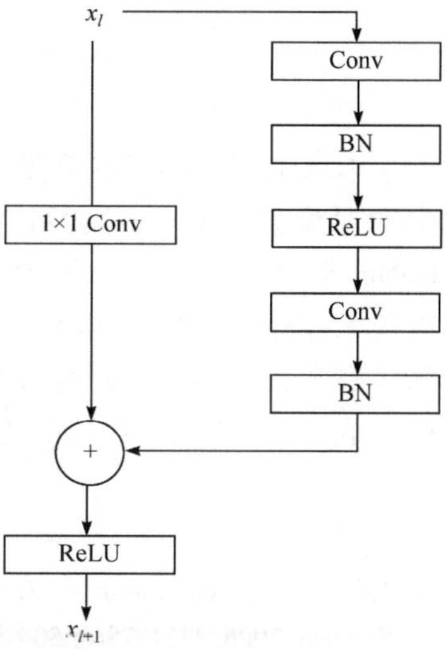

图 7.9 残差结构单元示意图

本节使用的是 ResNet 模型中较小的 ResNet-18，它由网络中有 17 层卷积层加上 1 层全连接层共 18 层网络而得名。ResNet-18 的输入特征图尺寸是 128 像素×201 像素×3 像素。除了第一层的卷积层用的是大尺寸的 7×7 卷积核外，其余卷积层都采用的是 3×3 的小卷积核，减少了网络参数的数量。每一个卷积层中包含 2 个残差结构单元，每个残差结构单元中包含 2 个卷积层。卷积层的输出维度随着网络的加深由 64 上升到 512，提升了网络对于特征图中高阶抽象特征的提取能力。最后的全连接层用于对前 5 层卷积操作得到的特征图进行分类。

与 VGGNet-16[7]网络相比，两者网络层数相近，ResNet 由于残差结构单元的作用，能够避免由网络层数较深导致的梯度消失或梯度爆炸的问题。ResNet 网络结构图如表 7.1 所示。

表 7.1 ResNet 网络结构图

卷积层名称	输出尺寸	ResNet-18	ResNet-50	ResNet-101
Conv1	112×112	7×7, 64		
Conv2_x	56×56	3×3 最大池化		
		$\begin{bmatrix}3\times3,64\\3\times3,64\end{bmatrix}\times2$	$\begin{bmatrix}1\times1,64\\3\times3,64\\1\times1,256\end{bmatrix}\times3$	$\begin{bmatrix}1\times1,64\\3\times3,64\\1\times1,256\end{bmatrix}\times3$
Conv3_x	28×28	$\begin{bmatrix}3\times3,128\\3\times3,128\end{bmatrix}\times2$	$\begin{bmatrix}1\times1,128\\3\times3,128\\1\times1,512\end{bmatrix}\times4$	$\begin{bmatrix}1\times1,128\\3\times3,128\\1\times1,512\end{bmatrix}\times8$
Conv4_x	14×14	$\begin{bmatrix}3\times3,256\\3\times3,256\end{bmatrix}\times2$	$\begin{bmatrix}1\times1,256\\3\times3,256\\1\times1,1024\end{bmatrix}\times23$	$\begin{bmatrix}1\times1,256\\3\times3,256\\1\times1,1024\end{bmatrix}\times36$
Conv5_x	7×7	$\begin{bmatrix}3\times3,512\\3\times3,512\end{bmatrix}\times2$	$\begin{bmatrix}1\times1,256\\3\times3,512\\1\times1,2048\end{bmatrix}\times3$	$\begin{bmatrix}1\times1,256\\3\times3,512\\1\times1,2048\end{bmatrix}\times3$
FC	1×1	均值池化，全连接层 1000，Softmax 函数		

7.3 本章小结

本章主要介绍了深度学习的一些基础理论，包括深度学习基础以及常见的深度学习模型，对深度学习中最常见的卷积神经网络进行了介绍，并以经典的LeNet-5 网络为例，详细介绍了深度学习网络的结构和具体计算过程以及 3 种经典卷积神经网络的结构特点。目前深度学习理论研究的热度很高，发展速度极快，每年都会有很多新的研究成果诞生，本章给出了一些经典模型的介绍，若想更加深入地研究深度学习，读者还需查阅和学习更多的文献及最新的研究成果。

参考文献

[1] Hinton G E, Salakhutdinov R R. Reducing the dimensionality of data with neural networks[J]. Science, 2006, 313(5786): 504-507.

[2] Hubel D H, Wiesel T N. Receptive fields, binocular interaction and functional architecture in the cat's visual cortex[J]. The Journal of physiology, 1962, 160(1): 106-154.

[3] Lecun Y, Bottou L, Bengio Y, et al. Gradient-based learning applied to document recognition[J]. Proceedings of the IEEE, 1998, 86(11): 2278-2324.

[4] Krizhevsky A, Sutskever I, Hinton G. ImageNet classification with deep convolutional neural networks[J]. Proceedings of the 25th International Conference on Neural Information Processing Systems, Lake Tahoe, 2012: 1097-1105.

[5] Srivastava N, Hinton G E, Krizhevsky A, et al. Dropout: A simple way to prevent neural networks from overfitting[J]. Journal of Machine Learning Research, 2014, 15(1): 1929-1958.

[6] He K M, Zhang X Y, Ren S Q, et al. Deep residual learning for image recognition[C]. Proceedings of the IEEE Conference on Computer Vision and Pattern Recognition, Las Vegas, 2016: 770-778.

[7] Simonyan K, Zisserman A. Very dee convolutional networks for Large-scale image recognition[C]. International Conference on Learning Representations, San Diego, 2015: 1-14.

第 8 章　基于深度学习的轨道扣件识别

深度学习是机器学习研究中的一个新领域。通过人工神经网络的研究，衍生得到了深度学习的概念，是一类新兴的多层神经网络学习算法。深度学习的理论通过一系列的变换，将原始数据变换为易于被学习和开发的形式。深度学习主要通过大规模的数据运算，对大脑的认知过程进行模拟，将低层特征组合形成更加抽象和高层的属性类别或特征，实现数据特征的提取、抽象和识别。深度学习是相对于浅层学习的方法而言的，深度指代的是非线性操作组成的层次的数目。浅层结构算法的局限性在于，当样本和计算单元有限时，它对于复杂函数的表示能力有限，针对复杂分类问题的泛化能力会在一定程度上受到制约。深度学习算法弥补了过去浅层学习对特征的表达能力不足和特征维数过多的缺陷。

与传统神经网络的理论和方法相比，深度学习的网络拥有更深的网络层级、更加复杂的网络结构以及更丰富的网络层类型，从而能够实现对数据低级特征的融合，并且提取出更为复杂和高级的特征。针对不同的数据类型和要求，深度学习的网络可以构建不同的网络层级类型和网络架构方式，实现更加具有针对性的对于目标属性的提取和识别工作。本章讨论用深度学习对轨道扣件进行定位和识别。

8.1　扣件图像的预处理

在图像分类任务中，一般图像数据增强是大多数人会采用的方法之一，这是因为深度学习对数据集的大小有一定的要求，若原始的数据集比较小，则无法很好地满足网络模型的训练要求，从而影响模型的性能，而图像增强是对原始图像进行一定的处理以扩充数据集，能够在一定程度上提升模型的性能。简单的方法有对图像进行镜像、翻转、缩放、平移等，还包括对图像数据添加噪声，以及改变图像光照等方法。考虑到采集的扣件图像水平位置和垂直位置相对固定，即轨道在图像中的位置基本水平或垂直，主要采用旋转 90°和镜像的方法进行图像数据增强，并对图像数据添加噪声以及改变图像光照。

8.1.1　图像旋转

图像旋转示例如图 8.1 所示。图 8.1(a)是采集的通过第 4 章扣件定位算法截取下来的扣件图像。通过逆时针旋转 180°、顺时针旋转 90°、逆时针旋转 90°，产生不同方向上的样本扩充数据集。其目的是产生不同空间方向上的样本，避免训练出来的模型对空间方向特征过于敏感。

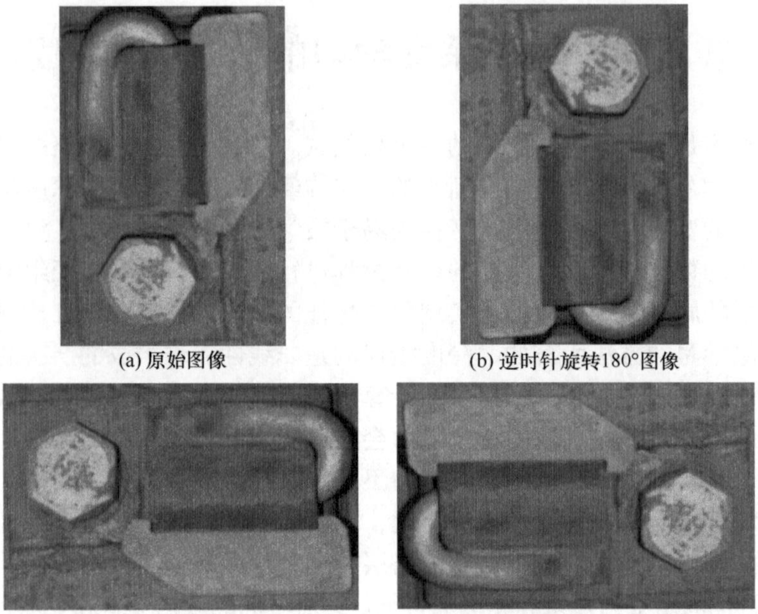

(a) 原始图像 (b) 逆时针旋转180°图像

(c) 顺时针旋转90°图像 (d) 逆时针旋转90°图像

图 8.1 图像旋转示例

8.1.2 图像镜像

图像镜像操作，即将图像左右翻转，如图 8.2 所示。

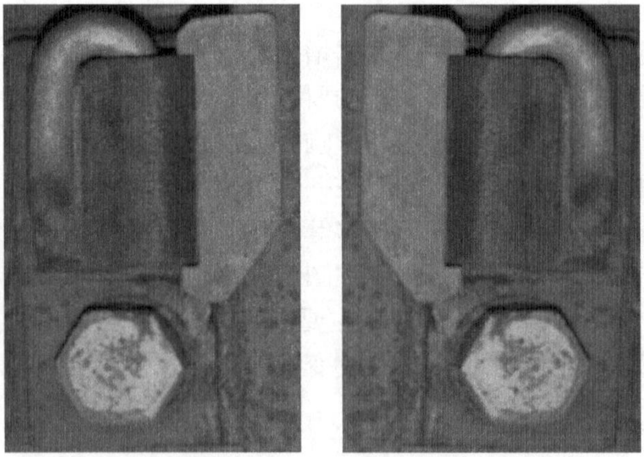

(a) 原始图像 (b) 镜像图像

图 8.2 图像镜像示例

8.1.3　图像加噪

给图像添加一定的噪声也是常见的图像增强方法，一般采用的噪声为高斯白噪声或椒盐噪声。图像加噪示例如图 8.3 所示。图 8.3(b)是添加了 10%高斯白噪声的图像，图 8.3(c)是添加了 10%椒盐噪声的图像。这样做的目的是减弱模型对图像空间特征的敏感性，增强模型鲁棒性。

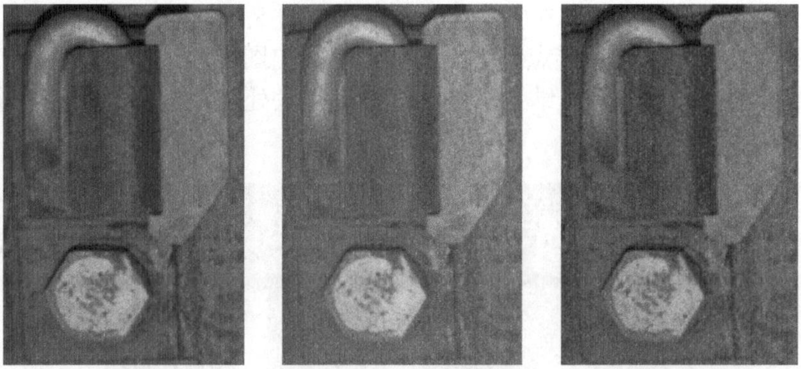

(a) 原始图像　(b) 高斯白噪声图像　(c) 椒盐噪声图像

图 8.3　图像加噪示例

8.1.4　图像光照增强

由于地铁隧道中光照条件较差，部分图像在拍摄采集过程中具有良好的光照条件，部分图像数据没有良好的光照条件，所以可以通过光照增强算法，对图像数据进行处理，消除模型中光照对识别结果的影响。Retinex 算法是一种常用的建立在科学实验和科学分析基础上的图像增强算法，Retinex 算法的基础理论是物体的颜色由物体对长波(红色(red，R))、中波(绿色(green，G))、短波(蓝色(blue，B))光线的反射能力来决定，而不是由反射光强度的绝对值来决定，物体的色彩不受光照非均匀性的影响，具有一致性，即 Retinex 算法是以色感一致性(颜色恒常性)为基础的。不同于传统的线性、非线性的只能增强图像某一类特征的方法，Retinex 算法可以在动态范围压缩、边缘增强和颜色恒常三个方面达到平衡，因此可以对各种类型的图像进行自适应的增强[1]。其中，较为简单易用的是单尺度 Retinex 算法，其计算公式为

$$R_i(x,y)=\ln\left[S_i(x,y)\right]-\ln[F(x,y)*S_i(x,y)],\quad i\in(\mathrm{R,G,B}) \tag{8.1}$$

式中，$R_i(x,y)$ 为算法增强后的图像；$S_i(x,y)$ 为输入图像 RBG 通道的数据；i 为 RGB 中的某一通道；$F(x,y)$ 为中心环绕函数，表达式为

$$F(x,y)=\lambda \mathrm{e}^{\frac{-(x^2+y^2)}{c^2}} \tag{8.2}$$

式中，c 为高斯环绕尺度；λ 为一个参数，其取值必须满足

$$\iint F(x,y)\mathrm{d}x\mathrm{d}y = 1 \tag{8.3}$$

单尺度 Retinex 算法的步骤如下。

第一步　读取图像数据，并将整型数据转换为浮点型数据。

第二步　输入尺度 c，进一步根据式(8.3)确定 λ 的值。

第三步　根据式(8.1)和式(8.2)求解各个通道的 $R_i(x, y)$。

第四步　将 $R_i(x, y)$从浮点型转换为整型，输出图像。

完成上述循环后，输出结果图像。通过该算法处理采集到的扣件图像，结果如图 8.4 所示。

(a) 原始图像　　(b) 光照增强后的图像

图 8.4　图像光照增强示例

8.2　基于 VGGNet-16 网络的扣件检测和识别

随着深度学习理论的不断发展，深度卷积神经网络在图像分类领域和目标检测领域已经取得了显著成果[2,3]。其中，VGGNet 是在 2014 年由牛津大学计算机视觉几何组(Visual Geometry Group，VGG)提出的一种卷积神经网络模型，最突出的特点是首次利用多个串联的小尺寸卷积核代替单个大尺寸卷积核，即串联卷积核的思路[4]。

8.2.1　VGGNet-16 网络结构

VGGNet 有不同的网络结构，但是每种网络结构的卷积层都使用 3×3 的小尺寸卷积核，从而将卷积层的深度增加到了 9～16 层，卷积的步长(stride)设置为 1，卷积层的填充(padding)设置为 1。每组卷积后设置一个池化层，池化层采取的池

化方式为最大池化，最大池化的窗口设置为 2×2，步长设置为 1。池化层后设置 3 个全连接层用于分类。所有隐层都采用 ReLU 激活函数。为提高网络收敛的速度，在对高级别网络进行训练时，可以先训练低级别的网络，用训练得到的权重初始化高级别的网络。

与之前的网络模型相比较，VGGNet 识别复杂问题的准确率得到了很大的提高。VGGNet-16 网络结构如表 8.1 所示。

表 8.1　VGGNet-16 网络结构

输入图像	卷积核大小	滑动步长	是否参与训练
Conv1-1	3×3×64	1×1×1×1	否
Conv1-2	3×3×64	1×1×1×1	否
Maxpool 1	1×2×2×1	1×2×2×1	—
Conv2-1	3×3×128	1×1×1×1	否
Conv2-2	3×3×128	1×1×1×1	否
Maxpool 2	1×2×2×1	1×2×2×1	—
Conv3-1	3×3×256	1×1×1×1	否
Conv3-2	3×3×256	1×1×1×1	否
Conv3-3	3×3×256	1×1×1×1	否
Maxpool 3	1×2×2×1	1×2×2×1	—
Conv4-1	3×3×512	1×1×1×1	否
Conv4-2	3×3×512	1×1×1×1	否
Conv4-3	3×3×512	1×1×1×1	否
Maxpool 4	1×2×2×1	1×2×2×1	—
Conv5-1	3×3×512	1×1×1×1	是
Conv5-2	3×3×512	1×1×1×1	是
Conv5-3	3×3×512	1×1×1×1	是
Maxpool 5	1×2×2×1	1×2×2×1	—
FC-6	4096×4096	—	是

续表

输入图像	卷积核大小	滑动步长	是否参与训练
FC-7	4096×4096	—	是
FC-8	4096×3	—	是

该网络模型共有 16 层(就卷积层和全连接层而言)，其网络结构由 5 个串联卷积层接池化层组成的卷积块相连接，最后为 3 个全连接层。全连接层的作用是对卷积层卷积计算得到的特征图进行分类。其中，包含 13 个卷积层，所采用的卷积核均为 3×3 的小尺寸卷积核，步长设置为 1；包含 5 个池化层，尺寸均为 2×2，步长设置为 2，采用的池化方式均为最大池化；包含 3 个全连接层，前 2 个全连接层的尺寸为 4096×4096，第 3 个全连接层的尺寸为 4096×3。除全连接层之外，网络参数数量为 38000，与其他卷积神经网络模型(如 AlexNet 超过 6×10^7 的参数量)相比具有非常明显的优势，同时具有更深的网络结构。因此，该网络模型在占用了更小空间的前提下，具有更好的非线性特征提取的能力。在其他参数的选择下，使用了 Dropout[5]和 L2 正则的方法，增强网络的泛化能力，反之，则过拟合。

由于训练样本的数量较少，如果重新开始训练一个模型，训练容易产生严重的过拟合。因此，可以使用迁移学习的方法[6]，使用其他数据集训练好的图像识别模型参数。用训练好的模型参数初始化 VGGNet-16 模型。本节使用的预训练模型来自数据集 ImageNet[7]。将前 4 个卷积块中的参数固定，不参与训练，只训练第 5 个卷积块和全连接层的参数。

8.2.2 VGGNet-16 网络训练及测试结果

1. 模型数据集划分

VGGNet-16 网络的训练和测试使用的是 Tensorflow 框架。GPU 型号为 NVIDIA 1070ti。训练集中包含 315 幅图像，测试集中包含 135 幅图像，验证集中包含 105 幅图像。这三个数据集中的图像样本不存在交集。模型评估指标包括准确率、召回率和 F_1 值。该数据集详细信息如表 8.2 所示。

表 8.2 VGGNet-16 模型数据集详细信息

图像标注	病害类型	训练集样本数/幅	测试集样本数/幅	验证集样本数/幅
0	完好	105	45	35
1	损坏	105	45	35
2	缺失	105	45	35

2. 模型参数的选择

深度学习网络超参数包括学习率(learning rate)、L2 正则系数、最小批图像数目(batch size)、Dropout 系数等。模型参数的选择影响训练出来的模型效果。大多数模型参数没有一个明确的选择标准，需要通过经验选择和不断地对比分析网络训练实验结果进行调整。本实验中利用验证集通过多次对比实验选择模型参数，包括输入图像的尺寸以及学习率。

扣件图像定位使用第 4 章介绍的定位算法，截取出来的图像有不同的尺寸，如 900 像素×1800 像素或更大的尺寸。由于不同尺寸的图像输入到 VGG 网络中，获得的特征图尺寸不一致，所以无法输入到分类网络中进行分类。因此，需要将不同尺寸的图像调整到相同的大小，选择调整到多大的图像值得商榷。图像尺寸过小，会导致图像丢失的信息过多，影响分类结果；图像尺寸过大，会导致网络训练和预测需要的时间较长，计算效率较低。为了探究多大的图像尺寸在本次实验中较为合适，选取了 32 像素×64 像素、64 像素×128 像素、128 像素×256 像素和 256 像素×512 像素。其他参数保持一致。模型经过同一训练集训练相同的轮次后，验证集的训练时间和准确率如表 8.3 所示。

表 8.3　不同图像尺寸下模型训练时间和准确率

图像尺寸/像素	训练时间/s	准确率/%
32×64	1742	89.52
64×128	1866	92.38
128×256	3248	95.23
256×512	4410	60.7

由表 8.3 可知，图像尺寸增大到一定程度后，准确率反而下降，这是因为大尺寸图像包含更丰富的信息，部分信息对于模型分类没有帮助，即无效信息较多，影响了模型的准确率。因此，最终确定 128 像素×256 像素为模型输入图像的尺寸。

确定图像尺寸后，需要对模型的学习率和 L2 正则系数大小进行调整，学习率会影响到模型是否能够收敛到合适的最优点，而 L2 正则系数大小会影响模型过拟合程度。同样采用验证集对多组系数进行实验，结果如表 8.4 所示。

表 8.4　不同超参数下模型分类结果

序号	学习率	L2 正则系数	训练集准确率/%	测试集准确率/%
1	0.001	无	100	83.7
2	0.01	0.0005	62.61	49.62
3	0.001	0.0005	99.42	95.23
4	0.0001	0.0005	75.67	65.18

从表 8.4 中可以看出，第 1 组实验具有较高的训练集准确率，但是测试集准确率低，出现过拟合现象。第 2 组实验在较高的学习率下，训练集和测试集准确率都不高。第 4 组实验下，较小的学习率得到的结果不如第 3 组实验的结果好。因此，最终确定使用学习率为 0.001 和 L2 正则系数为 0.0005 的超参数，其余网络超参数如表 8.5 所示。

表 8.5　VGGNet-16 网络超参数

超参数	数值
训练次数	15000
学习率	0.001
L2 正则系数	0.0005
显示间隔	20

3. 模型训练及测试

VGGNet-16 模型训练过程中的损失函数变化如图 8.5 所示。

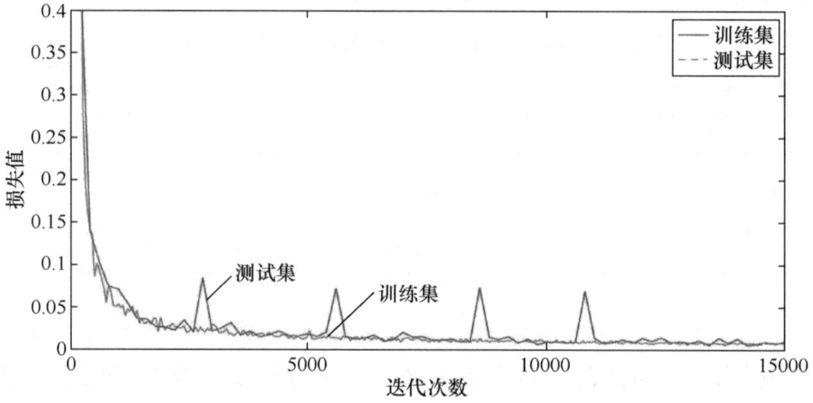

图 8.5　VGGNet-16 模型训练过程中的损失函数变化

由图 8.5 可以看出，在迭代 2500 次左右，损失值下降明显。最终在测试集上，模型达到 97.14%的准确率。VGGNet-16 测试集结果混淆矩阵如表 8.6 所示。

表 8.6　VGGNet-16 测试集结果混淆矩阵

真实情况	预测结果			召回率/%
	正常	损坏	缺失	
正常	42	3	0	93.34
损坏	0	45	0	100

续表

真实情况	预测结果			召回率/%
	正常	损坏	缺失	
缺失	0	0	45	100
准确率/%	100	93.75	100	—

总的来说，基于 VGGNet-16 网络的扣件状态识别准确率达到 97.14%，但是 VGGNet-16 仅是用于分类的深度学习网络，无法达到对扣件定位的功能要求。

8.3　基于 Faster R-CNN 的扣件检测和识别

随着深度学习的发展，CNN 可以被用来进行目标检测和语义分割，达到对图像中目标内容进行快速定位和识别的目的。更快速区域卷积神经网络(Faster R-CNN)[8]就是一个较为经典的用于目标检测的深度学习网络，不仅具有高的准确度，还能达到较快的检测速度。

8.3.1　目标检测数据集制作

Faster R-CNN 采用的是有监督的学习方法，需要对用于网络训练的图像进行标注，同时，利用矩形框标定扣件在图像中的位置。将图像数据、标注数据、位置数据输入到网络中，网络通过这些样本不断进行学习，对网络中的权重值进行调整，最终获得一个能对该类扣件进行有效定位和分类的网络。

使用 LabelImg 工具，利用矩形框将图像中的扣件内容标记出来，并对扣件的类别进行文本标注，保存在*.xml 文件当中，其典型格式如图 8.6 所示。标注信息主要包括文件名、原始图像尺寸、目标类别以及目标所在锚框坐标。

图 8.6　目标检测数据集标注示例

用于 Faster R-CNN 训练的扣件数据集如表 8.7 所示。

表 8.7　扣件数据集

数据集	图像数量/幅	完整扣件数/个	损坏扣件数/个	缺失扣件数/个
训练集	740	1159	236	68
测试集	318	507	95	32

8.3.2　Faster R-CNN 模型搭建

Faster R-CNN 由区域生成网络(region proposal network, RPN)和 Fast R-CNN 两个部分组成，两部分共享同一个特征提取网络(如 VGGNet-16)。Faster R-CNN 的基本结构如图 8.7 所示。

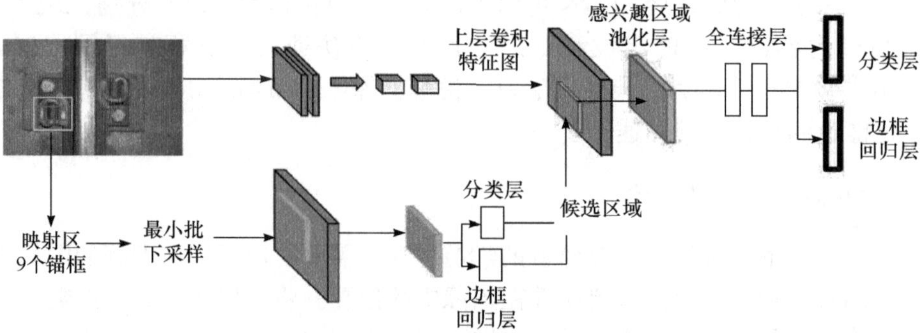

图 8.7　Faster R-CNN 基本结构

图像经过特征提取网络，生成特征图。将特征图中每一个特征点映射到原始图像，提取部分候选区域。候选区域通过 Fast R-CNN 对区域内的目标进行检测，包括对目标进行分类和定位。因此，网络的构建主要分为三个部分：特征提取网络(VGGNet-16)、RPN 和 Fast R-CNN。

1. VGGNet-16

VGGNet-16 是利用多次卷积操作和池化操作，提取图像中的特征信息，最终得到图像的特征图。VGGNet-16 采用多个小卷积核串联的结构，在减少网络参数的同时保证特征提取的效果。VGGNet-16 的网络结构如表 8.1 所示，其中前 11 层卷积层的权值参数并不参与训练。由于扣件图像的样本数比较少，如果把所有卷积层的权值随机初始化之后重新开始训练，如此少量的样本不足以训练出一个良好的特征提取网络，所以根据迁移学习的思想，利用其他数据集训练好的网络参数作为初始值，固定前几层的权重参数不变，利用扣件图像数据集对后面几层的权值参数进行微调。实验证明，利用迁移学习训练出来的网络具有较好的特征提取能力。

2. RPN

RPN 主要用于在原始图像中生成一系列的锚框(anchor box)，提供给 Fast R-CNN 对锚框进行分类和融合。其结构如图 8.7 下侧部分所示，在特征提取网络后，再连接上一个 3×3 的卷积层，之后连接上一个分类层和边框回归层。卷积层的作用在于对提取到的特征进行降维,分类层用于计算锚框是目标或背景的概率。边框回归层用于计算每一个锚框对应的原始图像中目标区域的位置信息。

1) 候选区域的生成

利用特征提取层得到的特征图上的每一个特征点预测多个候选区域。每一个特征点都对应原始图像中的一片区域，即该特征点的感受野。在感受野中设置 9 个不同大小和长宽比的候选框，不同大小如 128 像素×128 像素、256 像素×256 像素、512 像素×512 像素，不同长宽比如 1∶1、1∶2 和 2∶1，如图 8.8 所示。

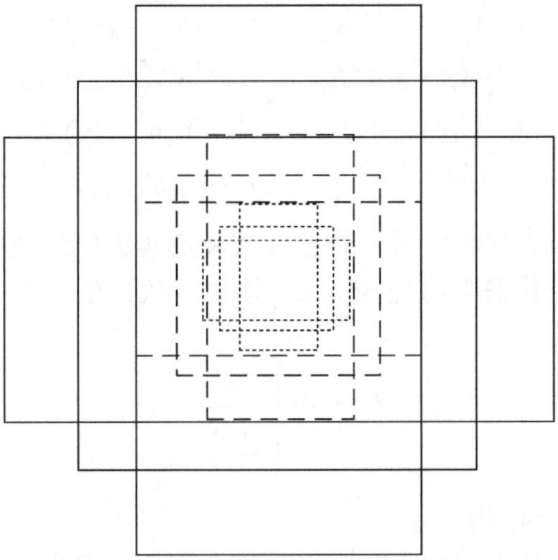

图 8.8　锚框示意图

2) 正负样本划分

在得到若干个锚框后，需要标定其是否包含目标，若包含目标，则为正样本；若不包含目标，则为负样本。锚框内是否包含目标由该锚框与标注好的真实框的交并比(intersection over union，IoU)决定。IoU 定义了两个锚框的重叠度，假设有 A 和 B 两个区域，其 IoU 计算公式为

$$\mathrm{IoU} = (A \cap B) / (A \subset B) \tag{8.4}$$

3) 正负样本标定方法

正负样本标定方法包括：①与真实框 IoU 值最大的锚框标定为正样本，这样

保证了每一个真实框都必包含一个正样本。②剩下的锚框中，若与真实框 IoU 值大于 0.7，则标定为正样本；若 IoU 值小于 0.3，则标定为负样本。③丢弃①和②操作后剩余的锚框，且不用于后续计算。

4) 损失函数

对于每一个锚框，网络结构中的分类层用于计算它是一个目标的概率 p_i，边框回归层用于计算这个锚框的 4 个坐标位置 t_i，总体损失定义[9]为

$$L(\{p_i\},\{t_i\}) = \frac{1}{N_{\text{clx}}}\sum_i L_{\text{cls}}(p_i, p_i^*) + \lambda \frac{1}{N_{\text{reg}}}\sum_i p_i^* L_{\text{reg}}(t_i, t_i^*) \tag{8.5}$$

式中，i 为锚框序号；p_i 为第 i 个锚框的概率；p_i^* 代表锚框是否为正样本(正样本为 1，负样本为 0)；t_i 代表锚框位置信息(x, y, w, h)的四维向量形式；t_i^* 为目标区域位置信息的向量形式。

t_i 和 t_i^* 每一维的定义为

$$\begin{cases} t_x = (x - x_a)/w_a \\ t_y = (y - y_a)/h_a \\ t_w = \ln(w/w_a) \\ t_h = \ln(h/h_a) \end{cases}, \quad \begin{cases} t_x^* = (x^* - x_a)/w_a \\ t_y^* = \ln(y^* - y_a)/h_a \\ t_w^* = \ln(w^*/w_a) \\ t_h^* = \ln(h^*/h_a) \end{cases} \tag{8.6}$$

式中，x、x_a、x^*分别为预测区域、候选区域和真实区域的值(y、w、h 同理)。

对于分类损失，其采用的是 Softmax 损失函数，定义为

$$L_i = -\ln\left(\frac{e^{Z_i}}{\sum_j e^{Z_j}}\right) \tag{8.7}$$

式中，Z_i 为每一类的预测概率。

对于回归损失，其采用的是$\text{smooth}_{\text{L}_1}$ 损失函数，定义为

$$L_{\text{reg}}(t_i, t_i^*) = \sum_i \text{smooth}_{\text{L}_1}(t_i - t_i^*) \tag{8.8}$$

$$\text{smooth}_{\text{L}_1}(x) = \begin{cases} 0.5x^2, & |x|<1 \\ |x| - 0.5, & \text{其他} \end{cases} \tag{8.9}$$

3. Fast R-CNN

如图 8.7 上侧部分所示，在接收到从 RPN 提取出的候选区域后，经过感兴趣区域(region of interest，RoI)池化获得两个全连接层，最后分别与分类层和边框回

归层连接。由于区域框大小不同，经过特征提取层后得到的特征向量的大小也不同。RoI 池化层的作用是将不同大小的特征向量降维到同一大小，使其能够输入到后续的全连接层中。分类层用于计算锚框属于某一类目标的概率。边框回归层用于对锚框位置进行修正。

1) RoI 池化

RoI 池化的原理与普通池化不同。普通池化每次都是根据固定尺寸进行池化操作，如 2×2。而每次进行 RoI 池化前都需要对池化尺寸 S_{p} 进行计算，计算公式为

$$S_{\mathrm{p}} = \frac{y_2 - y_1}{H_{\mathrm{p}}} \times \frac{x_2 - x_1}{W_{\mathrm{p}}} \tag{8.10}$$

式中，x_1、x_2、y_1 和 y_2 为某个候选区域的坐标；H_{p} 和 W_{p} 分别为期望池化之后特征向量的尺寸。

这样保证了输入到全连接层的特征向量尺寸的一致性。

2) 损失函数

Fast R-CNN 的损失函数与 RPN 类似，也包含分类和回归两个部分，具体定义为

$$L(p,u,t^u,v) = L_{\mathrm{cls}}(p,u) + \lambda[u \geqslant 1]L_{\mathrm{loc}}(t^u,v) \tag{8.11}$$

式中，$L_{\mathrm{cls}}(p,u) = -\ln p_u$ 为正确类别 u 的损失；$\lambda[u \geqslant 1]$ 代表 u 不为 0(不为背景)时的值；t^u 代表预测位置，$t^u = (t_x^u, t_y^u, t_w^u, t_h^u)$。

回归损失函数采用的是 $\mathrm{smooth}_{\mathrm{L}_1}$ 损失函数，v 代表真实区域，具体定义为

$$L_{\mathrm{loc}}(t^u,v) = \sum_{i \in \{x,y,w,h\}} \mathrm{smooth}_{\mathrm{L}_1}(t_i^u, v_i) \tag{8.12}$$

8.3.3　Faster R-CNN 训练及测试

网络训练采用的是四步训练法。第一步，用预训练好的网络参数对 RPN 进行初始化。第二步，利用第一步中的 RPN 生成锚框，对 Fast R-CNN 进行训练。目前，RPN 和 Fast R-CNN 并没有权值共享。第三步，利用第二步训练好的 Fast R-CNN 的网络参数，初始化一个新的 RPN。把 RPN 和 Fast R-CNN 共有的特征提取网络权值参数固定，不参与训练，只训练 RPN 特有的网络(单个卷积层、分类层和边框回归层)。这样，Fast R-CNN 和 RPN 共享了同一个特征提取网络。第四步，固定特征提取网络的权值，训练其余的网络结构(RPN 和 Fast R-CNN 特有的网络结构)。

通过以上四步训练，得到可以对扣件进行检测的深度学习网络。Faster R-CNN 训练超参数设置如表 8.8 所示。

表 8.8　Faster R-CNN 训练超参数设置

超参数	数值
训练次数	15000
学习率	0.001
冲量	0.9
权值衰减	0.0005
显示间隔	20

利用测试集对网络进行测试，得到混淆矩阵如表 8.9 所示。

表 8.9　测试混淆矩阵

真实情况	预测结果			未被检测	召回率/%
	正常	损坏	缺失		
正常	487	0	0	20	96.06
损坏	2	93	0	0	98
缺失	0	0	32	0	100
准确率/%	100	100	100	100	—

由表 8.9 可知，损坏扣件检查的准确率为 100%，召回率为 98%；缺失扣件检查的准确率和召回率均为 100%。

根据深度学习的预测结果对样本进行排序，并以此为顺序依次进行预测，每次计算出当前的召回率和准确率，以召回率为横坐标，准确率为纵坐标，得到召回率-准确率曲线，这个曲线下的面积为平均精度，对每一类的平均精度取均值，就得到了平均精度均值，结果如表 8.10 所示。

表 8.10　Faster R-CNN 检测的平均精度和平均精度均值

检测类型	平均精度/%	平均精度均值/%
正常扣件	94.8	97.9
损坏扣件	98.9	
缺失扣件	100	

由表 8.10 可知，Faster R-CNN 检测的平均精度均值达到 97.9%。此外，通过计算得到检测单幅图像的时间为 0.23s。

正常、损坏和缺失扣件的部分检测结果分别如图 8.9、图 8.10 和图 8.11 所示。

图 8.9　正常扣件检测结果

图 8.10　损坏扣件检测结果与正常扣件的比较

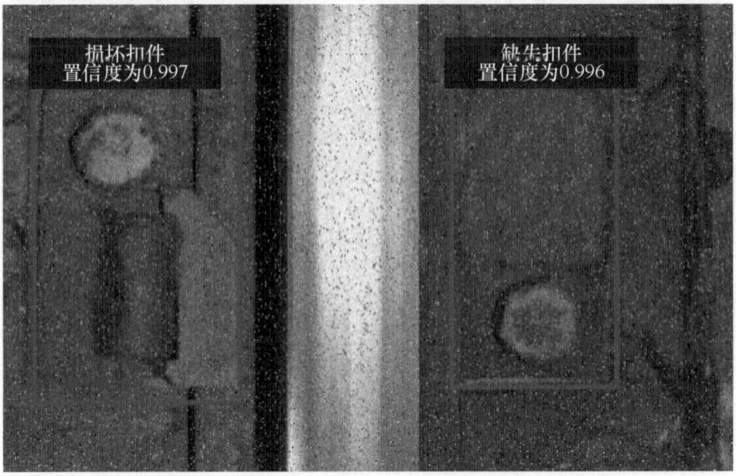

图 8.11　损坏扣件与缺失扣件检测结果

8.4 本章小结

本章讨论了两个用于扣件检测的深度学习模型,介绍了 VGGNet-16 的网络结构和 Faster R-CNN 的基本原理与训练过程。通过图像增强算法扩充数据集，包括旋转、镜像、加噪、光照增强等。其中，VGGNet-16 模型主要用于扣件状态分类。Faster R-CNN 可同时实现扣件定位和扣件分类。VGGNet-16 最终可达到 97.14% 的准确率；Faster R-CNN 检测的平均精度均值达 97.9%，检测单幅图像的时间为 0.23s。

参考文献

[1] Jobson D J, Rahman Z. Properties and performance of a center/surround Retinex[J]. IEEE Transactions on Image Processing, 1997, 6(3): 451-462.

[2] Krizhevsky A, Sutskever I, Hinton G. ImageNet classification with deep convolutional neural networks[C]. Proceedings of the 25th International Conference on Neural Information Processing Systems, Lake Tahoe, 2012: 1097-1105.

[3] Girshick R, Donahue J, Darrell T, et al. Rich feature hierarchies for accurate object detection and semantic segmentation[C]. Proceedings of the IEEE Conference on Computer Vision and Pattern Recognition, Washington D. C., 2014: 580-587.

[4] Simonyan K, Zisserman A. Very deep convolutional networks for large-scale image recognition[C]. International Conference on Learning Representations, San Diego, 2015: 1-14.

[5] Hinton G E, Srivastava N, Krizhevsky A, et al. Improving neural networks by preventing co-adaptation of feature detectors[J]. Computer Science, 2012, 3(4): 212-223.

[6] Geng M Y, Wang Y W, Xiang T, et al. Deep transfer learning for person re-identification[C]. IEEE Fourth International Conference on Multimedia Big Data, Xi'an, 2018: 1-5.

[7] Deng J, Dong W, Socher R, et al. A large-scale hierarchical image database[C]. Process of IEEE Computer Vision and Pattern Recognition, Miami, 2009: 248-255.

[8] Ren S Q, He K M, Girshick R, et al. Faster R-CNN: Towards real-time object detection with region proposal networks[J]. JEEE Transactions on Pattern Analysis and Machine Intelligence, 2017, 39(6): 1137-1149.

[9] Girshick R. Fast R-CNN[C]. IEEE International Conference on Computer Vision, Santiago, 2015: 1440-1448.

第 9 章 基于深度学习的钢轨表面和扣件病害多目标识别

近年来，得益于各大领域相关科学技术的不断进步，作为目前各大城市主要交通运输方式的城市轨道交通得到了飞速的发展，但同时也对城市轨道交通的运输安全和维保决策提出了更加严苛的要求。研究中发现，轨道线路状态直接影响着运营车辆在正常行驶过程中的平稳性和安全性，以及乘客乘坐时的舒适性。此外，轨道线路基础设施病害的出现和不断发展恶化，也将增大线路维修养护的成本和维保决策的难度。上述两个方面都不同程度地制约着城市轨道交通的进一步发展，因此实时且准确地检测和识别轨道线路基础设施关键部件的病害，对有效制定维保策略、缓解各关键部件病害的进一步发展具有重要意义，不仅能保障城市轨道交通运营车辆安全、平稳的运行，提升乘客乘车的舒适性，也可以降低轨道线路的维保成本和噪声污染，增加社会经济效益。

轨道线路基础设施主要包括钢轨、扣件、轨枕等关键部件，本章主要针对病害产生频率较高的钢轨表面和扣件，讨论利用先进的深度学习目标检测算法 Faster R-CNN[1]和 YOLOv3[2]，实现轨道线路的多目标病害检测，即在一幅轨道线路图像中同时识别钢轨表面和扣件存在的病害。

9.1 钢轨表面和扣件病害多目标检测概述

长期以来，对于轨道线路基础设施关键部件状态，主要采用人工检测或者利用轨检车进行检测。但是，人工检测因固定的检测周期而不能及时了解轨道线路状态，不仅检测效率低、人工成本高，而且检测结果受检测人员精神状态和专业素质影响很大，难以满足轨道交通日益增长的需求。此外，虽然轨检车检测功能强大、检测精度尚可，但是其造价成本高，在检测过程中会占用正常的运营线路，且当城市存在多条运营线路时，无法满足正常的检测周期需求。因此，迫切需要开发一种采用图像处理、计算机视觉、深度学习、高速高分辨率摄像机等先进技术的轨道线路检测系统，以提高轨道交通的安全性和稳定性，实现对轨道线路的自动检测，缩短检测时间，降低维修成本。

在过去的十几年中，许多研究人员和机构致力于轨道线路自动检测算法及系统的开发。针对扣件缺陷的检测，Kwon 等[3]构建了基于图像匹配和增强现实的缺陷管理系统,以使工作人员和管理人员能够自动检测工作现场的尺寸错误和遗漏；Ruvo 等[4]使用多层感知机神经分类器检测丢失的扣件，并借助 GPU 来实现在线扣件检测算法；Yang 等[5]使用基于方向场的方法刻画扣件图像的纹理特征，并使用线性判别分析算法生成权重系数矩阵，通过计算扣件图像和权重系数矩阵之间的匹配距离实现缺失扣件的检测；Xia 等[6]首先利用模板匹配算法定位和分割扣件区域，然后结合类 Haar 特征提取和 AdaBoost 分类算法实现扣件缺陷的识别；刘甲甲等[7]针对轨道扣件缺陷自动识别问题，提出了一种基于图像融合特征和贝叶斯压缩感知的图像分类识别算法，该算法相较于主流方法在识别率方面具有一定优势，可为铁路扣件自动化巡检提供重要技术借鉴；Li 等[8,9]对轨道部件几何特征进行分析，并结合 Hough 变换和 Sobel 边缘检测算法定位扣件区域；Resendiz 等[10]首先利用 Gabor 滤波器将二维图像转换为一维信号，然后提出一种多信号分类算法检测一维信号,该信号分类算法可以对不同轨道分量产生的信号进行分类;Feng 等[11]利用扣件、轨枕和钢轨之间的位置关系定位扣件区域，并在此基础上设计了扣件缺陷自动视觉检查系统，该系统使用概率主题模型实现部分磨损和完全缺失的扣件的检测；李永波等[12]提出了采用基于梯度直方图特征的扣件状态检测算法，用各种工况下的图像作为训练集训练 SVM 分类器以实现扣件缺陷的识别，并在铁路线路状态检测系统中运用，得到了较高的准确率和良好的实用性；Fan 等[13]提出了一种基于局部二进制模式的高速铁路扣件检测算法，该算法可以有效表示扣件的关键部件，在检测真实数据集中完全缺失和部分缺失的扣件方面具有良好的性能；Liu 等[14]受少量学习的启发，提出了一种新颖的基于视觉的扣件检查系统，该系统基于在线模板匹配的分类方法自动收集和标注大量扣件样品，且只需要少量标注的扣件模板；Gibert 等[15,16]提出一种集成多个检测器的多任务学习框架，用于铁路枕木和扣件的检测，有效提升了检测的准确率；Wei 等[17]研究了使用图像处理技术和深度学习网络对扣件缺陷状态的检测和识别问题，实验对比分析了两类方法各自的优点和缺点；何彪等[18]针对在铁路钢轨扣件状态自动识别中断裂扣件与正常扣件难以区分的问题，基于可变形部件模型(deformable parts model，DPM)算法提出可变形部件模板模型(deformable parts template model，DPTM)算法用于扣件状态的自动检测，能够较好地区分正常、断裂和丢失三种状态的扣件。

除了扣件缺陷检测之外，也有很多针对钢轨表面病害检测的研究。钢轨表面病害大致分为两类：钢轨波磨和轨面离散。钢轨波磨是钢轨表面上周期性的不规则磨损现象，而轨面离散以随机或任意方式出现在轨头的表面，即没有重复性的特征[19]。Li 和 Ren[20]提出了一种基于局部迈克耳孙对比度的轨道图像增强算法，显著提升了病害与背景的区分度，首先通过一种新的自动阈值方法——比例增强最大熵阈值算法得到一个最大化目标(缺陷)熵的阈值，然后将缺陷比例保持在一个较低的水平，符合轨道图像的统计特征，最后在此基础上构建了用于钢轨表面离散病害的智能视觉检测系统；Li 等[21]针对钢轨图像单峰、病害比例小的特点，提出了一种最大加权目标相关阈值化方法以提高钢轨表面离散病害检测的性能；Yuan 等[22]深入分析钢轨图像的特点，提出一种改进的一维 Otsu 阈值分割方法(加权的目标方差 Otsu 方法)，通过对图像类间方差的目标方差加权，使分割阈值靠近单模直方图的左边缘或者双模直方图的谷底；Li 和 Ren[23]使用一种用于钢轨表面离散病害的实时视觉检查系统，该系统运行速度快，具有线性的计算时间复杂度，且在实验设置下可以实时运行在 216km/h 的测试列车上；He 等[24]提出了一种新的 P-M 扩散模型并结合差分运算增强图像中病害的边缘，在此基础上利用阈值二值化方法实现病害区域的定位；Gan 等[25]提出了一种以背景为导向的病害检测器，通过在检测过程中轨道的特性来改进检测的结果；Mandriota 等[26]以这种方式重新定义检测任务，为钢轨表面图像的建模提供了一种新的方法，基于空间滤波器特性和 K 近邻算法，讨论了一种钢轨表面波磨病害的识别算法，该算法是最早的基于计算机视觉的钢轨表面波磨病害识别算法；Wei 等[27]提出了一种基于改进空间金字塔匹配模型的钢轨波磨识别算法，并在此基础上根据对波磨区间每列图像执行一维快速傅里叶变换和 SNDMF 后的统计结果估计波磨周期，最后结合磨耗显著度分析和模糊理论提出一种钢轨波磨严重程度评估算法。

如今，基于深度学习算法已逐渐成为检测轨道表面缺陷的主要方法。Faghih-Roohi 等[28]提出了一种深度卷积神经网络解决方案来分析图像数据，以实现轨道表面病害的自动检测；James 等[29]提出了一种多阶段深度学习技术，用于在基于视觉的铁路轨道检测系统中检测铁路表面离散病害；Liang 等[30]基于 SegNet 模型构建了钢轨表面病害检测系统，该系统可用于检测复杂环境中的钢轨病害，所提出的检测网络可独立学习提取图像中的钢轨表面病害特征，消除干扰因素，不需要参与筛查检测结果，具有较高的学习能力；Song 等[31]提出了一种利用 YOLOv3 算法实现钢轨表面病害检测的深度学习算法，在一定程度上提升了检测速度。钢轨表面和扣件缺陷检测技术都取得了重大进展，然而在已有的绝大部分研究中，都将钢轨表面病害的检测和扣件缺陷的检测问题作为两个独立的问题进行处理，但是，在实际轨道线路上，钢轨和扣件并不是单独出现的，而且可以由一台相机同时捕获。对于实际应用，有必要同时研究钢轨表面和扣件缺陷的检测问题，仅使用一种检测算法和一种实际的监视系统实现对轨道线路的自动检测，将更加方便，可以减少检测时间、降低运维成本、提高经济性。

目前，随着深度学习网络在计算机视觉领域取得突破性进展，基于计算机视觉技术的轨道线路检测设备逐渐成熟并取得了较大的成功，得到了越来越广泛的应用，其不仅具有非接触、连续检测的特点，同时具备快速、低成本检测等优点。

另外，利用计算机视觉技术的轨道线路状态检测设备还可实现多个目标病害的同时检测，非常适合于在复杂恶劣环境条件下执行实时、高精度、重复性的任务。深度学习技术在目标检测领域的不断深入研究和突破，将更有助于进一步提升轨道线路状态检测的智能化程度和综合性。

9.2　钢轨表面和扣件病害图像的预处理

相较于正常状态图像数据，轨道线路异常状态图像数据比较少，即在正常运营线路上，损坏和丢失的扣件、存在剥离掉块的钢轨表面等在数量上并不多。这种情况会导致正负样本不均衡，严重影响网络训练和检测性能，因此需要对原始轨道线路多目标病害数据集进行数据增强处理。数据增强是对原始图像进行一定的处理以扩充数据集，缓解数据集中样本量分布不均衡的问题，能够在一定程度上提升模型的性能[32]。

常见的数据增强算法包括图像镜像、旋转、加噪、颜色扰动等。颜色扰动主要利用随机因子综合调整图像的亮度、饱和度、对比度和锐度。相关方法及概念在第 8 章有详细介绍，在此不再赘述。以加噪和颜色扰动两种图像增强算法为例，分别采用椒盐噪声和均值为 0、方差为 0.05 的高斯噪声，增强后图像如图 9.1 所示。

(a) 原始图像　(b) 添加高斯噪声后图像

(c) 添加椒盐噪声后图像　(d) 颜色扰动增强后图像

图 9.1　增强后图像

最后，经过图像增强后，随机划分轨道线路多目标病害数据集 70%图像作为训练集，余下的 30%图像作为测试集。

9.3　基于 Faster R-CNN 的钢轨表面和扣件多目标病害识别

基于深度学习的目标检测一般分为两类：一类是以 Faster R-CNN 为代表的基于候选区域的深度学习目标检测算法；另一类是以 YOLOv3 为代表的基于回归方法的目标检测算法。其中，基于候选区域的深度学习目标检测算法解决了传统目标检测算法存在的两个主要问题：①在传统目标检测算法框架使用滑动窗口的方法选取目标区域时，产生的区域冗余度非常高，同时，生成窗口时对所要检测的目标对象无针对性，因此这一过程有很多不必要的重复计算和时间浪费；②需要人工辅助设计的特征对于多样性的变化没有很好的鲁棒性，这会使目标检测算法对未知检测样本的泛化性能降低。

为解决第一个问题，基于候选区域的深度学习目标检测算法一般会预先找出图像中目标对象可能出现的位置。这类算法的候选区域利用图像中的纹理、边缘、颜色等信息，可以在选取较少窗口的情况下保持较高的召回率。另外，通过计算窗口出现目标对象的概率，对大概率的窗口再次进行筛选。这种区域选择策略获取的候选窗口质量更高，后续检测操作的时间复杂度也因此降低。比较有代表性的产生候选区域的算法有选择性搜索(selective search, SS)算法[33]和边缘框(edge boxes, EB)[34]等。而针对第二个问题，计算机视觉领域引入了深度学习，卷积神经网络通常作为图像的特征提取器以取代传统特征算子。

2014 年，Girshick 等[35]设计了 R-CNN 算法框架，该算法框架第一次采用卷积神经网络在候选区域提取特征的全新方式。R-CNN 算法框架首先用 SS 算法选出 2000 多个候选区域，然后利用卷积神经网络作为特征提取器在候选区域提取特征，最后利用 SVM 分类器进行特征向量分类。在 PASCAL VOC 2007 数据集上，R-CNN 算法框架的平均检测精度大致为 DPM 算法框架检测精度的 2 倍。在 R-CNN 研究工作的基础上，He 等[36]提出了 SPPNet 算法框架，R-CNN 算法框架需在每一个候选区域将图像输入缩放到固定的尺寸再提取特征，而 SPPNet 算法框架采用任意大小的图像输入，在候选区域用卷积神经网络提取特征后，再把不同大小的特征图用金字塔层处理成固定的尺寸，把这些特征图送入全连接层。该算法框架大大减少了计算量，其检测速度比 R-CNN 算法框架提升了 24～102 倍。Fast R-CNN 算法框架以整幅经过归一化处理的图像直接送入深度神经网络，在全连接层之前，设计了一个感兴趣区域进行池化操作以统一特征图的尺寸，同时加入候选框信息。该算法框架多任务损失函数的设计，使检测模型能够在全连接层直接回归出目标对象的坐标位置[37]。

R-CNN、SPPNet 和 Fast R-CNN 算法框架采用 SS 算法产生候选区域。与之不同的是，Faster R-CNN 算法框架舍去了选择性搜索策略，使用卷积神经网络直接产生候选区域，即 RPN。Faster R-CNN 算法框架由 RPN 和 Fast R-CNN 组成，这两部分通过联合训练共享网络参数，极大地提高了检测速度。另外，RPN 是目前最精确的候选框定位方法，基于区域的全卷积网络(region-based fully convolutional network，R-FCN)算法框架采用 RPN 产生候选区域，设计了位置敏感分数图处理图像分类时的平移不变性和目标对象识别时的平移变换，相比于 Faster R-CNN 算法框架，该算法框架的检测速度能够提高 2.5～20 倍[38]。特征金字塔网络(feature pyramid network，FPN)算法框架是在 Faster R-CNN 算法框架的基础上加入一个侧边连接而成，该算法框架利用了特征金字塔的多尺度特性，在每一层的特征图进行预测时，需在该层的特征图上融入其他不同层特征图的语义特征。这种设计保证了目标检测时的精度[39]。Mask R-CNN 算法框架是在 Faster R-CNN 算法框架的基础上加入一个 RoI 分支，该分支找出图像中的 RoI，对这些区域进行像素校正，在每一个 RoI 采用全卷积神经网络(fully convolutional neural network，FCNN)预测实例。除了实例分割外，Mask R-CNN 还能够进行常规的目标检测，易于泛化到其他特定任务，且易于扩展[40]。

本节将讨论利用 Faster R-CNN 实现钢轨表面和扣件多目标病害识别的方法。其中，一些实现细节已在第 8 章详细介绍，这里不再赘述。

9.3.1 多目标病害检测数据集制作

Faster R-CNN 采用的是有监督学习方法，需要对用于网络训练的图像进行标注，同时利用矩形框标定扣件在图像中的位置。将图像数据、标注数据、位置数据输入到网络中，网络通过这些样本不断进行学习，对网络中的权重值进行调整，最终获得一个能对该类扣件进行有效定位和分类的网络。

首先，利用 LabelImg 工具和矩形框将图像中的扣件内容标记出来，如图 9.2 所示。然后，对待检测目标的类别进行文本标注，保存在 Annotations 文件夹下的 *.xml 文件中。

用于 Faster R-CNN 训练的数据集如表 9.1 所示。该数据集也将用于训练在 9.3.2 节介绍的网络。

图 9.2　多目标病害检测数据集标注示例

表 9.1　轨道线路多目标病害数据集

数据集	图像数量/幅	完整扣件数/个	损坏扣件数/个	缺失扣件数/个	正常钢轨表面数/个	钢轨轨面波磨数/个
训练集	740	1159	236	68	468	291
测试集	318	507	95	32	212	115

9.3.2　Faster R-CNN 模型搭建、训练及测试

Faster R-CNN 模型的详细搭建过程参见第 8 章。如 8.3.3 节所述，网络的训练采用的是四步训练法。

网络超参数的设置与表 8.8 中网络训练超参数设置相同，通过四步训练，得到可以实现对钢轨和扣件多目标病害进行检测的深度学习网络。最后利用测试集对训练好的轨道线路多目标病害检测网络进行测试。根据深度学习的预测结果对样本进行排序，并以此为顺序依次进行预测，每次计算出当前的召回率和准确率，以准确率为横坐标、召回率为纵坐标，得到准确率-召回率曲线，该曲线下的面积即平均精度，对每一类样本的平均精度取均值，就得到了平均精度均值，结果如表 9.2 所示。

表 9.2　各类别样本平均精度及检测性能

样本	平均精度
正常扣件	0.943
损坏扣件	1

续表

样本	平均精度
缺失扣件	1
正常钢轨轨面	0.9719
钢轨轨面波磨	0.8403
平均精度均值	0.951

9.4　基于 YOLOv3 算法的钢轨表面和扣件多目标病害识别

基于回归方法的深度学习目标检测算法主要有 YOLO[41]、SSD[42]、YOLOv2[43]和 YOLOv3。目前，Faster R-CNN 是目标检测领域最重要的算法框架之一。该算法框架提出产生候选区域的 RPN 结构和目标边框位置的候选框映射机制。这些创新点直接启发了后续一系列研究工作，这一个系列的算法框架在目标位置定位方面比较准确，相对于 YOLO，其检测精度有比较明显的优势。但是，Faster R-CNN 以及该系列基于候选区域的大部分算法有以下三点不足：①Faster R-CNN 系列算法框架采用或者借鉴了已有图像分类模型如 VGGNet、ResNet 等，这些分类模型相对于 YOLO 的 Darknet 模型，训练产生的参数巨大，模型训练的耗时非常长。②Faster R-CNN 系列算法对硬件设备要求非常高，如 R-FCN、Mask R-CNN 算法，网络模型需要 8 块 GPU 训练，一般的实验室没有这个实验条件，而 YOLO 的 Darknet 模型只要有一个显存大于 4GB 的显卡的笔记本就可以在 PASCAL VOC 2007 数据集上进行检测模型训练，实验环境简单而廉价。③Faster R-CNN 系列算法在检测速度上远远达不到实时性要求，而 YOLO 算法在 PASCAL VOC 2007 数据集上利用 GPU 加速可以达到 45FPS(帧每秒)，YOLOv2 算法可以达到 67FPS，YOLO 算法利用整幅图像作为网络的输入，直接在输出层回归检测物体边框的位置和所属的类别，但是，YOLO 算法对相互靠近的物体以及很小的群体检测效果不好，泛化能力偏弱，同时定位误差比较严重地影响检测效果。

针对 YOLO 算法的这些问题，SSD 算法框架采用 RPN 结构，改进了 YOLO 算法框架的回归机制，即在多个层级的特征图上预测目标边框的类别及偏移量。同时，SSD 算法框架采用端到端的训练方式，在一定程度上保持了低分辨率图像的检测精度。SSD 算法框架虽然使用了多尺度策略在不同层级进行目标边框的处理，但其对小目标检测的能力非常有限。随后，Redmon 和 Farhadi[43]充分平衡了检测精度和速度，提出了一种目标分类与检测的联合训练方法，同时在 COCO 和 ImageNet 数据集中进行训练得到 YOLO9000，实现 9000 多种物体种类的实时检测。Redmon 和 Farhadi[2]引入 53 层的残差网络作为特征提取器，在加深网络结构的同时收窄网络结构，并采用多个尺度融合的方式进行预测，在保持速度优势的前提下，提升了预测精度，综合检测效果比 YOLOv2 算法提高不少。

本节将讨论利用 YOLOv3 算法实现轨道和扣件多目标病害识别的方法。传统的 YOLOv3 网络在各大目标检测公共数据集上均具有优异的检测性能，将其直接用于轨道线路多目标病害的检测与识别同样具有较高的检测精度和较快的检测速度，但针对本章特定的检测目标，会存在以下两个方面的问题：

(1) 在构建的轨道线路多目标病害数据集中，待检测目标(钢轨表面、扣件)在图像中占比较大且尺度固定，基于多尺度融合方式进行目标检测的传统 YOLOv3 网络检测过程复杂、效率较低。此外，不同的检测目标之间具有明显的纹理、边缘等低层次特征区别。在深度学习网络中，浅层具有强大的低层次特征学习能力，有效利用浅层提取得到的特征将有助于提升目标检测精度，而传统的 YOLOv3 网络未能充分发挥出浅层网络学习到的目标低层次特征的作用。

(2) 传统的 YOLOv3 网络参数量较大，且对于本章特定目标的检测，其基本骨架网络过于复杂与冗余，过多的参数会导致训练复杂、增大对数据量的需求以及减慢检测速度，运算复杂度较高，不利于达到轨道线路多目标病害实时检测的要求。

针对上述存在的两个问题，利用改进后的 YOLOv3 模型实现钢轨表面和扣件的多目标病害识别，有效地提升轨道线路多目标病害检测的效率、精度和速度。

9.4.1　YOLOv3 网络模型搭建及改进

传统的 YOLOv3 网络使用基于 ResNet 改进的 Darknet53 网络作为特征提取器，并采用多个尺度融合的方式进行预测，在预测时采用了多尺度特征融合的方式，将特征提取网络中低层次特征与特征层中的高层次特征融合，具有目前目标检测领域顶尖的检测性能。在复杂的轨道线路运营环境背景下，下面将针对特定的检测目标，从提升模型检测精度和轻量化检测模型两个角度出发，改进传统的 YOLOv3 模型，最终构建出适用性更强、检测速度更快的轨道线路多目标病害检测网络。传统 YOLOv3 网络的基本结构如图 9.3 所示。

1. 传统 YOLOv3 网络模型搭建

传统 YOLOv3 网络首先将原始数据集图像缩放至大小均为 416 像素×416 像素，利用类似于 FPN 的尺度金字塔结构，将原始数据集图像按照特征图的尺度划分为 $s\times s$ 个大小相等的单元格，分别在特征图大小为 13 像素×13 像素、26 像素×26 像素、52 像素×52 像素三个尺度上进行检测，并使用 2 倍上采样方法使得特征图在相邻的两个尺度上进行传递。对于物体位置的预测，YOLOv3 网络采用 K-means

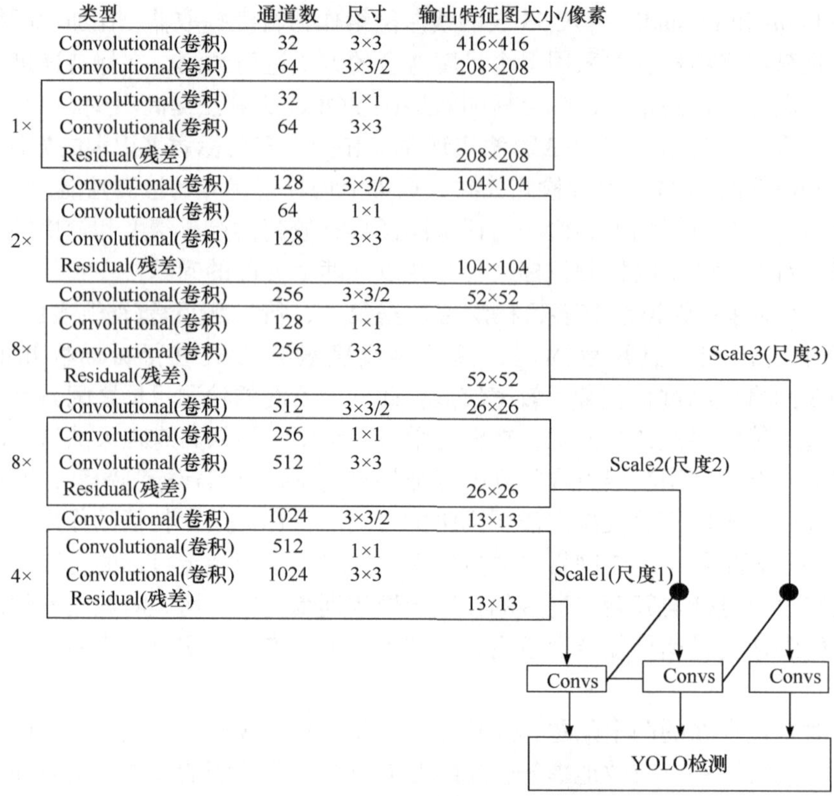

图 9.3　传统 YOLOv3 网络的基本结构

聚类算法生成先验框。划分后的每一个单元格借助 3 个锚框预测 3 个边界框，预测边界框示意图如图 9.4 所示。

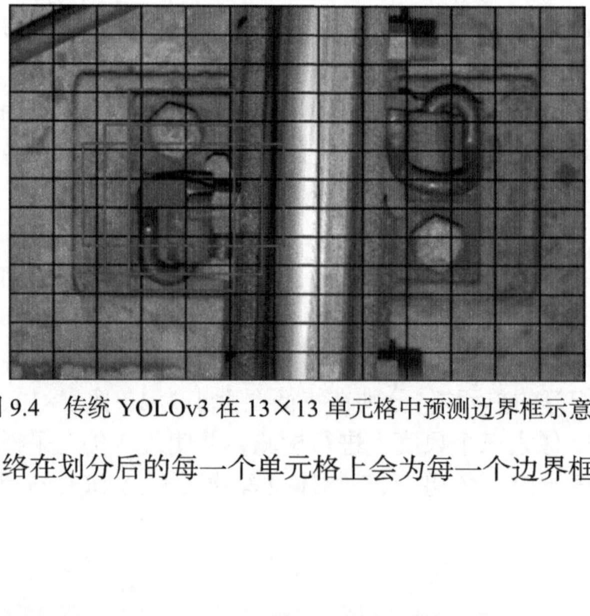

图 9.4　传统 YOLOv3 在 13×13 单元格中预测边界框示意图

YOLOv3 网络在划分后的每一个单元格上会为每一个边界框预测 4 个值，即坐标(x, y)与目标的宽 w 和高 h，分别记为 t_x、t_y、t_w、t_h。边界框预测示意图如图 9.5 所示。

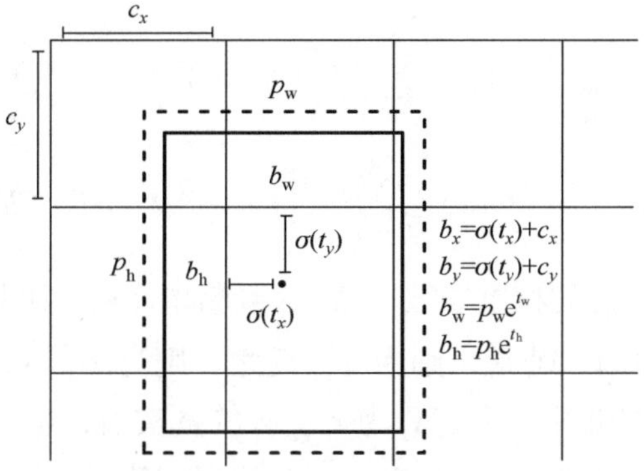

图 9.5　边界框预测示意图

若检测目标中心在单元格中相对于图像的左上角存在偏移(c_x, c_y)，并且锚框的宽度和高度分别为 p_w 和 p_h，则修正后的边界框为

$$\begin{cases} b_x = \sigma(t_x) + c_x \\ b_y = \sigma(t_y) + c_y \\ b_w = p_w e^{t_w} \\ b_h = p_h e^{t_h} \end{cases} \tag{9.1}$$

式中，$\sigma()$ 为 Sigmoid 函数。

网络使用误差平方和作为损失。假设真实坐标为 t^*，梯度为真实坐标值减去网络预测坐标值。此外，YOLOv3 网络在预测锚点框中包含物体的概率时使用了逻辑回归算法。对于每一个单元格，如果其上的一个锚框与真实目标边界框的重叠率大于其他任何锚框，则该锚框的概率为 1；如果锚框与真实目标的边界框的重叠率大于 0.5，但又不是最大的，则忽略该预测。网络在预测时仅对一个目标物体分配一个锚框。如果锚框中被认为没有包含目标物体，则其在最终的损失函数中不起作用。网络使用二元交叉熵损失和逻辑回归来进行类别预测。

YOLOv3 网络总的损失函数包含三部分，分别为坐标误差、IoU 误差和分类误差。其表达式为

$$L_Y = \sum_{i=0}^{S^2} E_{coo} + \sum_{i=0}^{S^2} E_{IoU} + \sum_{i=0}^{S^2} E_{cla} \tag{9.2}$$

式中，L_Y 为 YOLOv3 的损失函数；$\sum_{i=0}^{S^2} E_{coo}$ 为坐标误差；$\sum_{i=0}^{S^2} E_{IoU}$ 为 IoU 误差；$\sum_{i=0}^{S^2} E_{cla}$

为分类误差；S^2 为总的单元格数量。

1) 坐标误差

计算公式为

$$\begin{aligned}\sum_{i=0}^{S^2} E_{\mathrm{coo}} &= \lambda_{\mathrm{coord}} \sum_{i=0}^{S^2} \sum_{j=0}^{B} I_{ij}^{\mathrm{obj}} \left[(x_i - \widehat{x}_i)^2 + (y_i - \widehat{y}_i)^2 \right] \\ &\quad + \lambda_{\mathrm{coord}} \sum_{i=0}^{S^2} \sum_{j=0}^{B} I_{ij}^{\mathrm{obj}} \left[(w_i - \widehat{w}_i)^2 + (h_i - \widehat{h}_i)^2 \right]\end{aligned} \tag{9.3}$$

式中，$\lambda_{\mathrm{coord}}=0.5$ 为 E_{coo} 的权重参数；I_{ij}^{obj} 为判断单元格 i 中的第 j 个检测边界框是否负责这个物体的检测，若是，则为 1，反之，则为 0；x_i、y_i 为检测边界框中心相对单元格 i 位置的偏移；$\widehat{x}_i$、$\widehat{y}_i$ 为 x_i、y_i 的真实值；w_i、h_i 分别为单元格 i 对应的检测边界框的宽和高；$\widehat{w}_i$、$\widehat{h}_i$ 为 w_i、h_i 的真实值；B 为总的检测边界框数量。

2) IoU 误差

计算公式为

$$\sum_{i=0}^{S^2} E_{\mathrm{IoU}} = \sum_{i=0}^{S^2} \sum_{j=0}^{B} I_{ij}^{\mathrm{obj}} (C_i - \widehat{C}_i)^2 + \lambda_{\mathrm{noobj}} \sum_{i=0}^{S^2} \sum_{j=0}^{B} I_{ij}^{\mathrm{noobj}} (C_i - \widehat{C}_i)^2 \tag{9.4}$$

式中，$\lambda_{\mathrm{noobj}}=0.5$ 为 E_{IoU} 的修正系数；C_i 为单元格 i 的置信度，$\widehat{C}_i$ 为 C_i 的真实值；I_{ij}^{noobj} 为不含该检测物体的边界框的置信度预测。

3) 分类误差

计算公式为

$$\sum_{i=0}^{S^2} E_{\mathrm{cla}} = \sum_{i=0}^{S^2} I_i^{\mathrm{obj}} \sum_{c \in \mathrm{classes}} \left[P_i(c) - \widehat{P}_i(c) \right]^2 \tag{9.5}$$

式中，I_i^{obj} 为是否有目标落入单元格 i 中，若有，则为 1，若没有，则为 0；$P_i(c)$ 为第 i 类目标中心落入该单元格的概率 $\Pr(\mathrm{Class}_i \mid \mathrm{Object})$；$\widehat{P}_i(c)$ 为 $P_i(c)$ 的真实值；classes 为所有类别的集合。

损失函数是预测值与真实值之间误差大小的一种表征形式，在实际实验中可以通过调整网络参数使得损失函数值降到最低。

2. 改进 YOLOv3 网络模型

前面提到，在构建的轨道线路多目标病害数据集中，待检测目标(钢轨表面、扣件)在图像中占比较大且尺度固定，并且不同的检测目标之间具有明显的纹理、边缘等低层次特征区别。因此，在传统 YOLOv3 网络的基础上，移除中等尺度和小尺度输出分支，构建单尺度的 YOLOv3 网络架构；为更好地利用浅层网络提取的低层次特征，在构建好的单尺度 YOLOv3 网络的基础上，增加跨层特征融合连接通道，即除了最后一个网络层之外，将每一层网络学习得到的特征图不仅作为下一层网络层的输入，也作为后续所有网络层的输入，并将所有网络层的输出拼接在一起作为检测模块的输入，形成初步的轨道线路多目标病害检测网络；最后对预设锚点框进行调整，以矩形框的交并比(用 R_{IoU} 表示)为相似度对轨道线路多目标病害检测训练集的所有目标标注使用 K-means 聚类算法获得锚框的大小，K-means 聚类算法的距离函数定义为

$$d(B,C)=1-R_{\mathrm{IoU}}(B,C) \tag{9.6}$$

式中，B 为矩形框的大小；C 为矩形框的中心；$R_{\mathrm{IoU}}(B, C)$为两个矩形框的交并比。

权衡平均交并比与锚框的数量及网络训练性能和效率，取 3 个锚框，分别为(61, 415)、(78, 205)、(112, 117)，锚框数量与平均交并比的关系如图 9.6 所示。

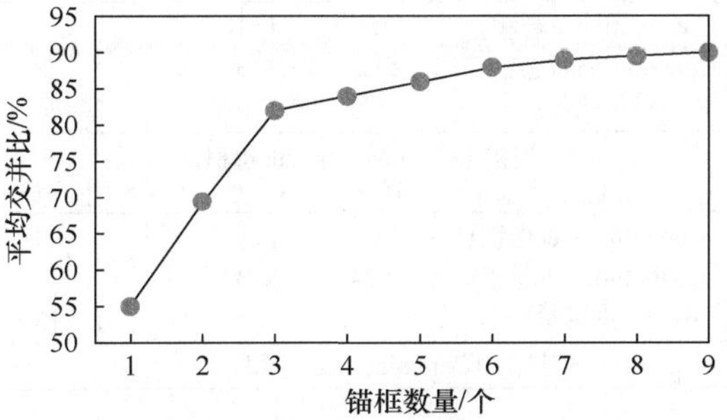

图 9.6　锚框数量与平均交并比的关系

此外，对于本章特定目标的检测，上述改进后的网络参数量依然较大，不利于达到轨道线路多目标病害实时检测的要求。在保证良好检测精度的前提下，借鉴密集连接网络的思想，重新设计深层网络的基本结构单元，利用所设计的密集相连模块替换残差堆叠模块，降低网络模型的复杂度，轻量化所构建的网络模型，最终完成轨道线路多目标病害检测网络的构建。改进 YOLOv3 网络基本结构如图 9.7 所示。

9.4.2　改进 YOLOv3 网络训练及测试

对改进 YOLOv3 网络进行训练及测试。首先，借助迁移学习的思想，将传统 YOLOv3 网络在 ImageNet 数据集上训练好的网络参数作为改进 YOLOv3 网络前几层的权重参数，并固定其值，即不参与训练。然后，利用本书构建的轨道线路多目标病害检测训练集对后面几层的权值参数进行训练和微调。改进 YOLOv3 网络训练超参数设置如表 9.3 所示，训练过程中网络的损失函数变化如图 9.8 所示。

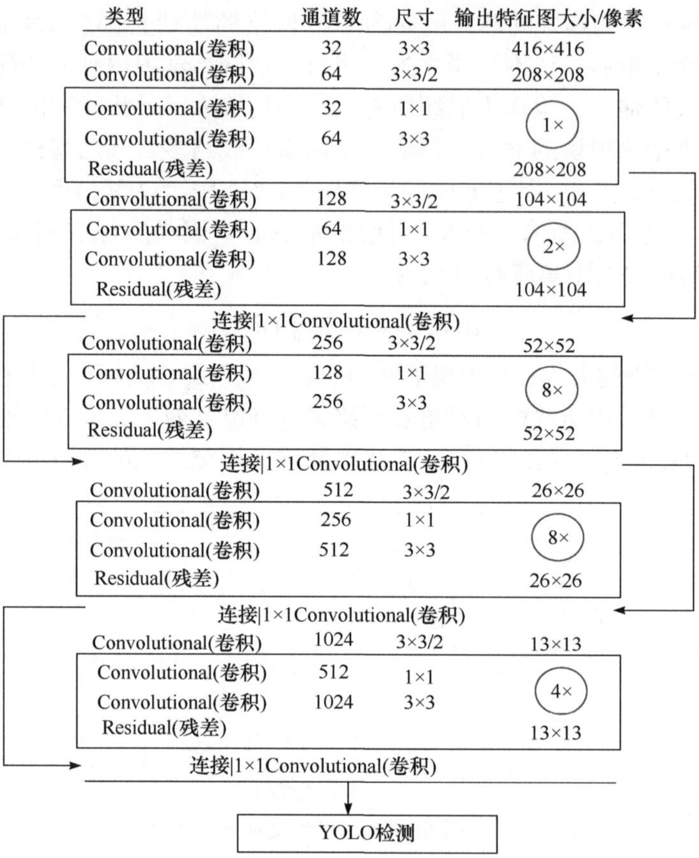

图 9.7　改进 YOLOv3 网络基本结构

表 9.3　改进 YOLOv3 网络训练超参数设置

超参数	数值
训练次数	400
初始学习率	0.001
冲量	0.9
权值衰减	0.0005
显示间隔	1

最后，利用测试集对训练好的轨道线路多目标病害检测网络进行测试。通过多次实验统计，利用改进 YOLOv3 网络检测单幅图像的时间为 0.0237s，参数量约为 24.6×10^6，可满足实时检测与识别的需求。

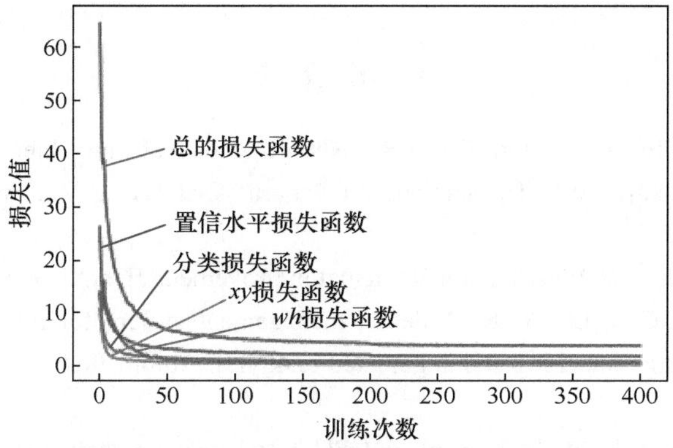

图 9.8 损失函数变化

根据深度学习的预测结果对样本进行排序，并以此顺序依次进行预测，每次计算出当前的召回率和准确率，以召回率为横坐标、准确率为纵坐标，得到准确率-召回率曲线，该曲线下的面积即平均精度，对每一类样本的平均精度取均值，就得到了平均精度均值，结果如表 9.4 所示。

表 9.4 各类别样本平均精度及检测性能

样本	平均精度
正常扣件	0.9961
损坏扣件	1.0000
缺失扣件	1.0000
正常钢轨轨面	0.9860
钢轨轨面波磨	0.9913
平均精度均值	0.9947

9.5 本 章 小 结

本章首先简要回顾了钢轨表面病害和扣件缺陷检测具有代表性的研究工作，然后讨论了两个用于钢轨表面和扣件病害多目标检测的深度学习模型。通过图像增强算法扩充数据集，包括镜像、旋转、加噪、颜色扰动等。介绍了 YOLOv3 网络结构及改进 YOLOv3 网络的基本原理和训练过程。通过测试分析，Faster R-CNN 的平均精度均值达到 95.1%，而改进 YOLOv3 网络模型的平均精度均值可达到 99.47%，同时，检测单幅图像的时间为 0.0237s。

参 考 文 献

[1] Ren S Q, He K, Girshick R, et al. Faster R-CNN: Towards real-time object detection with region proposal networks[J]. IEEE Transactions on Pattern Analysis & Machine Intelligence, 2015, 39(6): 1137-1149.

[2] Redmon J, Farhadi A. YOLOv3: An incremental improvement[J]. arXiv e-prints, 2018.

[3] Kwon O S, Park C S, Lim C R. A defect management system for reinforced concrete work utilizing BIM, image-matching and augmented reality[J]. Automation in Construction, 2014, 46: 74-81.

[4] Ruvo P D, Distante A, Stella E, et al. A GPU-based vision system for real time detection of fastening elements in railway inspection[C]. IEEE International Conference on Image Processing, Cairo, 2009: 2333-2336.

[5] Yang J F, Tao W, Liu M H, et al. An efficient direction field-based method for the detection of fasteners on high-speed railways[J]. Sensors, 2011, 11(12): 7364-7381.

[6] Xia Y Q, Xie F Y, Jiang Z G. Broken railway fastener detection based on AdaBoost algorithm[C]. International Conference on Optoelectronics and Image Processing, Haikou, 2010: 313-316.

[7] 刘甲甲, 熊鹰, 李柏林, 等. 基于计算机视觉的轨道扣件缺陷自动检测算法研究[J]. 铁道学报, 2016, 38(8): 73-80.

[8] Li Y, Trinh H, Norman H, et al. Rail component detection, optimization, and assessment for automatic rail track inspection[J]. IEEE Transactions on Intelligent Transportation Systems, 2014, 15(2): 760-770.

[9] Li Y, Otto C, Haas N, et al. Component-based track inspection using machine-vision technology[C]. Proceedings of the 1st ACM International Conference on Multimedia Retrieval, Trento, 2011: 1-8.

[10] Resendiz E, Hart J M, Ahuja N. Automated visual inspection of railroad tracks[J]. IEEE Transactions on Intelligent Transportation Systems, 2013, 14(2): 751-760.

[11] Feng H, Jiang Z G, Xie F Y, et al. Automatic fastener classification and defect detection in vision-based railway inspection systems[J]. IEEE Transactions on Instrumentation and Measurement, 2014, 63(4): 877-888.

[12] 李永波, 李柏林, 熊鹰. 基于 HOG 特征的铁路扣件状态检测[J]. 传感器与微系统, 2013, (10): 116-119.

[13] Fan H, Cosman P C, Hou Y, et al. High speed railway fastener detection based on line local binary pattern[J]. IEEE Signal Processing Letters, 2018, 25(6): 788-792.

[14] Liu J B, Huang Y P, Zou Q, et al. Learning visual similarity for inspecting defective railway fasteners[J]. IEEE Sensors Journal, 2019, 19(16): 6844-6857.

[15] Gibert X, Patel V M, Chellappa R. Robust fastener detection for autonomous visual railway track inspection[C]. IEEE Winter Conference on Applications of Computer Vision, Waikoloa, 2015: 694-701.

[16] Gibert X, Patel V M, Chellappa R. Deep multitask learning for railway track inspection[J]. IEEE

Transactions on Intelligent Transportation Systems, 2016, 18(1): 1-12.

[17] Wei X K, Yang Z M, Liu Y X, et al. Railway track fastener defect detection based on image processing and deep learning techniques: A comparative study[J]. Engineering Applications of Artificial Intelligence, 2019, 80: 66-81.

[18] 何彪, 李柏林, 熊鹰, 等. 基于可变形部件模板的扣件状态识别[J]. 铁道学报, 2019, 41(3): 91-96.

[19] Zerbst U, Madler K, Hintze H. Fracture mechanics in railway applications—An overview[J]. Engineering Fracture Mechanics, 2005, 72(2): 163-194.

[20] Li Q, Ren S. A visual detection system for rail surface defects[J]. IEEE Transactions on Systems, Man, and Cybernetics, Part C (Applications and Reviews), 2012, 42(6): 1531-1542.

[21] Li Q Y, Huang Y P, Liang Z P, et al. Thresholding based on maximum weighted object correlation for rail defect detection[J]. IEICE Transactions on Information and Systems, 2012, 95(7): 1819-1822.

[22] Yuan X C, Wu L S, Chen H W. Rail image segmentation based on Otsu threshold method[J]. Optics and Precision Engineering, 2016, 24(7): 1772-1781.

[23] Li Q Y, Ren S W. A real-time visual inspection system for discrete surface defects of rail heads[J]. IEEE Transactions on Instrumentation and Measurement, 2012, 61(8): 2189-2199.

[24] He Z D, Wang Y N, Yin F, et al. Surface defect detection for high-speed rails using an inverse P-M diffusion model[J]. Sensor Review, 2016, 36(1): 86-97.

[25] Gan J R, Wang J Z, Yu H M, et al. Online rail surface inspection utilizing spatial consistency and continuity[J]. IEEE Transactions on Systems, Man, and Cybernetics: Systems, 2018, 50(7): 2741-2751.

[26] Mandriota C, Nitti M, Ancona N, et al. Filter-based feature selection for rail defect detection[J]. Machine Vision and Applications, 2004, 15(4): 179-185.

[27] Wei D H, Wei X K, Liu Y X, et al. The identification and assessment of rail corrugation based on computer vision[J]. Applied Sciences, 2019, 9(18): 3913.

[28] Faghih-Roohi S, Hajizadeh S, Núñez A, et al. Deep convolutional neural networks for detection of rail surface defects[C]. IEEE International Joint Conference on Neural Networks, Vancouver, 2016: 2584-2589.

[29] James A, Wang J, Yang X L, et al. TrackNet—A deep learning based fault detection for railway track inspection[C]. International Conference on Intelligent Rail Transportation, Singapore, 2018: 1-5.

[30] Liang Z C, Zhang H, Liu L, et al. Defect detection of rail surface with deep convolutional neural networks[C]. World Congress on Intelligent Control and Automation, Changsha, 2018: 1317-1322.

[31] Song Y Y, Zhang H L, Liu L, et al. Rail surface defect detection method based on YOLOv3 deep learning networks[C]. Chinese Automation Congress, Xi'an, 2018: 1563-1568.

[32] Jia S J, Wang P, Jia P Y, et al. Research on data augmentation for image classification based on convolution neural networks[C]. Chinese Automation Congress, Jinan, 2017: 4165-4170.

[33] Uijlings J R R, Sande K E A V D, Gevers T, et al. Selective search for object recognition[J].

International Journal of Computer Vision, 2013, 104(2): 154-171.

[34] Zitnick C L, Dollár P. Edge boxes: Locating object proposals from edges[C]. European Conference on Computer Vision, Warsaw, 2014: 391-405.

[35] Girshick R, Donahue J, Darrell T, et al. Rich feature hierarchies for accurate object detection and semantic segmentation[C]. IEEE Conference on Computer Vision and Pattern Recognition, Columbus, 2014: 580-587.

[36] He K M, Zhang X Y, Ren S Q, et al. Spatial pyramid pooling in deep convolutional networks for visual recognition[J]. IEEE Transactions on Pattern Analysis and Machine Intelligence, 2015, 37(9): 1904-1916.

[37] Girshick R. Fast R-CNN[C]. IEEE International Conference on Computer Vision, Santiago, 2015: 1440-1448.

[38] Dai J F, Li Y, He K M, et al. R-FCN: Object detection via region-based fully convolutional networks[C]. Neural Information Processing Systems, Barcelona, 2016: 1-11.

[39] Lin, T Y, Dollár P, Girshick R, et al. Feature pyramid networks for object detection[C]. IEEE Conference on Computer Vision and Pattern Recognition, Honolulu, 2017: 936-944.

[40] He K M, Gkioxari G, Dollár P, et al. Mask R-CNN[J]. IEEE Transactions on Pattern Analysis and Machine Intelligence, 2020, 42(2): 386-397.

[41] Redmon J, Divvala S, Girshick R, et al. You only look once: Unified, real-time object detection[C]. IEEE Conference on Computer Vision and Pattern Recognition, Las Vegas, 2016: 779-788.

[42] Liu W, Anguelov D, Erhan D, et al. SSD: Single shot multibox detector[C]. European Conference on Computer Vision, Amsterdam, 2016: 21-37.

[43] Redmon J, Farhadi A. YOLO9000: Better, faster, stronger[C]. IEEE Conference on Computer Vision and Pattern Recognition, Honolulu, 2017: 6517-652.

第 10 章　接触网悬挂部件的病害识别

城市轨道交通在人们的日常生活中扮演着重要的角色。高速发展的城市轨道交通对轨道交通运行装置的安全检测提出了更高的要求。在众多运行装置中，接触网装置是向城市轨道交通运营车辆提供电力的关键设备，是城市轨道交通牵引供电系统的关键组成部分。接触网依据悬挂方式的不同可分为柔性接触网与刚性接触网两大类。其中，柔性接触网一般在空间大的车场、车辆段等高架线路或地面线路使用，而刚性接触网在城市轨道交通线路的地下区段使用，在城市轨道交通系统中占据主要地位。刚性接触网相较于柔性接触网具有诸多优点，如维护检修容易、架构简单、安装方便、较难断线以及事故处理简单等[1]。但是，由于长期在振动和复杂恶劣条件下工作，刚性接触网容易出现以下七种故障[2,3]：化学锚栓(T 型头螺纹)制式不规范；绝缘子的抗污能力下降，绝缘子发生击穿、闪络现象；刚性接触网的汇流排发生变形扭曲；刚性接触网的导流板故障；拉弧打火现象；汇流排发生严重腐蚀；汇流排局部发生严重磨损。

接触网装置的故障将导致所在供电分区全部失去电力，从而造成列车停运。因此，对接触网装置进行病害检测是保证列车正常运行的重要措施。一般地，刚性接触网主要由支持装置、接触悬挂装置、支柱与基础装置和定位装置四个部分组成。长久以来，对于城市轨道交通接触网装置的检测以人工检测为主，利用线路运营空窗期，由专业检修人员步巡进行检测[4]。但是，人工检测精度不高、效率低、强度大，且故障(病害)得不到及时处理，不适用于所有线路接触网装置的病害检测。近年来，逐渐开始使用接触网检测车，在检测过程中得到接触网装置的相关参数，进而为维修部门提供检修的依据。接触网检测车上装有接触网悬挂状态检测监测装置，在一定运行速度下，对接触网悬挂系统的零部件实施高精度成像检测，在检测数据自动识别与分析的基础上形成维修建议，指导接触网故障隐患的消缺[5]。随着相关技术的不断发展，接触网悬挂状态检测监测装置检测的效率和精度也不断得到提升。但是，目前国内外接触网检测主要集中在弓网之间的故障检测，对于刚性接触网中接触悬挂装置病害的检测较少，而接触悬挂装置在刚性接触网中起着关键性的作用，其零部件的安全状态关系到城市轨道交通牵引供电系统能否正常工作。因此，对刚性接触网悬挂部件的检要确定设备运行的状态，并及时反馈相关关键零部件的安全状态信息，确保接触悬挂装置正常工作，进而保障轨道列车的安全运行。在城市轨道交通中，刚性接触网有垂直悬挂定位方式和悬臂悬挂定位方式两种。垂直悬挂定位方式的刚性接触网结构如图 10.1 所示。

图 10.1　垂直悬挂定位方式的刚性接触网结构

以实际现场调研结果为指导，本章主要针对垂直悬挂定位方式的刚性接触网的安全状态检测问题展开研究，利用图像处理技术和深度学习算法，研究刚性接触网中接触悬挂装置关键零部件的病害识别技术，实现对接触悬挂装置安全状态的精确、快速、自动检测，可以更好地保证刚性接触网的安全，使整个运营线路能够更加安全稳定地运行。

10.1　待测绝缘子和各类螺栓的图像分割

刚性接触网接触悬挂装置图像中元素较多，而待测目标(绝缘子与各类螺栓)形状较小，直接在全局图像中检测目标较为复杂，不能保证检测效率和可靠性。因此，在全局图像中有效且准确地识别和提取绝缘子和各类螺栓，并在局部图像中完成对待测目标的病害检测，可在降低病害检测复杂度的同时，提高检测的效率和准确性。

10.1.1　图像预处理

在接触网悬挂部件图像的采集过程中，由于传感器设备或阴暗的现场环境等影响因素的干扰，所以采集得到的图像中容易存在噪声，这不利于后续绝缘子和各类螺栓图像的提取，容易导致提取精度低等后果。因此，对采集得到的接触网悬挂部件图像进行滤波、降噪等预处理是后续图像处理操作的前提。

在众多滤波器中，中值滤波器不仅可以很好地消除图像中的噪声，还可以保护图像中的边缘信息，尤其是图像中零部件缺陷处的边缘信息[7]。由于本章是对接触网悬挂病害的检测，对于缺陷处边缘保护尤为关键，所以选取中值滤波器进行图像滤波。中值滤波器是基于次序统计完成信号恢复的一种典型非线性滤波器[8]，其中心思想是对选取的窗口内所有像素的灰度值按照值的大小进行排序，原窗口中心点处像素的灰度值就是排序结果的中间值。中值滤波器定义为

$$y(i,j)=\operatorname{med}[g(s,t)] \tag{10.1}$$

式中，$g(s,t)$ 为中值滤波器的模板，常用大小为 3×3，即取点 (x,y) 为中心模板大小的 9 个像素灰度值；$y(i,j)$ 为点 (i,j) 处的中值。

中值滤波器对于椒盐噪声有较好的滤除效果，并可有效保护图像中的边缘信息，避免对图像滤波后造成边缘模糊，对于实际应用有着非常重要的意义。对接触网悬挂部件图像进行中值滤波前后的图像对比结果如图 10.2 所示。

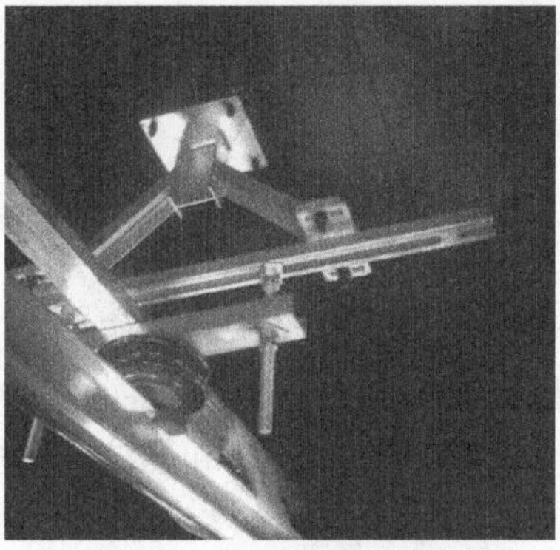
(a) 含椒盐噪声的原始图像

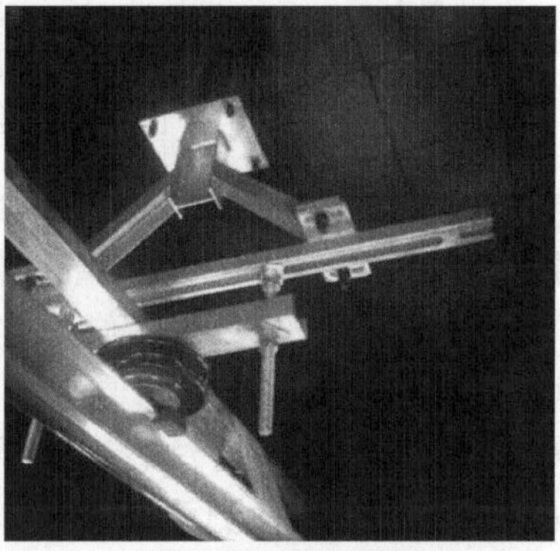
(b) 中值滤波后的图像

图 10.2 中值滤波前后图像对比结果

由图 10.2 可知，中值滤波器对于存在椒盐噪声的图像有着很好的平滑作用，并且对于图像的边缘保存完好。

10.1.2 图像匹配算法

图像匹配是指利用一定的图像匹配算法在两幅图像中识别图像的相同点，找到最佳映射函数，从而使两个图像中的目标建立独特的联系[9]。图像匹配算法主要有基于灰度的模板匹配算法和基于特征的图像匹配算法。

1. 基于灰度的模板匹配算法

基于灰度的模板匹配算法是根据现有模板图像(已知的目标图像)，在另一幅

图像(待匹配的全局图像)中寻找与模板图像相似的区域。模板匹配算法不是基于统计直方图，而是通过在图像(待匹配的全局图像)上的滑动模板图像，利用某种相似性度量进行相似性评价，如误差平方和、相关函数、协方差函数等测度，进而对模板图像和全局图像进行匹配的一种方法。匹配过程示意图如图 10.3 所示。

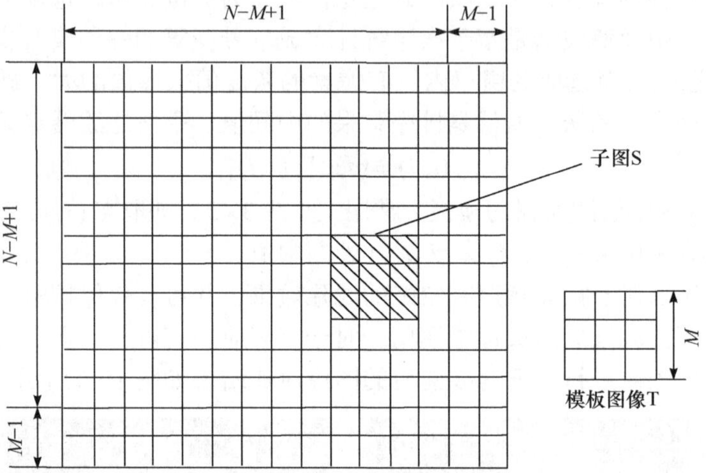

图 10.3　匹配过程示意图

基于灰度的模板匹配算法的原理如下：假设模板大小为 $M \times M$，待匹配的全局图像大小为 $M \times N$，在待匹配的全局图像中，以(i, j)为左上角，取大小为 $M \times M$ 的子图 S，计算该子图 S 与模板图像 T 的相似度，遍历整个全局图像，在所有能够取到的子图 S 中，寻找与模板图像 T 最相似的子图，将它作为最终匹配的结果[10]。常见的算法有平均绝对差算法、误差平方和算法、绝对误差和算法、平均误差平方和算法、序贯相似性检测算法[11]和归一化积相关算法。各种算法的原理大致相同，但采用的相似性度量不同。

2. 基于特征的图像匹配算法

基于特征的图像匹配算法是指利用一定的算法对所提取到的图像特征进行匹配，从而实现目标物体的匹配识别[12]。首先，需要对待检测的图像进行预处理；然后，提取待检测图像中对尺度缩放、灰度变化、旋转变换等具有一定不变性的特征，如线特征、矩特征、边缘点、面特征等，将这些特征作为图像匹配的关键信息；接着选择合适的特征描述子去描述算法检测出来的特征；最后，匹配图像之间的特征描述子，从而建立两幅图像之间的特征映射关系，进而达到图像匹配的目的[13]。

特征检测是基于特征的图像匹配算法的第一步，对于不同的特征检测算法，提取到的特征不尽相同，关于点特征的检测[14]，有角点检测和斑点检测两种；而线特征的检测主要是指图像的边缘检测。角点是指两条不同线之间的交叉处，常见的角点检测算法有 Moravec 算法、Harris 算法、SUSAN 算法和 FAST 算法等。斑点检测是指在图像中找出和相邻区域具有不同特性的区域，特性包括光照、颜色等，目前常见的斑点检测算法有 SIFT 算法和 SURF 算法。边缘检测主要是通过检测图像的灰度不连续性，利用一阶微分或二阶微分来得到的，常见的边缘检测算法有 Roberts 算法、Sobel 算法、Canny 算法和 Laplacian 算法等。特征点检测后，需要用一定的特征描述子去描述特征，也就是用数学方法去表示，目前主要的特征描述子有 SIFT 特征描述子、SURF 特征描述子、BRIEF 特征描述子和 ORB 特征描述子等。

10.1.3　绝缘子与各类螺栓提取

本章待检测的目标主要是接触网悬挂部件上的绝缘子和各类螺栓。在接触网悬挂部件图像采集过程中，由同一时刻 4 个角度的高清摄像机拍摄得到一组图像，对于每个零部件，需要从 4 个角度的图像中提取该零部件图像。4 个角度拍摄的图像如图 10.4 所示。

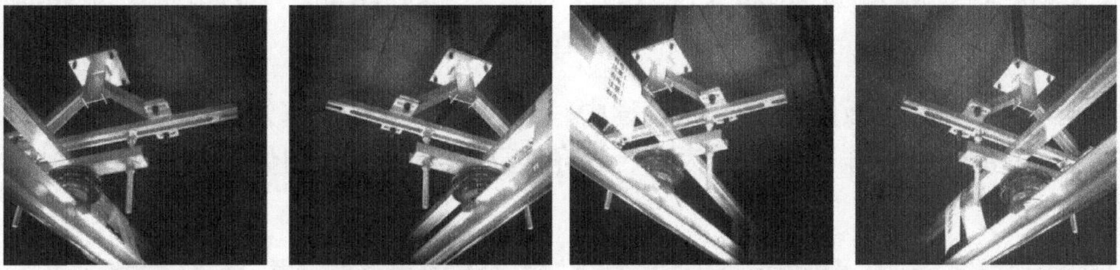

(a) 角度1　(b) 角度2　(c) 角度3　(d) 角度4

图 10.4　4 个角度拍摄的图像

根据接触网悬挂部件图像的特点，采用基于灰度的模板匹配算法在全局图像中提取绝缘子和各类螺栓图像。其算法流程如图 10.5 所示。

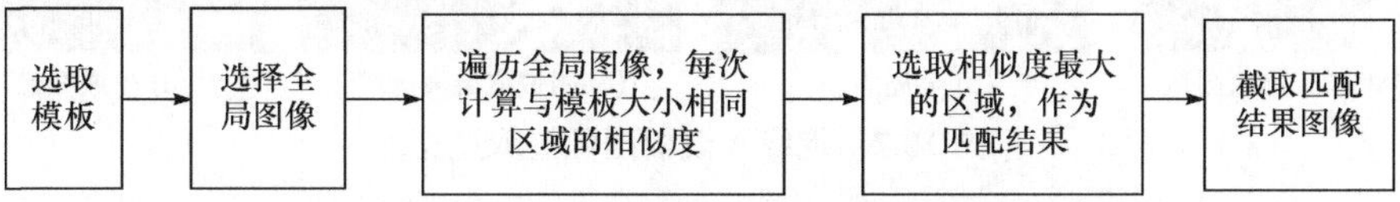

图 10.5　基于灰度的模板匹配算法流程

该算法的核心思想在于计算与模板相似度最大的区域，对于一些病害零部件，其病害区域图像与正常部件对应区域图像的像素灰度值不同，但是对于整个区域，病害区域所占面积较小，因此对于含病害零部件的图像也能通过正常零部件的模板进行病害区域图像提取。其所选取的相似性度量公式为误差平方和算法。

通过分别设定一幅绝缘子图像和各类顶部螺栓图像作为模板图像，从全局图像中进行对应匹配，提取全局图像中对应的绝缘子图像和各类螺栓图像。由于本章图像集由 4 个角度拍摄照片组成，所以需要分别对 4 个角度选取的零部件模板进行模板匹配。

1. 绝缘子图像提取

由于每个角度只能清楚拍摄到绝缘子的 1/4，所以对于绝缘子的病害检测，需要从 4 个角度分别提取该角度下的 1/4 图像。相应地，首先从 4 个角度分别选定该角度下的绝缘子模板。经过图像观察，选定各角度绝缘子模板图像如图 10.6 所示。

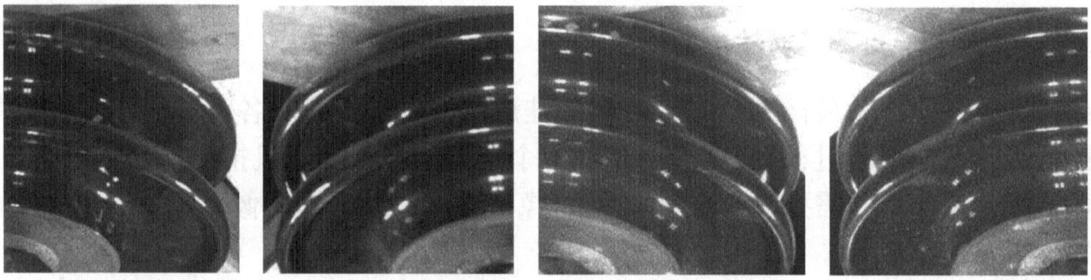

(a) 角度1绝缘子模板图像　(b) 角度2绝缘子模板图像　(c) 角度3绝缘子模板图像　(d) 角度4绝缘子模板图像

图 10.6　各角度绝缘子模板图像

在对绝缘子模板图像的提取过程中，针对每个角度图像分别进行模板匹配，以角度 1 接触网悬挂部件图像为例，该角度下绝缘子模板图像提取过程如图 10.7 所示。

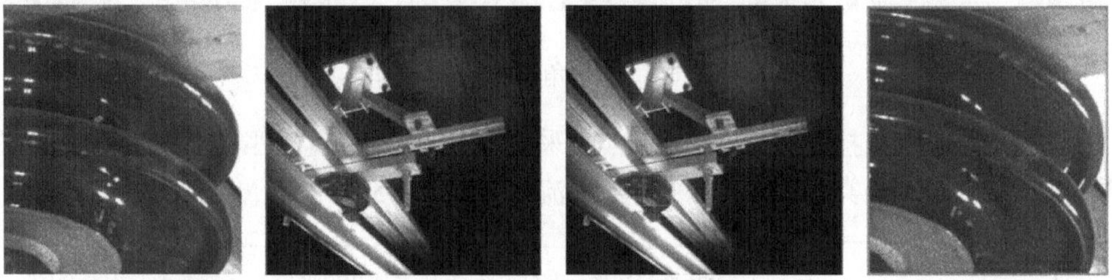

(a) 绝缘子模板图像　(b) 全局图像　(c) 相似度最大区域　(d) 提取图像

图 10.7　绝缘子模板图像提取过程

2. 顶部螺栓图像提取

每个角度拍摄的接触网悬挂部件图像中包含 3 个顶部螺栓，但由于有 4 个角度拍摄的图像，为使图像得到充分利用，并且提高匹配准确率，所以对于每个角度提取其中 1 个螺栓的图像作为模板。经过图像观察，选定 4 个角度的顶部螺栓模板图像，如图 10.8 所示。

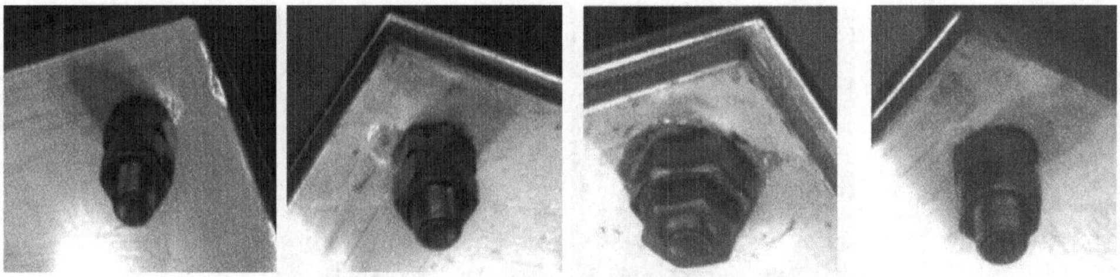

(a) 角度1顶部螺栓模板图像 (b) 角度2顶部螺栓模板图像 (c) 角度3顶部螺栓模板图像 (d) 角度4顶部螺栓模板图像

图 10.8　4 个角度顶部螺栓模板图像

在对顶部螺栓模板图像的提取过程中，针对每个角度图像分别进行模板匹配，以角度 1 接触网悬挂部件图像为例，该角度下顶部螺栓模板图像提取过程如图 10.9 所示。

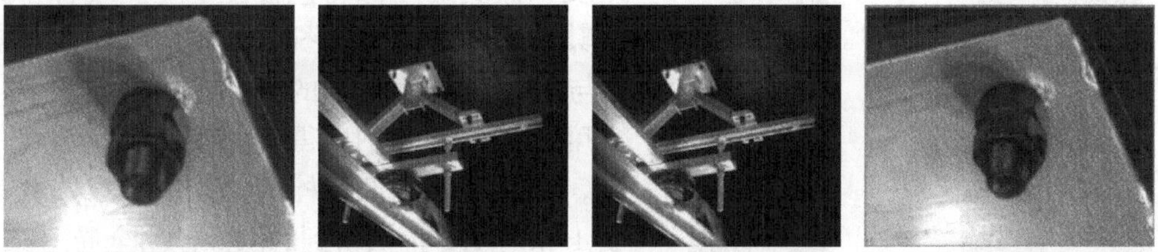

(a) 顶部螺栓模板图像　(b) 全局图像　(c) 相似度最大区域　(d) 提取图像

图 10.9　顶部螺栓模板图像提取过程

3. 侧部螺栓图像提取

本章将接触网悬挂部件最外侧的螺栓称为侧部螺栓，每个角度拍摄到的接触网悬挂部件图像中包含两个侧部螺栓，但后方的螺栓在图像中被部分遮挡，因此在每个角度的图像中提取一个位于前方的侧部螺栓图像作为模板。4 个角度的侧部螺栓模板图像如图 10.10 所示。

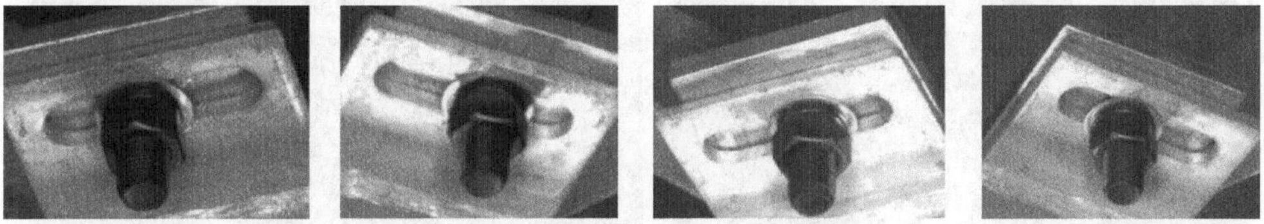

(a) 角度1侧部螺栓模板图像 (b) 角度2侧部螺栓模板图像 (c) 角度3侧部螺栓模板图像 (d) 角度4侧部螺栓模板图像

图 10.10　4 个角度的侧部螺栓模板图像

在对侧部螺栓模板图像的提取过程中，针对每个角度图像分别进行模板匹配，以角度 1 接触网悬挂部件图像为例，该角度下侧部螺栓模板图像提取过程如图 10.11 所示。

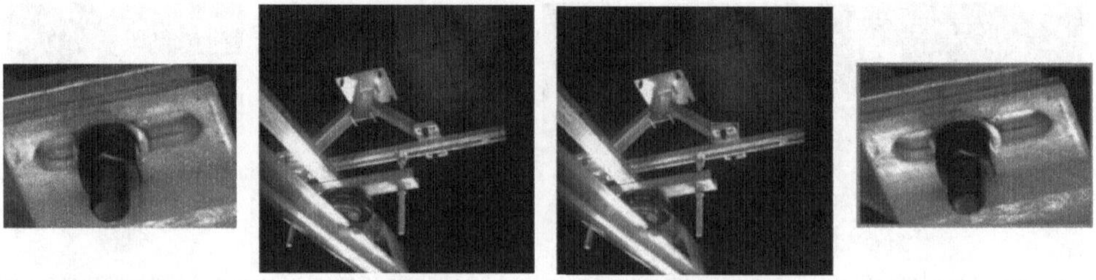

(a) 侧部螺栓模板图像　(b) 全局图像　(c) 相似度最大区域　(d) 提取图像

图 10.11　侧部螺栓模板图像提取过程

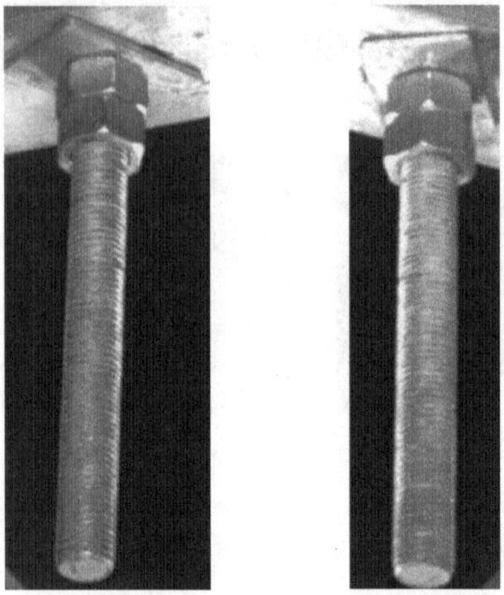

(a) 角度1　(b) 角度2

图 10.12　2 个角度的底部螺栓模板图像

4. 底部螺栓图像提取

对于接触网悬挂部件的底部螺栓，每个角度拍摄到的图像均包含位于左侧或者右侧的其中一个螺栓，从图 10.4 可以看出，角度 1 与角度 3 拍摄得到的底部螺栓为同一个，角度 2 与角度 4 拍摄得到的底部螺丝为同一个，因此对于底部螺栓的提取。本章选取角度 1 和角度 2 拍摄得到的图像作为全局图像，2 个角度的底部螺丝模板图像如图 10.12 所示。

在对底部螺栓模板图像提取过程中，针对每个角度图像分别进行模板匹配，以角度 1 接触网悬挂部件图像为例，该角度下底部螺栓模板图像提取过程如图 10.13 所示。

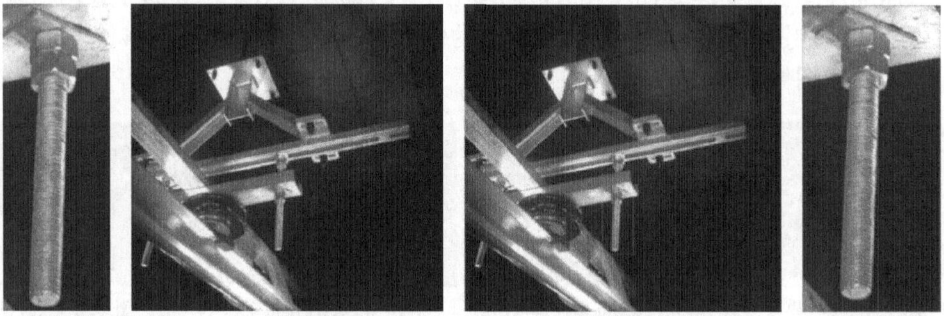

(a) 底部螺栓模板图像　(b) 全局图像　(c) 相似度最大区域　(d) 提取图像

图 10.13　底部螺栓模板图像提取过程

10.2　基于图像处理的接触网悬挂病害检测

在 10.1 节待测绝缘子和各类螺栓图像提取的基础上，构建各零部件图像数据集，并结合图像特征提取算法和图像分类技术，对接触悬挂装置中的绝缘子和各类螺栓进行病害检测，检测流程图如图 10.14 所示。

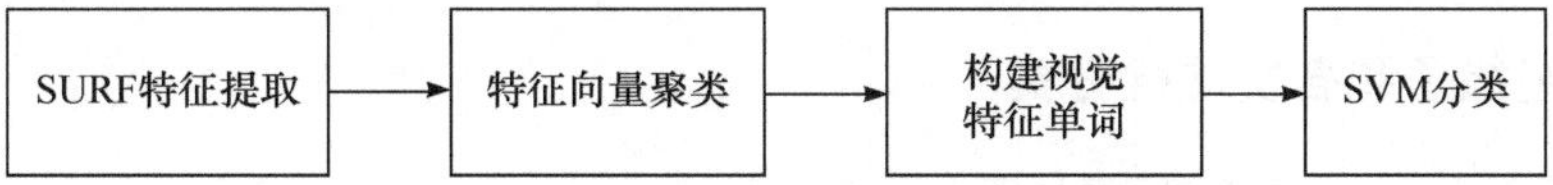

图 10.14　各零部件病害检测流程图

10.2.1　基于 SURF 算法的特征提取

加速稳健特征(speed up robust feature，SURF)是 Bay 等[15]在 2006 年率先提出的算法，该算法是基于 SIFT 算法衍生出来的，相比于 SIFT 算法，SURF 算法具有更快的特征点检测速度以及更好的鲁棒性[16]。SURF 算法的步骤与 SIFT 算法基本类似，但在某些地方有所改进。SURF 算法的主要步骤为：关键点检测；关键点定位；确定关键点主方向；关键点描述。

10.2.2　BOF 模型

BOF 模型来自 BOW 模型[17]，BOW 是信息检索方面经常使用的一种文档表示手段，忽略语法和顺序等因素，每一个单词都不受其他若干单词的干扰而独立出现，只是把文档看作一个由若干词汇汇集而成的集合[18]。与此类似，对于一幅图像，可将其看成一个文档。图像中包含若干视觉特征单词，即该图像是由视觉特征单词组成的集合。在这些视觉特征单词中，只有它出现的次数，没有它出现的顺序与位置，这就是 BOF 模型，如图 10.15 所示。

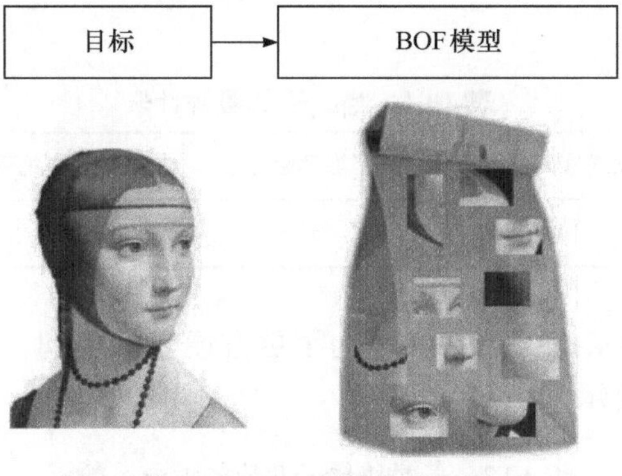

图 10.15　BOF 模型示意图

与 BOW 模型中文本文档包含的单词不同，BOF 模型需要人工构建图像的视觉特征词典，其流程图如图 10.16 所示。

图 10.16　构建 BOF 模型流程图

10.2.3　绝缘子和各类螺栓分类

1. 绝缘子病害识别分类

在由 4 个角度拍摄的接触网悬挂部件图像中，利用模板匹配算法提取 4 个角度的绝缘子图像，分别如图 10.17 所示。

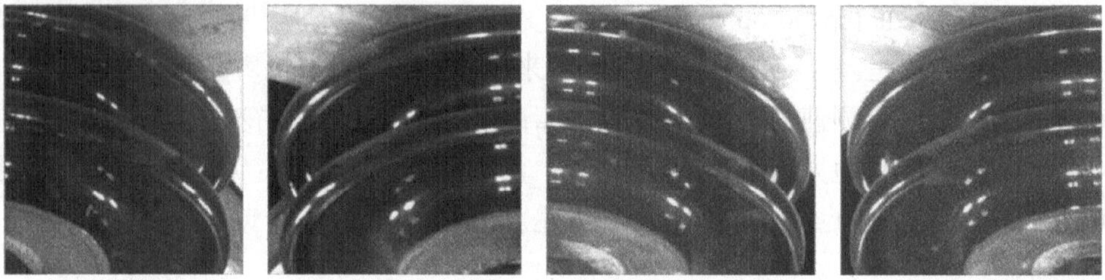

(a) 角度1绝缘子图像　(b) 角度2绝缘子图像　(c) 角度3绝缘子图像　(d) 角度4绝缘子图像

图 10.17　4 个角度绝缘子图像

从图 10.17 中可以看出，角度 1 和角度 3、角度 2 和角度 4 拍摄的 1/4 绝缘子的形状、大小相似，只是光照强度不同，而利用 SURF 算法提取特征可以避免光照强度不同带来的影响，因此可以将角度 1 和角度 3 中提取的绝缘子归为一类，记为右侧绝缘子；角度 2 和角度 4 中提取的绝缘子归为一类，记为左侧绝缘子。由于各角度接触网悬挂部件图像只有 40 幅，为使数据丰富，分别对提取到的绝缘子加入 4 或 5 种噪声，共选取 388 幅绝缘子图像组成绝缘子检测实验数据，具体数量如表 10.1 所示。

表 10.1　绝缘子数量统计表

绝缘子类别	正常右侧绝缘子	异常右侧绝缘子	正常左侧绝缘子	异常左侧绝缘子
数量/幅	144	50	136	58

本章将绝缘子的状态分为 4 类，为了更方便表示类别，各类绝缘子对应的编号及数量如表 10.2 所示。

表 10.2　各类绝缘子对应的编号及数量

类别	编号	训练集数量/幅	测试集数量/幅
正常右侧绝缘子	0	116	29
异常右侧绝缘子	1	64	10

续表

类别	编号	训练集数量/幅	测试集数量/幅
正常左侧绝缘子	2	160	28
异常左侧绝缘子	3	64	12

具体地，首先利用 SURF 算法提取绝缘子的特征描述子，设置 SURF 算法的 Hessian 矩阵阈值为 300，将绝缘子图像的特征点控制在 200～300 个。把整个数据分为训练集和测试集，比例为 8：2。通过 *K*-means 聚类算法将 SURF 算法提取到的训练集的特征描述子(64 维特征向量)聚类成 *K* 个特征单词(本处取 *K*=300)，从而构建视觉词袋字典，根据图像在该字典下的分布统计图，生成视觉词袋模型。然后选取非线性 SVM 分类器进行绝缘子图像的分类，核函数选择高斯核函数，其中设置惩罚因子 *C*=2，Gamma='auto'，其余参数均采用默认设置。最终测试集的分类准确率为 97.47%。根据分类预测结果计算得到的混淆矩阵如图 10.18 所示。

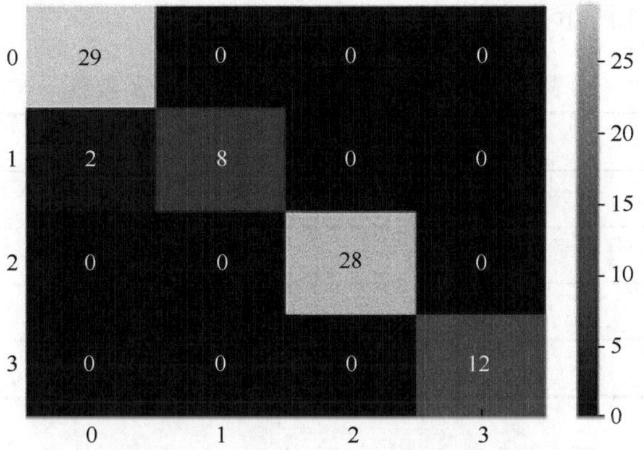

图 10.18　绝缘子状态分类混淆矩阵

2. 顶部螺栓病害识别分类

在由 4 个角度拍摄的接触网悬挂部件图像中，利用模板匹配算法提取 4 个角度的顶部螺栓图像，分别如图 10.19 所示。

从图 10.19 中可以看出，角度 1 和角度 3、角度 2 和角度 4 拍摄的顶部螺栓的形状、大小相似，只是光照强度不同，而利用 SURF 算法提取特征可以避免光照强度带来的影响，因此将角度 1 和角度 3 中提取的顶部螺栓归为一类，记为右顶部螺栓；将角度 2 和角度 4 中提取的顶部螺栓归为一类，记为左顶部螺栓。为使数据丰富，分别对提取到的顶部螺栓加入 4 或 5 种噪声，共选取 360 幅顶部螺栓图像组成顶部螺栓检测实验数据，具体数量如表 10.3 所示。

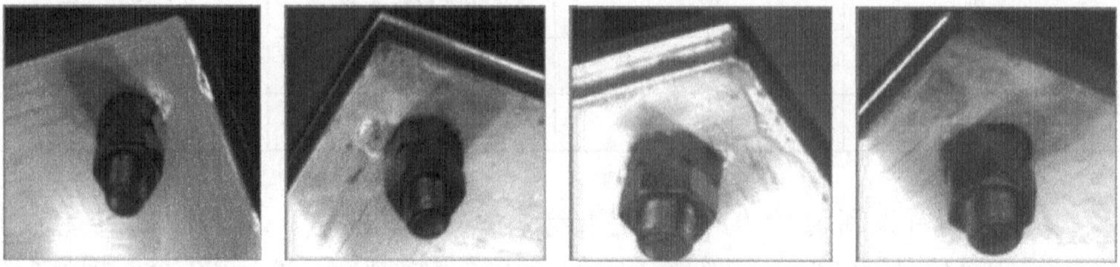

(a) 角度1顶部螺栓图像　(b) 角度2顶部螺栓图像　(c) 角度3顶部螺栓图像　(d) 角度4顶部螺栓图像

图 10.19　4 个角度顶部螺栓图像

表 10.3　顶部螺栓数量统计表

顶部螺栓类别	正常右顶部螺栓	异常右顶部螺栓	正常左顶部螺栓	异常左顶部螺栓
数量/幅	120	60	120	60

将顶部螺栓的状态分为 4 类，为了更方便表示类别，各类顶部螺栓对应的编号及数量如表 10.4 所示。

表 10.4　各类顶部螺栓对应的编号及数量

类别	编号	训练集数量/幅	测试集数量/幅
正常右顶部螺栓	0	96	24
异常右顶部螺栓	1	48	12
正常左顶部螺栓	2	96	24
异常左顶部螺栓	3	48	12

与绝缘子病害检测步骤相同，采用 SURF 算法提取顶部螺栓的特征描述子，设置 SURF 算法的 Hessian 矩阵阈值为 200，将顶部螺栓图像的特征点控制在 150～250 个。把整个数据分为训练集和测试集，比例为 8∶2。通过 *K*-means 聚类算法将 SURF 算法提取到的训练集的特征描述子(64 维特征向量)聚类成 *K* 个特征单词(本处取 K=100)，从而构建视觉词袋字典，根据图像在该字典下的分布统计图，进而生成视觉词袋模型。选取非线性 SVM 分类器进行顶部螺栓图像的分类，核函数选择高斯核函数，其中设置惩罚因子 C=1.5，Gamma='auto'，其余参数均采用默认设置，最终测试集的准确率为 100%。根据分类预测结果计算得到的混淆矩阵如图 10.20 所示。

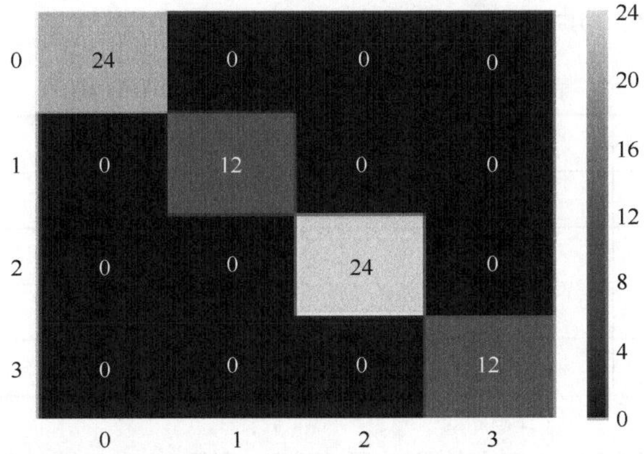

图 10.20　顶部螺栓分类混淆矩阵

3. 侧部螺栓病害识别分类

在由 4 个角度拍摄的接触网悬挂部件图像中，利用模板匹配算法提取 4 个角度的侧部螺栓图像，分别如图 10.21 所示。

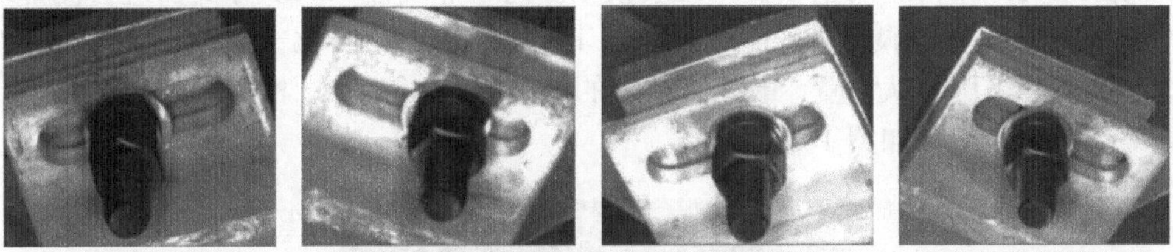

(a) 角度1侧部螺栓图像　(b) 角度2侧部螺栓图像　(c) 角度3侧部螺栓图像　(d) 角度4侧部螺栓图像

图 10.21　4 个角度侧部螺栓图像

从图 10.21 可以看出，虽然 4 个角度拍摄出来的侧部螺栓是 4 个不同的螺栓，但是角度 1 和角度 3、角度 2 和角度 4 拍摄的侧部螺栓的形状、大小相似。将角度 1 和角度 3 中提取的侧部螺栓归为一类，记为左侧部螺栓；将角度 2 和角度 4 中提取的侧部螺栓归为一类，记为右侧部螺栓。分别对提取到的侧部螺栓加入 5 或 6 种噪声，以丰富数据集。最终共选取 550 幅侧部螺栓图像组成侧部螺栓检测实验数据，具体数量如表 10.5 所示。

表 10.5　侧部螺栓数量统计表

侧部螺栓类别	正常左侧部螺栓	异常左侧部螺栓	正常右侧部螺栓	异常右侧部螺栓
数量/幅	190	80	200	80

将侧部螺栓的状态分为 4 类，为了更方便表示类别，各类侧部螺栓对应的编

号及数量如表 10.6 所示。

表 10.6　各类侧部螺栓对应的编号及数量

类别	编号	训练集数量/幅	测试集数量/幅
正常左侧部螺栓	0	116	38
异常左侧部螺栓	1	64	16
正常右侧部螺栓	2	160	40
异常右侧部螺栓	3	64	16

与绝缘子、顶部螺栓病害检测步骤相同，利用 SURF 算法提取侧部螺栓的特征描述子，并设置 SURF 算法的 Hessian 矩阵阈值为 1000，将侧部螺栓图像的特征点控制在 150～300 个。把整个数据分为训练集和测试集，比例为 8：2。通过 *K*-means 聚类算法将 SURF 算法提取到的训练集的特征描述子(64 维特征向量)聚类成 *K* 个特征单词(本书取 *K*=150)，从而构建视觉词袋字典，根据图像在该字典下的分布统计图，进而生成视觉词袋模型。选取非线性 SVM 分类器进行侧部螺栓图像的分类，核函数选择高斯核函数，其中设置惩罚因子 *C*=1.5，Gamma='auto'，其余参数均采用默认设置。最终测试集的准确率为 96.36%。根据分类预测结果计算得到的混淆矩阵如图 10.22 所示。

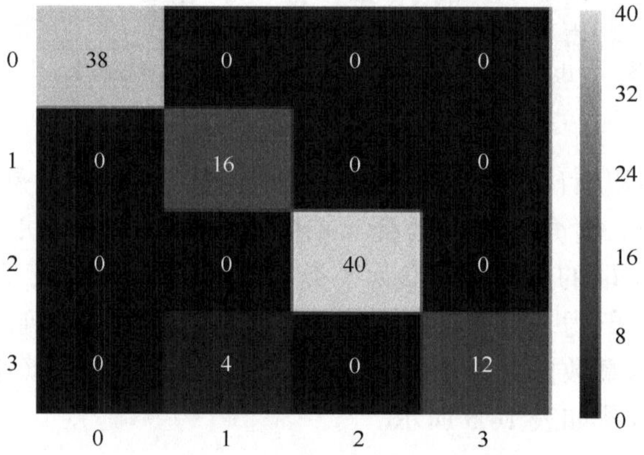

图 10.22　侧部螺栓分类混淆矩阵

4. 底部螺栓病害识别分类

在由 4 个角度拍摄的接触网悬挂部件图像中，利用模板匹配算法提取 4 个角度的底部螺栓图像，分别如图 10.23 所示。

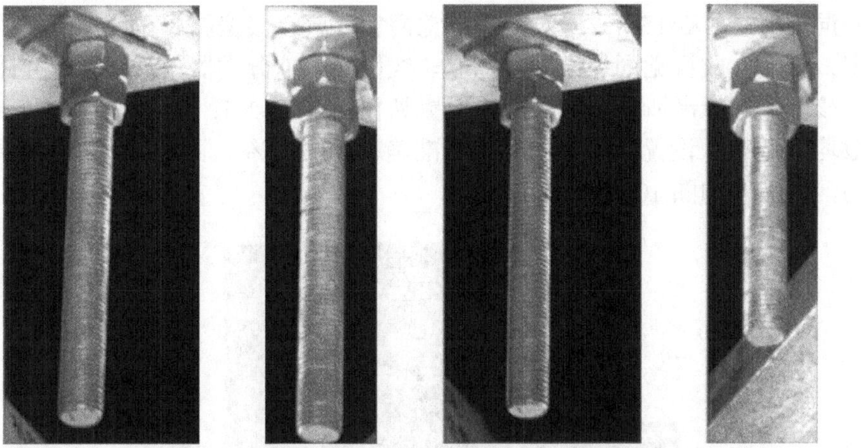

(a) 角度1底部螺栓图像　(b) 角度2底部螺栓图像　(c) 角度3底部螺栓图像　(d) 角度4底部螺栓图像

图 10.23　4 个角度底部螺栓图像

从图 10.23 可以看出,4 个角度拍摄出来的底部螺栓是 2 个不同螺栓的前后图像，每个角度拍摄的底部螺栓的形状、大小相似。故将所有角度提取的底部螺栓归为一类，记为正常底部螺栓。分别对提取到的底部螺栓加入 3 或 4 种噪声，以丰富数据集。最终共选取 158 幅底部螺栓图像组成底部螺栓检测实验数据，具体数量如表 10.7 所示。

表 10.7　底部螺栓数量统计表

底部螺栓类别	正常底部螺栓	异常底部螺栓
数量/幅	118	40

将底部螺栓的状态分为 2 类，为了更方便表示类别，各类底部螺栓对应的编号及数量如表 10.8 所示。

表 10.8　各类底部螺栓对应的编号及数量

类别	编号	训练集数量/幅	测试集数量/幅
正常底部螺栓	0	116	38
异常底部螺栓	1	64	16

与上述 3 种零部件病害检测步骤相同，利用 SURF 算法提取底部螺栓的特征描述子，并设置 SURF 算法的 Hessian 矩阵阈值为 2000，将底部螺栓图像的特征点控制在 200～300 个。把整个数据分为训练集和测试集，比例为 8 : 2。通过 *K*-means 聚类算法将 SURF 算法提取到的训练集的特征描述子(64 维特征向量)聚类成 *K* 个

特征单词(本书取 K=150)，从而构建视觉词袋字典，根据图像在该字典下的分布统计图，进而生成视觉词袋模型。选取非线性 SVM 分类器进行底部螺栓图像的分类，核函数选择高斯核函数，其中设置惩罚因子 C=1.5，Gamma='Gamma'，其余参数均采用默认设置。最终测试集的准确率为 100%。根据分类预测结果计算得到的混淆矩阵如图 10.24 所示。

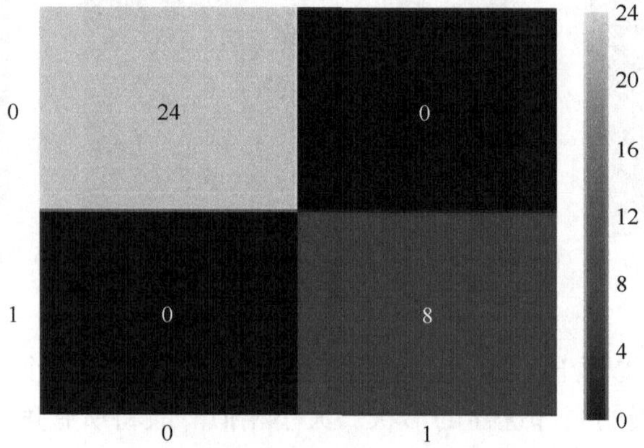

图 10.24　底部螺栓分类混淆矩阵

10.3　基于 AlexNet 模型的待测目标分类检测

近年来，深度学习领域不断发展创新，在模型算法上和实际工程应用上都取得了较大突破，其中，卷积神经网络更是当下最热门的研究方向之一，特别是在计算机视觉领域。为进一步提升绝缘子和各类螺栓状态的检测效率，本节采用卷积神经网络中的 AlexNet 模型，对前面提取得到的接触网接触悬挂装置中的绝缘子和各类螺栓进行病害检测和分类。

10.3.1　图像数据增强

数据增强是扩充实验数据样本规模的一种方法，对于图像数据，主要有图像镜像、添加噪声、图像调整等操作[19]。在深度学习中，需要大量的数据进行训练，数据规模越大，训练越充足，对于模型预测将有更好的结果。本章中，由于接触网悬挂部件图像有限，对于使用深度学习进行目标检测的数量要求远远不够，所以需要对已有的图像数据进行扩充，以期达到较好的检测结果。

1. 图像镜像

图像镜像主要分为水平镜像、垂直镜像和对角镜像。水平镜像是指以图像竖直中心线为对称轴，图像左半区域和右半区域进行对称变换；垂直镜像是指以图像水平中心线为对称轴，图像上半区域和下半区域进行对称变换；对角镜像是指以图像水平中心线和竖直中心线的交点为对称中心，图像左上区域和右下区域进行对称变换，图像右上区域和左下区域进行对称变换，即先将图像进行水平镜像、后进行垂直镜像。本节利用 OpenCV 中的 Flip 类实现图像的三种镜像处理，经过三种镜像处理后的结果如图 10.25 所示。

(a) 原始图像　(b) 水平镜像　(c) 垂直镜像　(d) 对角镜像

图 10.25　图像镜像处理结果

通过对所有原始图像进行三种镜像处理，可以扩充数据集，使数据集增加 3 倍，大大扩充了图像的数量。

2. 添加噪声

对图像添加噪声主要有添加高斯噪声和添加椒盐噪声两种方式。高斯噪声是指对于加入的噪声点，其概率密度函数服从高斯分布(正态分布)；而椒盐噪声是指随机改变图像上的部分像素点为白点或者黑点。本节利用 skimage 包中 util 模块的 random_noise 类对图像进行添加噪声处理，添加噪声后的结果如图 10.26 所示。

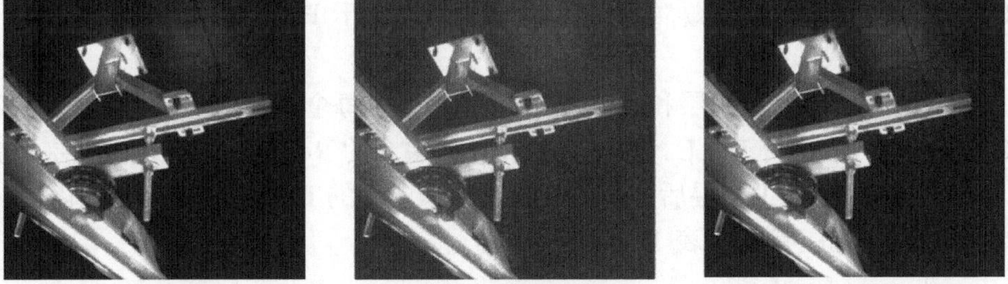

(a) 原始图像　(b) 添加高斯噪声后图像　(c) 添加椒盐噪声后图像

图 10.26　添加两种噪声后示意图

通过对所有原始图像进行添加高斯噪声和添加椒盐噪声操作，均可在一定程度上使图像变得模糊。

3. 图像调整

由于本节图像均为灰度图像,所以图像调整主要是对图像的对比度进行调整。利用 PIL 包中 Image Enhance 模块的 Contrast 类对图像进行调整，调整前后的对比如图 10.27 所示。

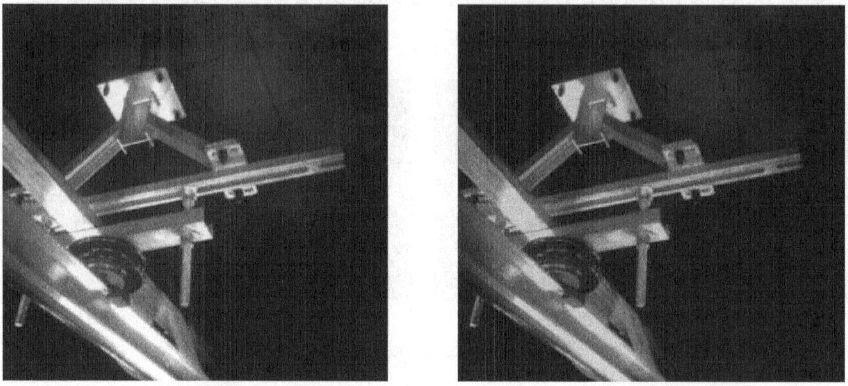

(a) 原始图像　(b) 调整对比度后图像

图 10.27　图像调整前后对比图

从图 10.27 可以看出，对图像对比度进行调整后，观察所有图像调整后的图像可知，经过图像调整，部分图像相较于原始图像显得更亮一些，部分图像相较于原始图像显得更暗一些。

10.3.2　AlexNet 模型

2012 年，Krizhevsky 等[20]提出 ImageNet 模型，该模型在 LeNet-5 模型上进行改进,并且第一次将 ReLU、Dropout 和局部响应归一化(local response normalization，LRN)技术成功应用在卷积神经网络。AlexNet 相比于 BP 神经网络和 LeNet-5 有更好的鲁棒性[21]。

AlexNet 由 5 个卷积层和 3 个全连接层组成。每个卷积层和前两个全连接层(FC-6 和 FC-7)后均有 ReLU，卷积层 1 和卷积层 2 的 ReLU 后还有 LRN 层，卷积层 1 和卷积层 2 的 LRN 层后还有池化层，卷积层 5 的 ReLU 后有最大池化层。各个卷积层和池化层参数如表 10.9 所示。

表 10.9　卷积层和池化层参数

层数	输入特征图大小/像素	卷积核数/个	尺寸	步长	输出特征图大小/像素
卷积层 1	227×227×3	96	11×11	4	55×55×96
最大池化层	55×55×96	—	3×3	2	27×27×96

续表

层数	输入特征图大小/像素	卷积核数/个	尺寸	步长	输出特征图大小/像素
卷积层 2	27×27×96	256	5×5	1	27×27×256
最大池化层	27×27×256	—	3×3	2	13×13×256
卷积层 3	13×13×256	384	3×3	1	13×13×384
卷积层 4	13×13×384	384	3×3	1	13×13×384
卷积层 5	13×13×384	256	3×3	1	13×13×256
最大池化层	13×13×256	—	3×3	2	6×6×256

全连接层 FC-6 和 FC-7 的 ReLU 后有 Dropout 单元，FC-8 层输出多类别分类的最大概率值。

10.3.3　基于 AlexNet 模型的待测目标分类

1. 类别标签与数据集构成

对于图像数据集，在进行训练时，需要对图像分别给予标签，依据对各类零部件状态的划分，将每类零部件分为正常和异常两类，4 种零部件共计 8 类。通过对图像进行水平镜像、垂直镜像和对角镜像三种镜像操作以及给图像添加高斯噪声和椒盐噪声，有效扩充了数据集，并将该数据集随机分为训练集和测试集，比例为 7∶3，最终各类图像数据集如表 10.10 所示。

表 10.10　标签与数据集构成

类别	标签	训练集/幅	测试集/幅	合计/幅
正常顶部螺栓	0	109	48	157
异常顶部螺栓	1	107	47	154
正常侧部螺栓	2	111	49	160
异常侧部螺栓	3	107	47	154
正常底部螺栓	4	97	43	140
异常底部螺栓	5	107	47	154
正常绝缘子	6	97	43	140
异常绝缘子	7	102	45	147

2. 网络参数设置

本节采用的卷积神经网络结构为 AlexNet，由于接触网悬挂部件图像为灰度图像,所以卷积层 1 的输入为 227 × 227 × 1,损失函数为交叉熵函数(tf.nn. softmax_cross_entroy_with_logits)，优化器为 Adam，同时本节设置的训练参数有图像的批尺寸、节点保留概率、训练次数、失活率和学习率。具体网络参数数值如表 10.11 所示。

表 10.11　网络参数数值

参数	数值
批尺寸	16
节点保留概率	0.5
训练次数	5
失活率	0.5
学习率	0.0001

3. 网络训练及检测结果

设置好相关参数后，对网络进行训练，并使用测试集图像评估网络的检测性能。训练过程中的损失函数及测试集准确率曲线如图 10.28 所示。

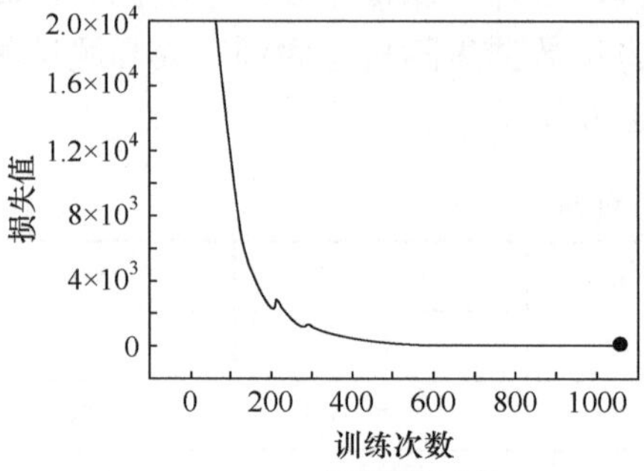

(a) 损失函数曲线

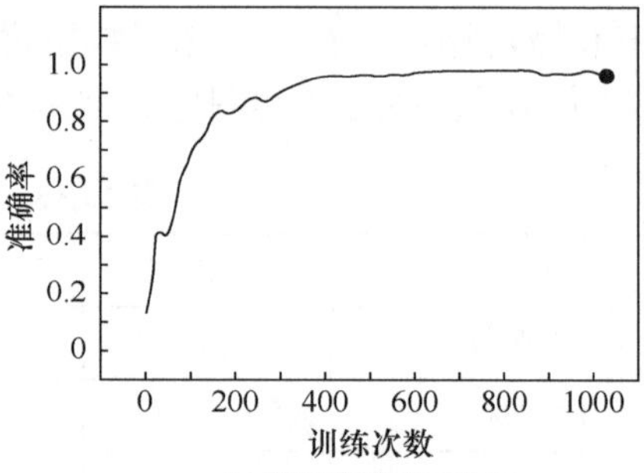

(b) 测试集准确率曲线

图 10.28　损失函数及测试集准确率曲线

对训练好的模型进行，最终模型检测准确率为 99%。

10.4　基于 YOLOv3 网络的接触网悬挂病害检测

在 10.3 节中，讨论了基于 AlexNet 的绝缘子和各类螺栓病害的识别与分类方法。从结果可以看出，卷积神经网络可用于有效解决接触网悬挂部件病害的检测问题。但是，在整个检测过程中，需要先使用中值滤波等图像预处理算法提升图像质量，然后利用模板匹配算法从原始全局图像中定位并分割出各零部件图像，最后训练得到最终的检测网络。这一检测过程较为复杂、智能化程度低、自动化程度不高，且检测准确度容易受主观等因素的影响。前面已讨论了深度学习目标检测网络的特点及相关应用，本节将应用 YOLOv3 网络解决接触网悬挂部件病害的检测问题，以进一步提升检测效率。

1. 图像标注

对于图像数据集，需要对其进行图像标注，以方便深度学习算法进行学习训练。本节使用的图像标注软件为 LabelImg，其使用界面如图 10.29 所示。

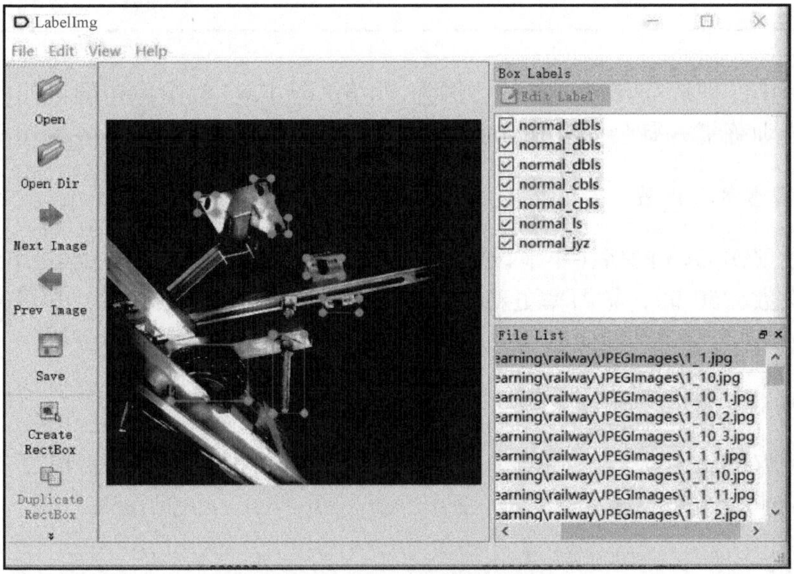

图 10.29　LabelImg 软件使用界面

经过数据增强后，利用 LabelImg 标注软件共产生 1267 幅图像及 1267 个对应 .xml 文件。图像标注类别为正常顶部螺栓、异常顶部螺栓、正常侧部螺栓、异常侧部螺栓、正常底部螺栓、异常底部螺栓、正常绝缘子、异常绝缘子共 8 类。标记后各类零部件的数量统计如表 10.12 所示。

表 10.12　各类零部件数量统计

标签名称	数量/幅
正常顶部螺栓	3129
异常顶部螺栓	658

续表

标签名称	数量/幅
正常侧部螺栓	1883
异常侧部螺栓	644
正常底部螺栓	1120
异常底部螺栓	154
正常绝缘子	945
异常绝缘子	336

本节中，训练集与测试集的比例为 7∶3，即 1267 幅图像中随机抽取 887 幅图像作为训练集，剩余 380 幅图像作为测试集。

2. 网络参数设置

对于 YOLOv3 网络，本节设置的参数如下：训练次数=600；学习率=0.001；当训练次数>350 时，学习率更新为 0.0001；当训练次数>500 时，学习率更新为 0.00001；批尺寸=8，优化器为 Adam。

3. 网络训练及检测结果

设置好网络参数后，利用训练集图像对网络进行训练，网络损失函数值如图 10.30 所示。

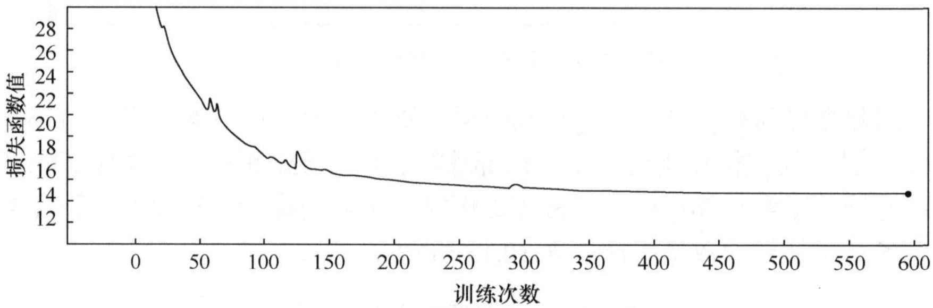

图 10.30　网络损失函数值

从图 10.30 可知，损失函数值呈现不断下降趋势，最终稳定在 14 左右。统计各类别的平均精度和模型的平均精度均值如表 10.13 所示。

表 10.13　平均精度与平均精度均值

标签名称	平均精度
正常顶部螺栓	0.9931
异常顶部螺栓	0.9902
正常侧部螺栓	0.9964
异常侧部螺栓	0.9702
正常底部螺栓	0.9274
异常底部螺栓	0.9028
正常绝缘子	0.9539
异常绝缘子	0.9364
平均精度均值	0.9588

对于接触网悬挂部件病害的识别，YOLOv3 网络的平均精度在 90%以上，整个模型的平均精度均值为 95.88%。

10.5　本章小结

对于接触网悬挂病害检测，不论是传统的图像处理技术还是基于深度学习的算法均能得到高的识别准确率，但是对于轨道交通的自动化检测，传统的图像处理技术步骤相比深度学习则要麻烦一些，需要从图像中分割部件图像，选取合适的特征提取方法提取部件的特征点，最后根据各个部件特征点的不同，选取合适分类器进行部件识别。反观深度学习算法，直接在卷积层中提取特征，输入部件图像，输出分类结果，实现一步到位。基于 YOLOv3 算法的部件识别，对于训练好的模型，只要传入一幅拍摄图像就可检测出各个部件的状态，不仅速度快，而且准确率高。

参考文献

[1] 李良彬. 刚性悬挂接触网在铁路电气化中的应用[J]. 建筑工程技术与设计, 2016, (15): 2801.
[2] 彭辉. 刚性接触网常见故障原因分析及预防措施[J]. 城市建设理论研究, 2016, 6(7): 1438-1440.
[3] 马金芳, 于龙. 我国地铁接触网检测现状及发展趋势[J]. 都市快轨交通, 2013, 26(2): 26-29.
[4] 钟人正. 地铁供电系统中刚性接触网常见故障和防范措施解析[J]. 工程建设与设计, 2018, (14): 72-73.
[5] 中国铁路总公司. 接触网悬挂状态检测监测装置(4C)暂行技术条件: TJ/GD006—2014[S]. 北京: 中国铁道出版社, 2014.

[6] 沈修建, 吕继涛. 刚性悬挂接触网设计若干技术问题探讨[J]. 电气化铁道, 2004, (3): 60-62.
[7] 王香菊. 基于中值滤波和小波变换的图像去噪方法研究[D]. 西安: 西安科技大学, 2008.
[8] 李文书. 数字图像处理算法及应用[M]. 北京: 北京大学出版社, 2012.
[9] 魏宁. 模式识别中图像匹配快速算法研究[D]. 兰州: 兰州大学, 2009.
[10] 董晶. 模板图像快速可靠匹配技术研究[D]. 长沙: 国防科学技术大学, 2015.
[11] Barnea D I, Silverman H F. A class of algorithms for fast digital image registration[J]. IEEE Transactions on Computers, 1972, C-21(2): 179-186.
[12] 吴洁琼. 基于特征的图像匹配算法研究与应用[D]. 成都: 电子科技大学, 2016.
[13] 杨红梅. 基于图像处理的接触网支持及悬挂装置不良状态检测[D]. 成都: 西南交通大学, 2013.
[14] 李小雨, 黄昶, 程爱灵. 形状特征提取的研究综述[J]. 信息通信, 2017, (2): 35-36.
[15] Bay H, Tuytelaars T, Gool L V. SURF: Speeded up robust features[C]. European Conference on Computer Vision, Graz, 2006: 404-417.
[16] 陈敏, 汤晓安. SIFT 与 SURF 特征提取算法在图像匹配中的应用对比研究[J]. 现代电子技术, 2018, 41(7): 41-44.
[17] Wu L, Hoi S, Yu N H. Semantics-preserving bag-of-words models and applications[J]. IEEE Transactions on Image Processing, 2010, 19(7): 1908-1920.
[18] 吴丽娜. 基于词袋模型的图像分类算法研究[D]. 北京: 北京交通大学, 2013.
[19] Wong S C, Gatt A, Stamatescu V, et al. Understanding data augmentation for classification: When to warp[C]. International Conference on Digital Image Computing: Techniques and Applications, Gold Coast, 2016: 1-6.
[20] Krizhevsky A, Sutskever I, Hinton G E. ImageNet classification with deep convolutional neural networks[J]. Advances in Neural Information Processing Systems, 2012, 25(2): 1097-1105.
[21] 郭立民, 陈鑫, 陈涛. 基于 AlexNet 模型的雷达信号调制类型识别[J]. 吉林大学学报(工学版), 2019, 49(3): 1000-1008.

第 11 章 基于深度学习的受电弓表面病害识别

目前，关于受电弓病害的图像检测已有不少相关的研究，但对于近几年刚刚兴起的机器学习与深度学习理论，还鲜有人尝试将其应用于该方向。与传统图像检测算法相比，基于机器学习的图像识别算法可以免除人工提取图像特征这一复杂烦琐的工作，直接通过网络模型隐性地学习其内在图像特征。模型一旦训练完成，便可实现对所定义的各种类别图像的自动识别。其中，卷积神经网络在机器视觉与图像识别领域的优势要明显优于 SVM、ANN 等传统机器学习算法，且较之人工提取特征模板或传统机器学习算法，卷积神经网络对所识别内容的位置、光照等形态变化的敏感性更低，具有更好的鲁棒性与泛化能力，更适合在复杂环境下识别图像中的高级特征信息。

本章将深度学习技术应用于城市轨道受电弓表面病害识别中，首先基于传统卷积神经网络技术，结合已知较为成熟的网络模型，通过调整结构和参数，搭建适用于本问题的 PDDNet 模型，可以对受电弓表面病害进行较为可靠的分类，同时证明深度卷积神经网络在该领域应用的有效性。在此基础上，将目标检测技术与深度卷积神经网络相结合，基于改进的 Faster R-CNN 模型，实现了在图像中提取受电弓区域的同时对受电弓表面病害进行识别，大大提高了检测精度。

11.1 基于 DCNN 的受电弓表面缺陷图像识别

作为深度学习的重要网络模型之一，深度卷积神经网络(DCNN)在近年来的研究中备受瞩目。不仅其理论研究得到了快速的发展，在应用方面如自动图像识别、图像的语义分割等方向同样成果颇丰。在受电弓检测领域，目前通行手段为人工检测，而基于图像检测的受电弓病害识别研究，需对图像进行烦琐的图像预处理、图像增强、边缘检测、特征提取和目标识别等，不仅过程复杂，还需要数学、信号滤波、图像处理等多方面的知识支撑，对相关技术人员有着较高的要求。本章利用 DCNN 理论方法，对受电弓表面病害图像的识别进行研究。相较之传统的图像检测算法，深度学习仅需构建适当的网络模型，并对原始图像进行简单的预处理，便可利用网络进行自主学习与特征提取，实现全自动的图像特征识别；模型一旦完成训练，即可直接用于图像识别与分类。模型的训练与识别过程均无须依赖人工对图像和模型进行复杂操作。DCNN 对低级特征的非线性融合使得模型对病害高级特征的识别能够不受光照、位移、尺度等变化的影响，具有更好的鲁棒性及更高的自动化与智能化程度。

本节将搭建一个适用于本研究的 DCNN 模型，并利用生成的数据集对模型进行训练，在此基础上进行一系列的参数调整与优化，最终实现利用 DCNN 对受电弓碳滑板表面缺陷的有效分类与识别。

11.1.1 实验环境介绍

实验所用的深度学习运行环境为 Ubuntu 16.04 LTS，深度学习框架采用卷积神经网络框架，即快速特征嵌入的卷积结构(convolutional architecture for fast feature embedding, Caffe)，该框架通过编写符合框架定义的网络结构描述文件，并经由 solver.prototxt 文件定义算法所需的超参数，配置编写好的网络模型文件，再调用 Caffe 源代码，实现对设定模型的训练、验证与测试等操作。网络的可视化通过 Caffe 对 Python 与 MATLAB 预留的接口，分别编译 PyCaffe 与 MatCaffe，分别实现对网络结构的可视化及对网络结果输出的可视化。Caffe 框架下进行深度学习网络模型训练与识别的流程如图 11.1 所示。

此外，为了方便网络结构的参数调整，并达到更好的可视化效果，实现对网络训练过程的实时监控，对于常规有监督 CNN，模型的布置与训练经 NVIDIA 公司开发的交互式深度学习 GPU 训练系统——DIGITS 完成。DIGITS 基于浏览器接口，通过对服务器接口的设置进行网段内访问，可以实现对网络训练过程的实时可视化，从而快速进行参数调优与网络测试等。然而，随着研究的进一步深入，DIGITS 难以满足诸如半监督学习等一些深层的需求，因此该软件的使用仅限于对传统 CNN 模型的训练与可视化。

11.1.2 网络深度对比与选择

作为一种前馈型神经网络，CNN 模型自诞生起即用于解决大型的图像识别问题，并具有显著的优势，发展至今，出现了众多经典的网络模型，以适应不同的场景与规模。为了对所需训练网络的规模进行初步估计，同时评价 CNN 深度对现有受电弓表面病害特征图像的识别与分类效果，并验证在本研究中使用深度学习网络的必要性，利用相同数据集分别对不同规模的模型进行训练、测试，以对比深层 CNN 与浅层 CNN 对识别效果的影响。下面分别选取 LeNet 模型与 AlexNet 模型作为浅层 CNN 与深层 CNN 的代表进行实验验证。

1. 浅层 CNN

LeNet 模型由法国的 Lecun 和 Bottou[1]在 1998 年提出，以其简单清晰的结构与在手写数字识别领域获得的优秀效果，被看作浅层 CNN 的标准模型，其基本

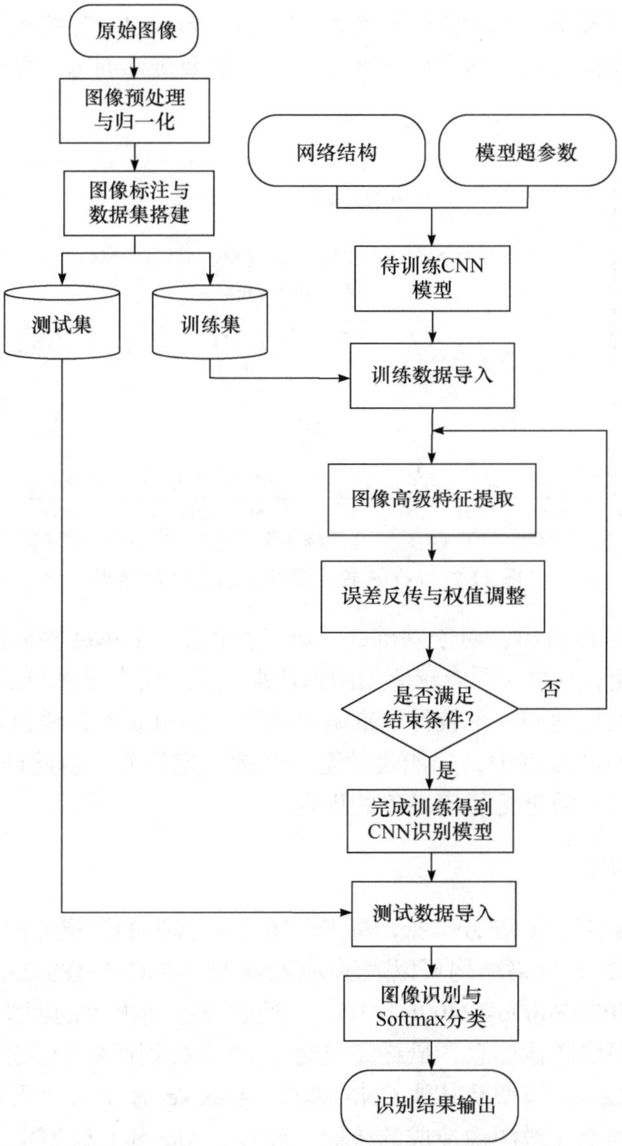

图 11.1　Caffe 框架下深度学习网络模型训练与识别的流程

结构可参考本书第 7 章相关内容。该模型由两个卷积层和两个池化层，后接三个基于径向基函数的全连接层组成，其中，卷积层、池化层、全连接层常统称为网络的视觉层。

此处，利用受电弓数据集对 LeNet 模型进行训练。根据数据类别数，将输出层维数改为 5；此外，为减少对设备存储产生的负荷，同时提高运算效率，将输入数据按照每组 10 个，共 8 组进行分组(batch)训练验证。对于网络超参数的设置，使用学习率衰减策略，衰减步长设置为 25，Gamma=0.1，即每次迭代最大迭代数的 25%，学习率降为前一阶段的 10%。LeNet 模型最终训练及测试结果如图 11.2 所示。

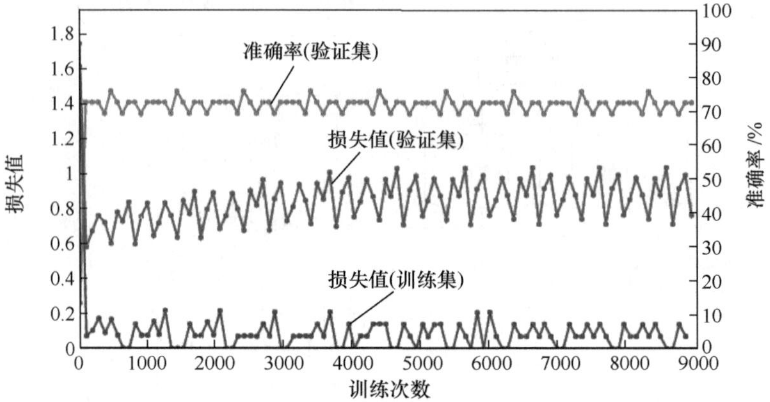

图 11.2　LeNet 模型最终训练与测试结果

由图 11.2 可以看出，对于基础的受电弓数据集，LeNet 模型能在较短时间内实现最终的稳定，但输入图像较原始图像压缩较大，损失了大量的细节特征信息，使得网络最终仅能达到一个较低的准确率水平，而由误差折线也可以看出，其一直处于较为剧烈的振荡中，未能收敛至一个较稳定的值。由此证明，浅层 CNN 模型难以对研究对象进行稳定准确的识别。

2. 深层 CNN

AlexNet 模型是由 Krizhevsky 等[2]于 2012 年提出的深层 CNN 模型，该模型有 8 个有权层，其网络结构可以表示为(227×227)-96C11MP3-256C5MP3-384C3-384C3-256C3MP3-IP4096-IP4096-IP1000，通过复杂而庞大的网络学习 ImageNet 图像数据库，提取图像信息，最终完成对 1000 个类别图像的识别与分类。

较之前的 LeNet 模型及其他 CNN 模型，AlexNet 模型首次采用了全局最大池化，避免了平均池化对图像造成的模糊。此外，AlexNet 模型中提出了两个新的网络层结构：LRN 层和 Dropout 层。

1) LRN 层

LRN 层的概念来自生物学侧抑制，指在生物的神经系统中，被激活的神经元会对邻近的其他神经元产生抑制作用。LRN 层，即利用局部神经元活动的竞争机制，增强其中响应较大的值，同时抑制其他反馈较小的神经元，实现对 ReLU 响应结果的局部抑制，最终增强网络的泛化能力。该过程的计算公式为

$$O_{x,y}^{i}=M_{x,y}^{i}\Big/\left[b+\alpha\sum_{j=\max(0,i-n/2)}^{\min(N-1,i+n/2)}(M_{x,y}^{i})^{2}\right]^{\beta} \tag{11.1}$$

式中，$O_{x,y}^{i}$ 为 LRN 的输出结果；$M_{x,y}^{i}$ 为 ReLU 在第 i 个核特征图(x, y)位置的输出；n 为在同一个位置上邻近的核特征图数；N 为核特征图总数；参数 a、β 和 b 都为超参数，依据经验，通常设置 α=0.0001、β=0.75、b=2。

2) Dropout 层

当网络的训练数据量较少而网络层数较多时，容易发生网络的过拟合现象，使得网络在训练集上判断准确率较高，而在验证集上误差较大，对网络的推广使用存在较大阻碍。为降低网络的过拟合，Srivastava 等[3]在 2014 年提出可以在网络中设置 Dropout 层，通过随机关闭网络连接降低网络的复杂度，以降低网络的过拟合。Dropout 层原理图如图 11.3 所示。

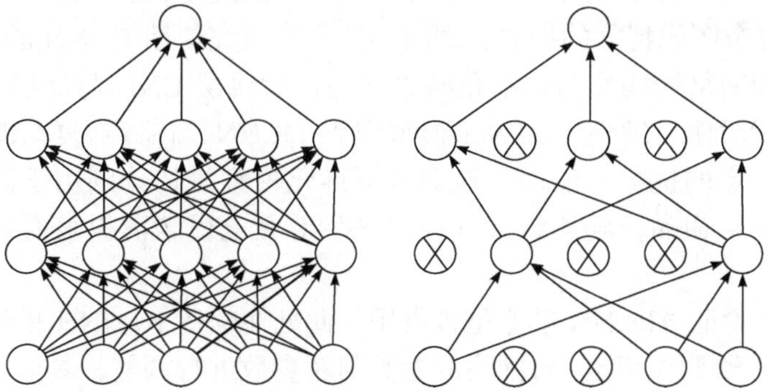

图 11.3　Dropout 层原理图

Dropout 层是指在训练过程中随机关闭部分隐层节点的权重，使其不参与本轮迭代计算，但依然保留其在网络中的权值，减弱了神经元节点间的联合适应性，在一定程度上增强了网络的泛化能力。

Dropout 层的运算参数仅包含 Dropout 比例这一个参数，即根据此比例在相应层中随机挑选部分隐层节点，将其权重临时设置为 0，使其不参与本轮迭代。该层多用于全连接层之后，且仅参与网络训练过程的运算。在 AlexNet 模型中，Dropout 层配置于 FC-6 和 FC-7 之后，比例均设置为 0.5。

这里利用 pan5_G256 数据集对 AlexNet 模型进行训练，同样根据数据特性将输出层维数改为 5，设置训练分组基础尺寸(batch_size)为 10；由于在训练过程中，当批尺寸(base_lr)=0.01 时，网络出现了“梯度爆炸”的现象，为兼顾学习效果与收敛速度，将原基础学习率设置为 0.005。AlexNet 模型最终训练与测试效果折线图如图 11.4 所示。

由图 11.4 可知，利用 AlexNet 模型对受电弓碳滑板表面缺陷图像进行识别，

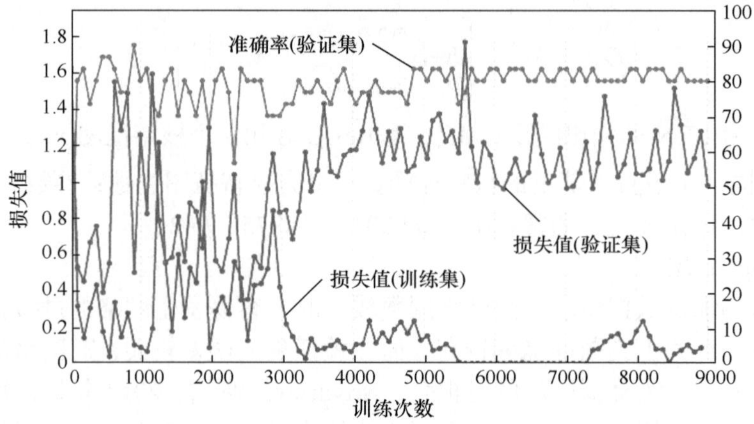

图 11.4　AlexNet 模型最终训练与测试效果折线图

相较之 LeNet 模型具有更好的识别准确性与更小的波动，证明 DCNN 结构能够更好地实现对复杂图像特征的提取，同时验证了本研究使用 DCNN 的必要性。

上述两种网络结构均为标准化网络模型，对浅层 CNN 与深层 CNN 训练的识别效果进行对比，发现 AlexNet 模型作为 DCNN，在针对复杂图像的特征提取方面有着一定的优势。然而，这两种标准化模型最初分别用于识别手写数字或用于分辨日常物品，经测试，其难以满足对受电弓碳滑板表面缺陷准确识别的需求。

为进一步验证 AlexNet 模型是否可用，此处在保留 AlexNet 模型网络结构的基础上，借助大量的实验，对网络的参数与超参数进行调整，具体参数调整内容包括基础学习率、学习率下降策略、权值初始化方式等部分。经过参数调整后，AlexNet 模型网络识别效果折线图如图 11.5 所示。

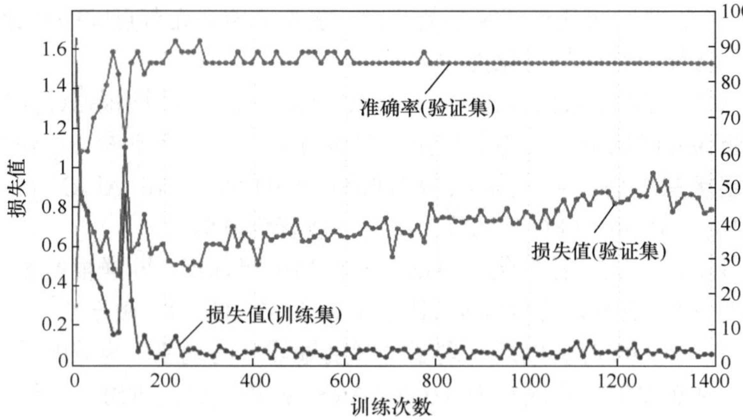

图 11.5　经过调参后的 AlexNet 模型网络识别效果折线图

由图 11.5 可以看出，针对研究对象特点进行的参数调整使得 AlexNet 模型具有更好的准确率与收敛效果，且测试误差也有所降低。然而，对网络参数的进一步调优仅对模型产生了有限的优化，其最终识别效果仍然难以满足本研究所需的目标，证明 AlexNet 模型无法用于对受电弓表面缺陷的有效识别。

因此，本章将在更先进的网络搭建思想的指导下，构建深度、宽度更大的 CNN 模型，以达到更好的缺陷特征提取与识别效果，使其能够满足对受电弓碳滑板表面缺陷的识别应用，从而更好地对设备维保提供指导意见。

11.1.3 适用于受电弓表面缺陷图像识别的 DCNN 模型

DCNN 模型搭建的主要工作包括网络架构、网络层参数配置、模型超参数配置这三个方面。而由前面实验验证，对于网络架构，网络结构的深度对模型最终的学习效果存在很大的影响，且现有的 AlexNet 模型无法满足本书研究对象的识别效果，因此需要在现有计算能力允许的情况下，搭建规模更大、复杂度更高的 DCNN 模型。

1. 网络架构配置

如 7.2 节所述，依照不同的网络层功能，可将 CNN 的结构分为数据层、数据处理层、输出层，其中数据处理层又称为网络视觉层，是模型的最核心结构。模型对数据的特征提取与识别能力，很大程度上取决于网络视觉层的设计与架构。而对于 DCNN，目前还缺乏相关的理论指导研究人员针对不同的研究对象与问题，实现高效的模型架构。因此，对于网络的搭建，多基于研究人员的经验与一些可以参考的规律，最终的模型结构还需要进行大量的实验进行调整与修正。

下面对 DCNN 的架构主要参照目前主流的 CNN 搭建思路进行，其中包括 AlexNet[2]、VGGNet[4]以及其他相关的模型搭建规律。网络的整体布置依照传统的 AlexNet，以卷积-池化的结构进行，且卷积核的感受野尺寸随着网络层由浅至深逐渐减小；增加网络中深层结构的参数数量，降低浅层结构的参数数量，有利于网络性能的提升，因此借助这一规律在网络架构过程中对结构进行调整；对于卷积层的布置，则参照牛津大学计算机视觉组在 VGGNet 中首次提出的利用多个串联小尺寸卷积核替代单个大尺寸卷积核的思路[4]。由于计算条件的限制，本章并未直接使用 VGGNet-16 的网络结构，而是运用其串联卷积的模型搭建思路，以构建本节所用的 DCNN 模型。

如图 11.6 所示，利用两个 3×3 的卷积核进行串联卷积运算，其实际感受野的范围等效于一个 5×5 的卷积核。综合 7.2 节中对 CNN 运算的叙述可知，这种布置方式在感受野不变的前提下增加了网络的非线性激活次数，因此更有利于网络对复杂图像中特征的提取。本节将借助这一思路进行 DCNN 的架构，因此需要对串联卷积层的具体应用方法进行研究。

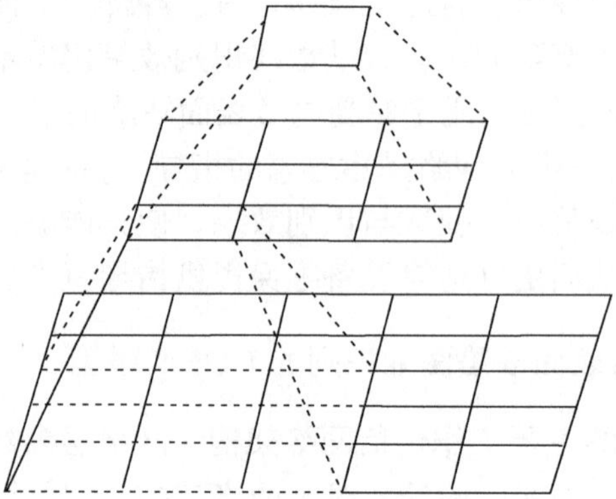

图 11.6　串联卷积层示意图

由 CNN 结构的叙述可知，图像经卷积层提取特征后，其尺寸变化满足一定的规律，数学表达式为

$$O_{\mathrm{s}}=\frac{I_{\mathrm{s}}+2\times P-k_{\mathrm{s}}}{s}+1 \tag{11.2}$$

式中，I_{s} 和 O_{s} 分别为输入图与输出图的尺寸；P 为图像周边填充空白像素的宽度；k_{s} 为卷积核大小；s 为卷积窗口滑动步长。

而现有较为常见的卷积层配置通常将滑动步长 s 设置为 1，则式(11.2)可表示为

$$O_{\mathrm{s}}=I_{\mathrm{s}}+2\times P-K_{\mathrm{s}}+1 \tag{11.3}$$

对于一个尺寸为 k_{s} 的小尺寸卷积核，将其进行 3 层串联卷积，并保持这三个卷积层参数相同，则有

$$\begin{aligned}O_{\mathrm{s}}&=\left[(I_{\mathrm{s}}+2\times P-k_{\mathrm{s}})+1+2\times P-k_{\mathrm{s}}\right]+1+2\times P-k_{\mathrm{s}}+1\\&=I_{\mathrm{s}}+2\times P\times 3-k_{\mathrm{s}}\times 3+1\times 3\end{aligned} \tag{11.4}$$

将式(11.4)进行推广，若进行 m 层串联卷积，则有

$$\begin{aligned}O_{\mathrm{s}}&=I_{\mathrm{s}}+2m\times P-mk_{\mathrm{s}}+m\\&=I_{\mathrm{s}}+2P-[mk_{\mathrm{s}}-(2P+1)(m-1)]+1\end{aligned} \tag{11.5}$$

对式(11.5)按照式(11.3)的形式进行整理，可以得到串联卷积层的实际感受野大小，即可得到等效卷积核的尺寸 k_{b}、小尺寸卷积核大小 k_{s} 和串联层数 m 三者之间的关系为

$$k_{\mathrm{b}}=mk_{\mathrm{s}}-(2P+1)(m-1) \tag{11.6}$$

对于卷积核可以整除特征图的情况，通常设置 P=0，因此有

$$k_b = m(k_s - 1) + 1 \tag{11.7}$$

通过式(11.7)可以将原有网络中的大尺寸卷积核替换为小尺寸卷积核，在不损失感受野大小的同时，增加网络的非线性激活次数。此外，串联卷积层还能有效降低网络权值数量与连接数量。若令某卷积层特征图数量为 n，输出特征图尺寸为 f，则其权值数量 N 与连接数量 L 可分别表示为

$$N = k_b^2 \times n \tag{11.8}$$

$$L = (k_b^2 + 1) \times nf^2 \tag{11.9}$$

同理，对于采用 m 层 k_s 大小的串联卷积核，其权值数量 N' 与连接数量 L' 可分别表示为

$$N' = k_s^2 \times n \times m \tag{11.10}$$

$$L' = (k_s^2 + 1) \times nf^2 \times m \tag{11.11}$$

将式(11.7)代入式(11.8)和式(11.9)，并与式(11.10)和式(11.11)做比值，有

$$\frac{N}{N'} = \left[\frac{m(k_s - 1) + 1}{mk_s}\right]^2 \tag{11.12}$$

$$\frac{L}{L'} = \frac{[m(k_s - 1) + 1]^2 + 1}{m(k_s^2 + 1)} \tag{11.13}$$

由于 m、k_s 均大于 1，易证 $N > N'$、$L > L'$，对 m 和 k_s 分别取较常用的值，代入式(11.12)和式(11.13)，可得到串联卷积层对权值数量与连接数量的影响结果，如表 11.1 所示。

表 11.1　常用规模串联卷积层对权值数量与连接数量的影响结果

m	k_s	N/N'	L/L'
2	3	56.25	1.3
	5	506.25	1.58
	7	2070.25	1.7
3	3	49	1.67
	5	469.44	2.18
	7	1965.44	2.41
4	3	45.56	2.05
	5	451.56	2.79
	7	1914.06	3.13

由表 11.1 可知，串联卷积层对于权值数量的降低幅度相当可观，对于网络层间的连接数量则降幅不大，使得在降低网络运算强度与参数量的同时，大幅提高了各个权值的利用效率。

通过上述叙述可以得知，串联卷积层的应用可以有效提高 CNN 的学习能力，在将网络模型推向更大深度的同时减少了网络的参数数量，大幅降低了模型的运算强度，与传统利用大尺寸卷积核进行运算的模型相比，其具有更高的运算效率与特征提取能力。

因此，本节搭建了所需的 CNN 模型，并参照网络配置规律，对各层的特征图数量进行调整与修正，最终得到的网络可以表示为(256×256)-96C13Mp4-256C11Mp4-384C3C3Mp4-512C3C3C3Mp4-4096FC×3[5]。

为便于说明，将提出的该网络模型称为 PDDNet 模型。由于该网络中使用了串联卷积的布置形式，所以由式(11.6)可以得知其等效的大卷积核网络结构，将该网络模型与 PDDNet 模型及经典网络模型结构进行了对比，对比结果如表 11.2 所示。

表 11.2　PDDNet 模型与经典网络模型结构对比

<table>
<tr><td colspan="4">网络模型</td></tr>
<tr><td>LeNet</td><td>AlexNet</td><td>PDDNet</td><td>等效 PDDNet</td></tr>
<tr><td>5 个卷积层</td><td>8 个卷积层</td><td>10 个卷积层</td><td>7 个卷积层</td></tr>
<tr><td colspan="4">图像输入</td></tr>
<tr><td>卷积核大小：5×5×6</td><td>卷积核大小：11×11×96</td><td>卷积核大小：13×13×96</td><td>卷积核大小：13×13×96</td></tr>
<tr><td colspan="4">最大池化层</td></tr>
<tr><td>5×5×16</td><td>5×5×256</td><td>11×11×256</td><td>11×11×256</td></tr>
<tr><td colspan="2">最大池化层</td><td colspan="2">平均池化层</td></tr>
<tr><td rowspan="4">—</td><td>3×3×384
3×3×384
3×3×256</td><td>3×3×384
3×3×384</td><td>5×5×384</td></tr>
<tr><td colspan="3">最大池化层</td></tr>
<tr><td rowspan="2">—</td><td>3×3×256
3×3×256
3×3×256</td><td>7×7×256</td></tr>
<tr><td colspan="2">平均池化层</td></tr>
<tr><td>全连接层</td><td colspan="3">径向基全连接层(神经元个数 4096)</td></tr>
<tr><td colspan="4">径向基全连接层输出(样本类别数 5)</td></tr>
<tr><td colspan="4">Softmax 函数</td></tr>
</table>

由表 11.2 可知，PDDNet 模型共有 10 个卷积层，总数量仅比 AlexNet 模型多两层，但其结构表明，PDDNet 模型所用结构为四个卷积单元，后两个卷积单元采用目前较为常见的 3×3 小尺寸卷积核按照串联卷积规则进行展开，以增加网络非线性激活次数，同时减少网络权值数量。而对于等效 PDDNet 模型网络结构，虽然与本节所用的 PDDNet 模型具有相同的图像感受野与特征提取尺寸，但网络中全局使用的大尺寸卷积核，使得总权值数量达到了 1×10^5，计算与存储负荷较大，因此本节不予采用。

2. 网络层参数配置

由图 11.1 可知，Caffe 框架下的模型搭建通过编写网络结构文件*.prototxt 完成，因此对于网络结构的架构，均通过设置网络层相关参数实现。除此之外，对于网络各层的配置还包括该层的参数调节速率、权值初始化方式等部分，下面以卷积层的框架结构为例进行说明。卷积层框架结构如下：

```
layer {
  name: "conv1"
  type: "Convolution"                              a：基本信息
  bottom: "data"
 top: "conv1"

 convolution_param {
     num_output: 96
     kernel_size: 11                               b1：网络结构参数
   stride: 4
 pad：0

    weight_filler {
      type: "Gaussian"
      std: 0.01   }
    bias_filler   {                                b2：权值初始化
      type: "constant"
      value: 0    }
    }
```

```
        param {
            lr_mult: 1
            decay_mult: 1
        }
        param {                                   d：权值调节速率
            lr_mult: 2
            decay_mult: 0
        }
}
```

Caffe 框架下一个标准卷积层结构的各项参数主要可以分为以下三个部分。

1) 基本信息

这一部分对网络中各层的定义方法相同，其中包含网络层名称、层类型、层间的连接关系等，用于定义网络的数据运算方式与传递流向。

2) 网络结构参数与权值初始化

该部分用于定义卷积层的卷积核尺寸、滑动步长与填充值等参数，同时对权值进行初始化，因此这部分是卷积层设置的最核心部分。其中，通过设置 b_1 中的参数，对网络的结构进行构建，从而决定了数据经过卷积层时的运算及对数据特征的提取策略，会对后续图像信息的提取与数据维度等产生一系列的影响；对 b_2 部分的配置用以确定该层权值与偏置的初始化方式，研究表明，不同的初始化方式对网络的特征提取能力与识别准确性具有显著的影响[6,7]。

3) 参数调节速率

这一部分用以定义局部结构的学习率及其衰减速率。在基础学习率的基础上，通过定义本层学习率倍率，实现对不同层学习率的差异化设置，从而可以通过设置一定的调节倍率，实现在较低基础学习率下对指定层可训练权值的快速迭代。

综上可知，对于网络层中参数的设置，主要包括网络结构参数与权值参数两部分，前者的设置由 7.2 节中的网络结构决定，后者包括参数初始化与学习率倍率，主要是对网络效果影响较大的参数初始化方式进行说明。网络层参数初始化主要包括权值初始化与偏置初始化两部分，常见的初始化类型有常值初始化、高斯分布初始化、均匀分布初始化、Xavier 初始化和 MSRA[6]初始化等一系列方法。经多次实验与测试，对于本书的研究对象，采用高斯分布初始化和 MSRA 初始化对各个卷积单元的权值进行交替初始化，能够达到最好的训练效果，而对于业内常用的卷积核全局 Xavier 初始化，在本研究中所能达到的效果会有一定差距；而对于各层的偏置项，可依照业内的惯例初始化为常数 0，并通过参数更新进行自动调整。

由表 11.2 可知，所用网络在每个卷积单元的最后一层布置池化层，对卷积得到的特征图进行下采样。由于所用数据中受电弓病害部分多表现为灰度深于周围值，所以选用对深色保留更多的平均池化，以在降维过程中尽量保留缺陷特征；而在实际操作过程中，若将全部卷积层均配置为平均池化，则其效果并不如间隔设置最大池化和平均池化好，因此本网络将池化层的配置设定为最大-平均-最大-平均的形式。

3. 模型超参数配置

Caffe 框架的网络超参数通过编写 solver.prototxt 文件进行配置，在网络训练过程中主要承担四个方面的任务：指示训练网络与测试网络的所在路径；设置网络在前向传播与反向传播过程中的迭代次数；设置测试与显示间隔；配置快照路径与存储间隔。

在单次运算过程中，配置项中的超参数还用于调用前向传播算法以计算输出值和对应的误差；调用反向传播算法计算各层的梯度；根据配置的优化方案与学习率权值衰减模式，更新网络的学习率，并利用梯度对网络的权值进行更新等。solver.prototxt 文件中对超参数的定义如下：

```
net: "$Caffe_ROOT/train_val.prototxt"
test_iter: 1
test_interval: 1                                  a：基础训练参数
 display: 1
max_iter: 2000

 base_lr: 0.008
 lr_policy: "inv"
 Gamma: 0.005                                     b：学习率配置项
 power: 0.5
 weight_decay: 0.00015

 snapshot: 900                                    c：快照配置项
 snapshot_prefix: "~/Caffe/Demo/Demos/1.0_"
```

solver_mode: GPU

solver_type: ADAGRAD　　d：运算配置项

momentum: 0.9

11.1.4　模型训练与缺陷识别效果测试

经过 11.1.3 节所述的流程进行网络架构与参数配置，本节利用第 3 章中的受电弓碳滑板表面缺陷图像数据集对网络进行训练与测试，并将最终训练完成的模型用于缺陷图像识别。结合之前内容的模型结构与参数配置，利用受电弓数据集对网络进行训练，PDDNet 模型训练与测试效果折线图如图 11.7 所示。

由图 11.7 可以看出，利用相同的数据集进行训练与测试，该网络于 200 次训练左右即可达到收敛，网络准确率最终收敛于 90.625%附近，比 AlexNet 模型所达到的最高准确率 84.38%提高了 6.245%，同时，网络的误差也下降至 0.68 左右，与上一网络模型的 0.8 左右对比下降了 15%，证明该网络模型针对受电弓表面病害识别具有较好的精度和可用性。

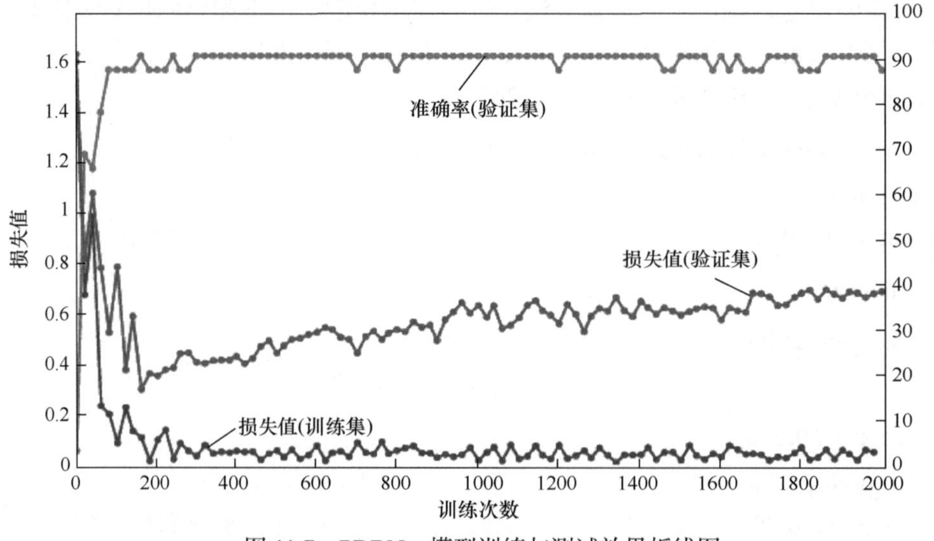

图 11.7　PDDNet 模型训练与测试效果折线图

本节所提出的网络模型 PDDNet 关键性能参数与现有网络模型对比如表 11.3 所示。

表 11.3　PDDNet 模型关键性能参数与现有网络模型对比

模型名称		网络规模			识别准确率/%	损失值	收敛用时/s	收敛代数
		有权层数量	卷积层数	总参数量/10^6				
现有网络模型	LeNet	5	2	0.0098	73.3	0.89	24	20
	AlexNet	8	5	60	80	1.27	3008	4140
	调参后的AlexNet	8	5	60	84.38	0.8	793	294
本节提出的网络模型	PDDNet	10	7	0.087	90.63	0.67	482	80

由表 11.3 可以看出，所搭建的 PDDNet 模型在上述几个模型中具有最深的网络层级，同时参数数量在同等规模的模型中有很大的优势，使得模型在训练运算过程中能够快速收敛，并最终达到较为理想的识别准确率；在现有设备的运算能力下，对研究对象的识别具有较为明显的优势。这也证明本节提出的网络模型可以对受电弓碳滑板表面缺陷图像进行较为有效的特征提取与识别。

利用 80 幅受电弓缺陷图像对本节提出的网络模型的识别能力进行批量测试，其分类结果如表 11.4 所示。

表 11.4　模型批量测试分类结果

预测结果	真实情况结果					单类别识别准确率/%
	正常	过度磨耗	偏磨	拉槽	其他	
正常	14	—	—	—	—	100
过度磨耗	—	15	—	—	1	93.8
偏磨	—	—	16	2	—	88.9
拉槽	—	—	3	13	1	76.5
其他	—	—	—	1	14	93.3

由表 11.4 可以看出，该模型对界定的各类别的识别均能达到较高的准确率，对于 80 幅图像的批量测试显示，网络的识别准确率基本达到 90%，其中对正常碳滑板的准确识别证明该模型能够准确判断缺陷的存在；而对偏磨与拉槽的识别准确率则较低。

虽然模型对缺陷的识别结果存在个别的误差，但其真实分类仍然在识别结果中占有较大比例，最终的识别误差主要由其处于分类临界，或是样本本身存在多种缺陷类型，或是受图像色彩等因素的影响所致。通过人工对识别结果进行进一步辨识，可对待检测受电弓弓条的缺陷实现准确的判断，因而该模型对受电弓碳滑板缺陷的识别同样可以有效指导设备的维保。

上述对受电弓表面病害图像的分类测试验证了网络对于受电弓表面病害识别的有效性,证明了本节所搭建的模型可以对受电弓表面病害进行较为可靠的分类，同样证明 DCNN 在该领域应用的有效性。

11.2 基于 Faster R-CNN 的受电弓定位及病害分类

本章采用了卷积神经网络对受电弓图像进行病害分类，但是传统的卷积神经网络需要对输入图像统一大小以减少计算压力，这会造成一定程度的信息损失，同时图像中包含的大量背景信息也会对识别结果造成一定程度的干扰。因此，本节采用基于 Faster R-CNN 的目标检测算法，将受电弓从背景中定位分割出来，最大限度地减少背景信息的干扰，之后再对其具体病害类型进行识别，并对模型进行改进，有效提高了检测精度。

11.2.1 Faster R-CNN 模型介绍及改进

Faster R-CNN 是 Ren 等[8]提出的一个目标检测网络模型，经历了 R-CNN、SPP-Net、Fast R-CNN 的发展，已经成为一个相对成熟的综合网络框架,能够同时解决目标提取和分类问题,实现一个场景的多目标检测。其主要包含两个部分：RPN 和 Fast R-CNN，这两个网络中都包含了相同的基础特征提取网络(VGGNet- 16)。两部分网络功能有所不同，相互融合构成了 Faster R-CNN。Faster R-CNN 的基本结构图和详细网络结构图分别如图 11.8 和图 11.9 所示。

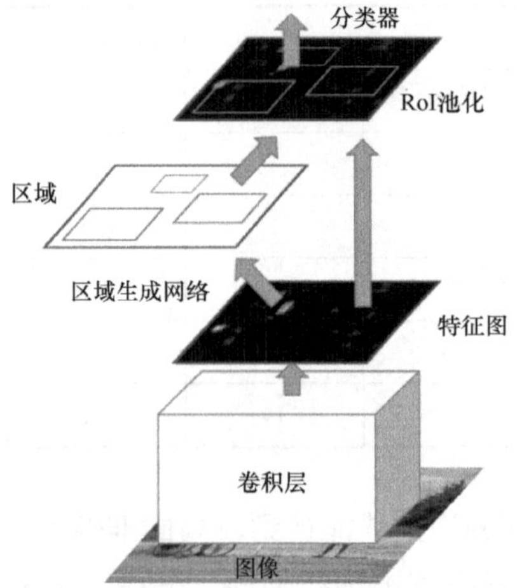

图 11.8 Faster R-CNN 基本结构图

1. 基础特征提取网络(VGGNet-16)

基础特征提取网络的目的在于通过卷积操作和池化获取原始图像的高维特征图。卷积层利用 $n \times n$ 的卷积核在每个通道的原始图像上进行卷积运算，得到新的特征图。对于池化层，其本质上也是一种卷积运算，特殊性在于卷积核大小和步长一致。

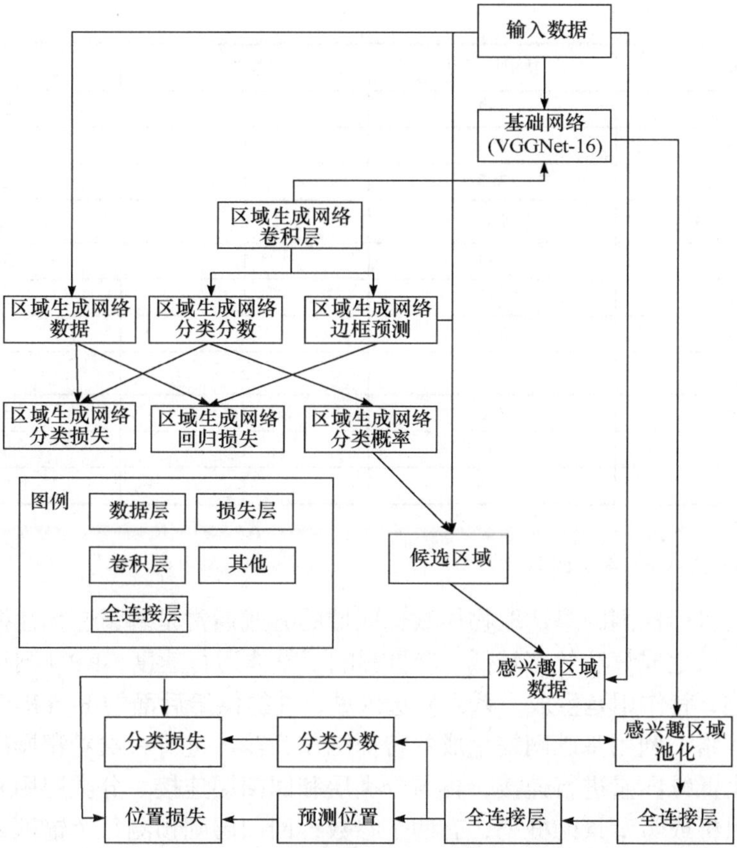

图 11.9　Faster R-CNN 详细网络结构图

使用的基础特征提取网络是 VGGNet-16。对比传统卷积神经网络，VGGNet-16 的创新之处在于采用了多个连续小尺寸卷积核来代替一个大尺寸卷积核，在保证网络训练效果不变的情况下，大大减少了网络参数量，增大了网络深度，提升了网络性能。所采用的 VGGNet-16 网络结构配置如表 11.5 所示。

表 11.5　VGGNet-16 网络结构配置

名称	卷积核尺寸	步长	个数
conv1_1	3×3	1	64
conv1_2	3×3	1	64
max_pool1	2×2	2	—
conv2_1	3×3	1	128
conv2_1	3×3	1	128
max_pool2	2×2	2	—

续表

名称	卷积核尺寸	步长	个数
conv3_1	3×3	1	256
conv3_2	3×3	1	256
conv3_3	3×3	1	256
max_pool3	2×2	2	—
conv4_1	3×3	1	512
conv4_2	3×3	1	512
conv4_3	3×3	1	512
max_pool4	2×2	2	—
conv5_1	3×3	1	512
conv5_2	3×3	1	512
conv5_3	3×3	1	512

2. 区域生成网络(RPN)

传统的目标检测网络选取物体候选区域的方式通常是基于选择性搜索方法，这些候选区域生成算法效率较低，严重影响了整体运行速度，RPN 则很好地解决了这一问题，其作用是生成一系列候选区域，并提供给后面的 Fast R-CNN。RPN 是全卷积网络，利用基础网络生成的特征图作为输入进行一次卷积操作，将滑动窗口与一个低维向量进行连接，再与分类层和回归层连接。分类层用来判断候选区域属于目标或者背景的概率，有两个参数；回归层则预测每个锚框可能对应目标区域的信息(x, y, w, h)，分别代表目标区域中心点横坐标、纵坐标、区域宽度和区域高度。由滑动窗口在基础特征提取网络最后一层的特征图上进行滑动遍历，选取 k 个锚框，通过一个 256 维的中间层后，输出 $2k$ 个概率值(前景概率和背景概率)以及 $4k$ 个坐标值(代表每个锚框的位置)。RPN 结构示意图如图 11.10 所示。

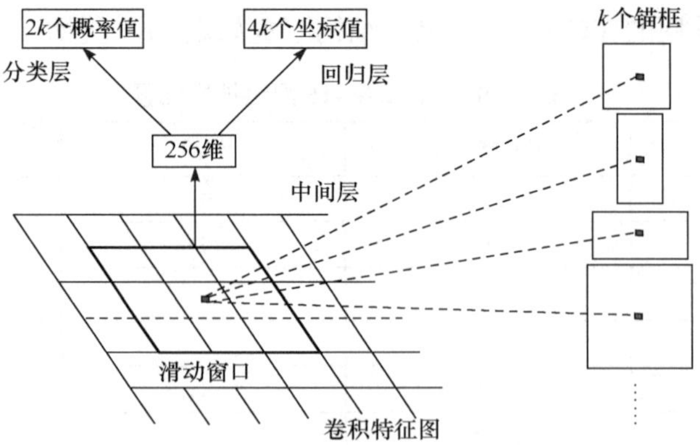

图 11.10 RPN 结构示意图

1) 候选区域生成

对于目标检测问题，候选区域的提取一直是一个比较难解决的问题，传统的方法是根据不同的尺度，在特征图上遍历，该方法会产生大量无用的候选区域，同时耗费大量资源。在 RPN 中，在通过基础网络训练得到的特征图上进行计算时，以每个滑动窗口中心点为锚点，定义一个基础尺寸(base_size)，以及三个尺度(scale)和三个长宽比(aspect ratio)，这样就以锚点为中心产生了 9 个锚框，能够很好地应对不同尺寸目标的检测要求。

为了更好地适应实际采集到的受电弓图像的尺寸，根据输入图像的分辨率以及一般情况下碳滑板所占的范围大小，定义基础尺寸为 160 像素，三个尺度为{1280^2, 2560^2, 5120^2}，三个长宽比为{1：1, 1：2, 2：1}，锚框示意图如图 11.11 所示。

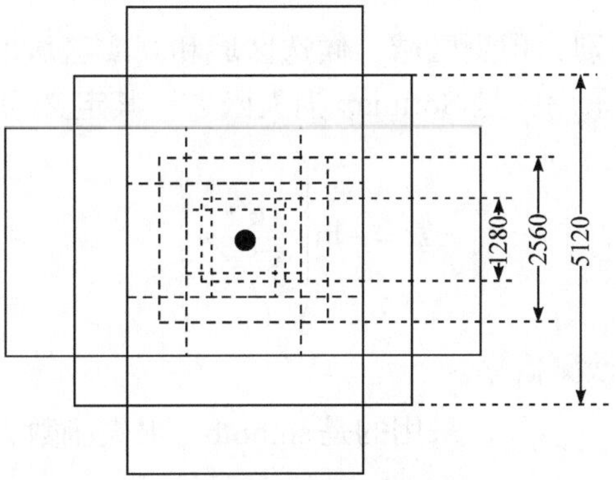

图 11.11　锚框示意图(单位：像素)

2) IoU

IoU 定义了两个锚框的重叠度，假设有 A 和 B 两个锚框，则其 IoU 计算公式为

$$\text{IoU} = (A \cap B) / (A \cup B) \tag{11.14}$$

IoU 的计算结果能够定量描述两个锚框的相似程度，以真实范围为参考可以筛选用处不大的锚框。

3) 损失函数

在得到锚框之后，为每个锚框分配一个二值类别标签(是物体或者不是物体)，当一个锚框与真实区域 IoU 值高于给定正阈值时，给其分配一个正标签；当低于给定负阈值时，给其分配一个负标签。其他的锚框则不会有助于训练目标函数，选择丢弃。这里的损失函数为多任务损失函数，包含分类损失和回归损失两部分。每张图像的损失函数定义为

$$L(\{p_i\},\{t_i\}) = \frac{1}{N_{\text{cla}}}\sum_i L_{\text{cla}}(p_i, p_i^*) + \lambda \frac{1}{N_{\text{reg}}}\sum_i p_i^* L_{\text{reg}}(t_i, t_i^*) \tag{11.15}$$

式中，L_{cla}为分类损失；L_{reg}为回归损失；N_{cla}为锚框的正样本数量；N_{reg}为锚框的负样本数量；i为锚框序号；p_i为锚框是某个物体的概率；p_i^*为锚框是否为正样本(正样本为 1，负样本为 0)；t_i为锚框位置信息(x, y, w, h)的四维向量形式；t_i^*为目标区域的位置信息向量形式。

t_i和t_i^*每一维的定义为

$$\begin{cases} t_x = (x - x_a) / w_a \\ t_y = (y - y_a) / h_a \\ t_w = \ln(w / w_a) \\ t_h = \ln(h / h_a) \end{cases}, \quad \begin{cases} t_x^* = (x^* - x_a) / w_a \\ t_y^* = \ln(y^* - y_a) / h_a \\ t_w^* = \ln(w^* / w_a) \\ t_h^* = \ln(h^* / h_a) \end{cases} \tag{11.16}$$

式中，x、x_a和x^*分别为预测区域、候选区域和真实区域的值(y、w、h同理)。

对于分类损失，采用的是 Softmax 损失函数，其定义为

$$L_i = -\ln\left(\frac{\mathrm{e}^{Z_i}}{\sum_j \mathrm{e}^{Z_j}}\right) \tag{11.17}$$

式中，Z_i为每一类的预测概率。

对于回归损失$L_{\mathrm{reg}}(t_i, t_i^*)$，采用的是$\mathrm{smooth}_{\mathrm{L}_1}$损失函数，其定义为

$$L_{\mathrm{reg}}(t_i, t_i^*) = \sum_j \mathrm{smooth}_{\mathrm{L}_1}(t_i - t_i^*) \tag{11.18}$$

$$\mathrm{smooth}_{\mathrm{L}_1}(x) = \begin{cases} 0.5x^2, & |x|<1 \\ |x|-0.5, & \text{其他} \end{cases} \tag{11.19}$$

由式(11.8)计算得到的回归损失，能够对离群点以及异常值更加不敏感，梯度变化相对来说更小，在训练时更加不容易跑飞。

3. Fast R-CNN

在获取到 RPN 提取出的候选区域后，Fast R-CNN 对其进行分类，输出每个类别的预测概率及每个类别的预测位置(x, y, w, h)。Fast R-CNN 同样也用到了基础网络，输入为经过基础网络训练的特征图及 RoI 数据，首先进行一次 RoI 池化，连接全连接层之后再与分类层和回归层连接。

1) RoI 池化

考虑到每个候选区域的尺寸不一，即使采用传统的池化方法，得到的特征图大小仍然不一致，为了能够将候选区域划分成大小统一的区域并与下一层全连接

层相连，将候选区域等分成 $n \times n$ 区域，在每一个区域内进行相同的池化操作，即 RoI 池化。

2) 损失函数

Fast R-CNN 的损失函数也是一个多任务损失函数，包括分类损失和回归损失两部分。其分类和 RPN 不同，不仅区分正样本和负样本，而且区分具体的类别(背景单独作为一类)。回归损失与 RPN 类似，定义为

$$L(p,u,t^u,v) = L_{\text{cla}}(p,u) + \lambda[u \geqslant 1]L_{\text{reg}}(t^u,v) \tag{11.20}$$

式中，$L_{\text{cla}}(p,u) = -\ln p_u$，为正确类别 u 的 ln 损失；p 为类别的预测概率；$\lambda[u \geqslant 1]$ 表示当 u 不为 0(不为背景)时，才有值；t^u 为预测位置，$t^u = (t_x^u, t_y^u, t_w^u, t_h^u)$。

回归损失函数采用的是 $\text{smooth}_{\text{L}_1}$ 损失函数，v 代表真实区域，具体定义为

$$L_{\text{reg}}(t^u,v) = \sum_{l \in \{x,y,w,h\}} \text{smooth}_{\text{L}_1}(t_i^u, v_i) \tag{11.21}$$

4. 软化非极大值抑制算法

在区域生成网络中，对每幅图像均会生成许多锚框，其中有很多锚框之间是相互重叠的，并且有很多锚框并没有包含目标物体，或者只包含了一部分目标物体。为了能够找到最适合目标的锚框，Faster R-CNN 采用了非极大值抑制(non maximum suppression, NMS)算法，去除包含目标信息不完整的锚框。非极大值抑制算法的步骤如下：

(1) 遍历所有剩余的锚框，选择其中得分最高的锚框。

(2) 遍历剩余的锚框，如果与得分最高的锚框的 IoU 值达到某个阈值，则将其去除。

(3) 判断是否处理完所有的锚框，如果没有，则返回第(1)步，否则结束。

采用 NMS 算法可以很好地去除包含部分目标信息但是不完整的锚框，但是该算法存在以下问题：

(1) 当图像中包含多目标并存在重叠时，容易误删另一个目标的锚框，造成检测目标丢失。

(2) 很难获得一个较好的阈值，设置较低会误删有用的目标，设置较高则会增大误检测的概率。

针对以上问题，Bodla 等[9]在 2017 年提出了一种改进的软化非极大值抑制(Soft-NMS)算法，针对与目标锚框 IoU 值较高的锚框，降低其置信度，而不是直接删除。其主要步骤如下：

(1) 遍历所有剩余的锚框，选择其中得分最高的锚框。

(2) 遍历剩余的锚框，如果与得分最高的锚框的 IoU 值达到某个阈值，则降低其置信度(包含线性加权和高斯加权两种方式)。

(3) 判断是否处理完所有锚框，如果没有，则返回第(1)步，否则，进行第(4)步。

(4) 提取所有置信度达到给定阈值的锚框。

对于线性加权方式，计算置信度公式为

$$s_i=\begin{cases} s_i, & \mathrm{IoU}(M,b_i)\leqslant N_t \\ s_i\left[(1-\mathrm{IoU}(M,b_i)\right], & \mathrm{IoU}(M,b_i)>N_t \end{cases} \tag{11.22}$$

式中，b_i 为某个锚框；s_i 为这个锚框的置信度；M 为参考的锚框；N_t 为判断两个锚框 IoU 的阈值。

对于高斯加权方式，计算置信度公式为

$$s_i=s_i\mathrm{e}^{-\frac{\mathrm{IoU}(M,b_i)^2}{\sigma}} \tag{11.23}$$

Soft-NMS 算法仅需要对传统的 NMS 算法进行简单改动且不增加额外的参数，实用、高效且不需要额外的训练，易于实现，并且能够对目标检测结果识别的精度带来一定的提升。

11.2.2 实验结果及分析

絽 模型训练

网络训练基于深度学习框架 Caffe 环境，在配置 Tesla K40C 显卡的计算机上运行，配置好 Faster R-CNN 训练环境后进行训练。网络训练的超参数如表 11.6 所示。

表 11.6 网络训练超参数

超参数	数值
训练次数	10000
保存步数	5000
基础学习率	0.001
冲量	0.9
权值衰减	0.0005
显示间隔	20

训练完成后的模型保存为 Caffemodel 文件，以便测试的时候调用。在 11.2.1 节提到了四个损失函数：区域生成函数分类损失、区域生成函数回归损失、分类损失以及位置损失，总损失函数定义为各损失函数的加权和，总损失函数值随迭

代次数的变化趋势如图 11.12 所示。

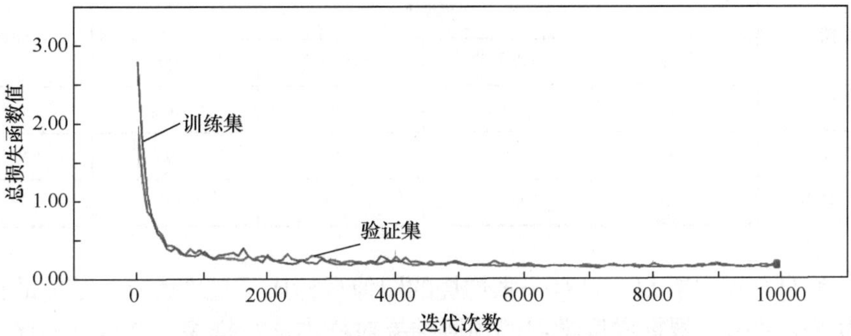

图 11.12　总损失函数值随迭代次数的变化趋势

由图 11.12 可以看到，网络损失值收敛较快，在约 500 次迭代时已经趋于稳定，不过仍然有较小波动。在 5000 次迭代以后波动已经很小，网络明显收敛。

2. 模型测试

得到初步的训练模型后，在测试集中验证网络训练结果。测试集中共有 271 幅图像，依次输入每幅图像，输出每幅图像的锚框及其预测类别。在区域生成网络中，对每幅图像均会生成许多锚框，为了能够找到最适合目标的锚框，采用了 NMS 算法去除包含目标信息不完整的锚框。

对于二分类问题，测试集的真实类别和检测出来的类别组合有真正类(true positive，TP)、假正类(false positive，FP)、真负类(true negative，TN)、假负类(false negative，FN)四种情况。对于目标检测的结果，最重要的衡量指标为准确率和召回率。准确率 P_R 代表检测出的某一类别中有多少是真实属于这一类别的；召回率 R_R 代表某一类别中所有的样本有多少被检测出来，其定义分别为

$$P_R = \frac{\text{TP}}{\text{TP+FP}}, \quad R_R = \frac{\text{TP}}{\text{TP+FN}} \tag{11.24}$$

式中，TP 为正类预测为正类的数量；FN 为负类预测为负类的数量；FP 为负类预测为正类的数量。

根据式(11.24)，最后得到的检测混淆矩阵如表 11.7 所示。

表 11.7　检测混淆矩阵

真实情况	预测结果				召回率/%
	正常	过度磨耗	幢艇飫耗	灼烧	
正常	120	0	0	0	100
过度磨耗	0	72	0	0	100

续表

真实情况	预测结果				召回率/%
	正常	过度磨耗	异常磨耗	灼烧	
异常磨耗	0	0	39	0	100
灼烧	0	1	0	39	97.5
准确率/%	100	98.63	100	100	—

由表 11.7 可以看出，只有一张灼烧的图像误检成了过度磨耗，其他的检测结果均为正确结果。根据深度学习的预测结果对样本进行排序，并以此顺序依次进行预测，每次计算出当前的召回率和准确率，以召回率为横坐标，准确率为纵坐标，得到召回率-准确率曲线，这个曲线下的面积为平均精度，对每一类的平均精度取均值，得到的平均精度均值如表 11.8 所示。

表 11.8　各类别平均精度均值

类别	平均精度
正常	1
过度磨耗	0.9053
异常磨耗	1
灼烧	1
平均精度均值	0.9763

为了更加直观地观察模型检测的结果，从四个类别中分别挑选出一张测试图像，对其进行目标检测及病害分类，各类别示例检测结果如图 11.13～图 11.16 所示。

图 11.13　正常类别示例检测结果

图 11.14　过度磨耗类别示例检测结果

图 11.15　异常磨耗类别示例检测结果

图 11.16　灼烧类别示例检测结果

由图 11.13～图 11.16 的检测结果可见，Faster R-CNN 图像结合 Soft-NMS 算法能够对受电弓碳滑板区域进行较好的提取，同时对不同类型的碳滑板缺陷能够以较高的准确率进行检测和识别，给受电弓碳滑板检修工作带来极大的便利。

11.3 本章小结

本章结合深度卷积神经网络技术，首先基于传统 CNN 模型，搭建了适用于受电弓碳滑板检测的 PDDNet 模型，可以对受电弓表面病害进行较为可靠的分类，并证明 DCNN 在该领域应用的有效性。在此基础上，结合目标检测技术和 DCNN，利用基于 Soft-NMS 算法改进的 Faster R-CNN 模型，在对图像中受电弓区域进行提取的同时对受电弓病害进行检测，相比传统 DCNN，实现了更高的检测精度。

参考文献

[1] Lecun Y, Bottou L. Gradient-based learning applied to document recognition[J]. Proceedings of the IEEE, 1998, 86(11): 2278-2324.

[2] Krizhevsky A, Sutskever I, Hinton G E. ImageNet classification with deep convolutional neural networks[C]. The Twenty-sixth Annual Conference on Neural Information Processing Systems, Lake Tahoe, 2012: 1097-1105.

[3] Srivastava N, Hinton G, Krizhevsky A, et al. Dropout: A simple way to prevent neural networks from overfitting[J]. The Journal of Machine Learning Research, 2014,15(1): 1929-1958.

[4] Simonyan K, Zisserman A. Very deep convolutional networks for large-scale image recognition[C]. International Conference on Learning Representations, San Diego, 2015: 1-14.

[5] Yue X B, Hu X L, Tang L. The influence of the amount of parameters in different layers on the performance of deep learning models[J]. Computer Science and Application, 2015, 5(12): 445-453.

[6] He K M, Zhang X Y, Ren S Q, et al. Delving deep into rectifiers: Surpassing human-level performance on imagenet classification[C]. IEEE International Conference on Computer Vision, Santiago, 2015: 1026-1034.

[7] Glorot X, Bengio Y. Understanding the difficulty of training deep feedforward neural networks[J]. Journal of Machine Learning Research, 2010, 9: 249-256.

[8] Ren S Q, He K M, Girshick S, et al. Faster R-CNN: Towards real-time object detection with region proposal networks[J]. IEEE Transactions on Pattern Analysis and Machine Intelligence, 2017, 39(6): 1137-1149.

[9] Bodla N, Singh B, Chellappa R, et al. Soft-NMS improving object detection with one line of code[C]. IEEE International Conference on Computer Vision, Venice, 2017: 562-570.